Wettbewerb und finanzieller Ausgleich
in professionellen Sportligen

Europäische Hochschulschriften

Publications Universitaires Européennes
European University Studies

Reihe V
Volks- und Betriebswirtschaft

Série V Series V
Sciences économiques, gestion d'entreprise
Economics and Management

Bd./Vol. 2826

PETER LANG
Frankfurt am Main · Berlin · Bern · Bruxelles · New York · Oxford · Wien

Michael Drewes

Wettbewerb und finanzieller Ausgleich in professionellen Sportligen

PETER LANG
Europäischer Verlag der Wissenschaften

Die Deutsche Bibliothek - CIP-Einheitsaufnahme

Drewes, Michael

Wettbewerb und finanzieller Ausgleich in professionellen Sportligen : ein Vergleich unter besonderer Berücksichtigung der deutschen Fußball-Bundesliga / Michael Drewes. - Frankfurt am Main ; Berlin ; Bern ; Bruxelles ; New York ; Oxford ; Wien : Lang, 2001
(Europäische Hochschulschriften : Reihe 5, Volks- und Betriebswirtschaft ; Bd. 2826)
Zugl.: Freiburg (Breisgau) Univ., Diss., 2001
ISBN 3-631-38492-0

D 25
ISSN 0531-7339
ISBN 3-631-38492-0

www.peterlang.de

INHALTSVERZEICHNIS:

ABKÜRZUNGSVERZEICHNIS:

AA	American Association
AC	Associazione Calcio
AL	American League
AS	Associazione Sportiva
BGH	Bundesgerichtshof
BV	Ballspielverein
CBA	Collective Bargaining Agreement
c. p.	ceteris paribus
DFB	Deutscher Fußball-Bund
DM	Deutsche Mark
e. V.	eingetragener Verein
FA	The Football Association
FAZ	Frankfurter Allgemeine Zeitung
FC	Fußball-Club
FIGC	Federatione Italiana Giuco Calcio
FIFA	Fédération Internationale de Football
HGB	Handelsgesetzbuch
Hrsg.	Herausgeber
LFP	Liga Nacional de Fútbol Professional
LSpSt	Lizenzspielerstatut
MLB	Major League Baseball
MLBPA	Major League Baseball Players Association
N/A	nicht anwendbar
NBA	National Basketball Association
NFL	National Football League
NHL	National Hockey League
NHLPA	National Hockey League Players' Association
NL	National League
RFEF	Real Federación Espanol de Futbol
SC	Sport Club
SV	Sport-Verein
TDM	eintausend Deutsche Mark
UEFA	Union des Associations Européennes de Football
US-GAAP	United States Generally Accepted Accounting Principles
US$	US-amerikanische Dollar
VdV	Vereinigung der Vertragsfußballspieler
VfB	Verein für Bewegungsspiele
VfL	Verein für Leibesübungen
WHA	World Hockey Association

ABBILDUNGSVERZEICHNIS:

TABELLENVERZEICHNIS:

ANHANGSVERZEICHNIS:

1. EINLEITUNG

1.1. SPORTÖKONOMIE ALS WISSENSCHAFT

Im Zuge und als Voraussetzung seiner Kommerzialisierung erfährt der Sport eine verstärkte Professionalisierung und Hinwendung zu wirtschaftlichen und ökonomischen Aspekten. Unter Kommerzialisierung ist dabei die Hinführung des Sports in vermehrt gewinnorientierte Bereiche zu verstehen,[1] die in vielerlei Hinsicht zum Ausdruck kommt: private Anbieter von Sportdienstleistungen haben kommerzielle Interessen, Vereine und Verbände müssen ihre Aktivitäten stärker unter marktwirtschaftlichen Gesichtspunkten planen, Sportler haben mehr Möglichkeiten der Erwerbstätigkeit im Sport selbst, hauptberufliche Funktionäre und Trainer lösen ehrenamtliche Helfer ab, vermarktungsfähige Güter werden produziert, Dritte, z. B. die Medien oder inzwischen auch Investmentfonds, machen von den Möglichkeiten, die ihnen der Sport bietet, kommerziellen Gebrauch.

Der Sport gewinnt in einer Gesellschaft, in der Freizeit ein wichtiger Bestandteil des Lebens ist, zunehmend an Bedeutung, was seine Kommerzialisierung verstärkt. Diese hat eine gewisse Eigendynamik entwickelt, weil sich der Sport durch die Vermittlung emotionaler Elemente als Instrument wirtschaftlicher Interessen einsetzen lässt,[2] z. B. als Werbemedium. Die Kommerzialisierung eröffnet dem Sport neue Möglichkeiten, stellt ihm zugleich aber auch neue Herausforderungen, denn wenn der Sport zum Bestandteil des Wirtschaftslebens wird und daraus Vorteile zieht, kann er sich nicht mehr auf Privilegien berufen, die ihm aufgrund seiner nicht erwerbswirtschaftlichen Rolle unter dem Amateurgedanken zuvor zugestanden wurden.

Der Verlauf der Kommerzialisierung nimmt dabei je nach Sportart oder geographischer Region unterschiedliche Formen an. Während in den USA schon recht früh der Sport auch als Mittel der Gewinn- und Erwerbserzielung entdeckt wurde, hielt man in Europa lange am Amateurgedanken in Verbindung mit dem genossenschaftlich-demokratisch organisierten Vereins- und Verbandswesen fest. Sportvereine, insbesondere der deutsche Idealverein, wurden hier lange Zeit nicht als Unternehmen, sondern als gemeinnützige Vereinigungen (Non-

---

[1] Vgl. Rigauer, B. (1992), der eine Definition und Abgrenzung des Begriffs vornimmt. Der Begriff „Kommerzialisierung" soll hier grundsätzlich werturteilsfrei verstanden und benutzt werden. Eine Vermischung mit dem Begriff „Professionalisierung" kann zu Ungenauigkeiten führen, da die Begriffe nicht synonym verwendet werden können; daher muss der Ersatz des Begriffes „Kommerzialisierung" durch den Begriff „Professionalisierung" (vgl. Wagner, G. (1996), S. 333) abgelehnt werden. Zur Professionalisierung vgl. auch Langenfeld, H. (1992a).

[2] Vgl. Langenfeld, H. (1992b), S. 352.

profit-Organisationen) zum Schutz und zur Förderung moralischer, pädagogischer, sozialer und anderer gesellschaftlicher Werte verstanden, selbst wenn sie kommerziell und professionell tätig waren.

Die wissenschaftliche Beschäftigung mit sportökonomischen Fragestellungen steht dabei noch in ihren Anfängen.[3] Und auch diesbezüglich kommen die im Zusammenhang mit der Kommerzialisierung erwähnten regionalen Unterschiede zum Ausdruck. Während man sich in den USA und Kanada, wo Kommerzialisierung und Professionalisierung frühzeitig Einzug im Sport hielten, schon seit längerem diesem Thema widmet, beginnt die Auseinandersetzung mit dem Thema Sport und Ökonomie in Deutschland gerade erst richtig. Als Beginn der Sportökonomie als Wissenschaft kann ein Aufsatz von ROTTENBERG[4] betrachtet werden, der sich mit der Wirkung von Systemen der Spielerbindung im professionellen Baseball auseinandersetzt. In den Folgejahren blieb es auch in Nordamerika nur bei sporadischen theoretischen oder empirischen Studien zur Ökonomie des Sports, z. B. durch NEALE[5] oder JONES[6]. In Europa kamen die meisten Aufsätze zu diesem Thema ebenso aus dem angelsächsischen Raum[7]; in Deutschland waren volkswirtschaftliche Abhandlungen noch seltener. Eher standen soziologische[8], betriebswirtschaftliche und/oder juristische Abhandlungen im Zusammenhang mit dem Sport, so z. B. Probleme aus dem Marketing, der Rechtsformgestaltung, der Bilanzierung oder dem Arbeitsrecht im Zusammenhang mit den Transferentschädigungen für Profisportler im Mittelpunkt theoretischer Auseinandersetzungen mit dem Bereich Wirtschaft und Sport. Doch auch in Deutschland nimmt das akademische Interesse an der und die Zahl der Abhandlungen zur Sportökonomie zu. Dabei findet das zunehmende Interesse seine Berechtigung nicht nur in der zunehmenden gesamtwirtschaftlichen Bedeutung des Sportsektors[9] und der breiten Wahrnehmung aller Aspekte des Sports in der gesamten Öffentlichkeit, sondern auch in der theoretischen Analyse sportökonomischer Fragestellungen, weil in ihnen Grundprobleme der Ökonomie zum Ausdruck kommen, z. B. die Monopol- und Kartelltheorie, Verteilungsfragen oder Externalitätenprobleme. Außerdem entdecken immer mehr Branchen ihr Interesse an der Sportindustrie, um aus ihrer wachsenden Bedeutung, der breiten öffentlichen Akzeptanz und guten Instrumentalisierbarkeit durch Vermarktung Nutzen zu ziehen.

---

[3] Aktuell dazu: Kaube, J. (2000).
[4] Rottenberg, S. (1956).
[5] Neale, W. (1964).
[6] Jones, J. C. H. (1969) als kanadischer Vertreter früher sportökonomischer Forschung.
[7] Eine lesenswerte Einführung bieten Cairns, J. e. a. (1986) mit Hinweisen auch auf australische Aufsätze.
[8] Z. B. Heinemann, K. (1987) oder im weitesten Sinne auch Rigauer, B. (1992).
[9] Vgl. beispielsweise Büch, M.-P./ Frick, B. (1999), S. 109 f.

In Europa haben sich in den letzten Jahren insbesondere die in den obersten professionellen Mannschaftssportligen spielenden Klubs, und hier besonders die Fußballklubs, zu Unternehmen gewandelt, die Gewinnorientierung zumindest als Nebenbedingung in ihrem Zielsystem verankert haben. Viele Sportunternehmen haben inzwischen die Größe mittelständischer Industrieunternehmen erreicht. Der BV Borussia Dortmund hat im November 2000 als erster Verein der deutschen Fußball-Bundesliga den Gang an die Börse als Kommanditgesellschaft auf Aktien mit eher mäßigem Erfolg vollzogen. In anderen europäischen Fußballligen waren die ersten Klubs schon vor mehreren Jahren an die Börse gegangen: die Tottenham Hotspurs waren 1983 die erste europäische Fußballmannschaft, die diesen Schritt wagte. Bis 1999 folgten 31 weitere Börsengängen von Mannschaften aus Großbritannien, Dänemark, Italien, der Schweiz und den Niederlanden mit Manchester United und Ajax Amsterdam als bekannteste Beispiele.[10] In Deutschland wurde der Weg an die Börse für Fußballklubs erst durch eine Änderung der Verbandsstatuten des Deutschen Fußball-Bundes (DFB) im Jahre 1998 frei gemacht.

Wie bereits erwähnt, führt die zunehmende wirtschaftliche Bedeutung und Betätigung von Sportunternehmen aber auch zu neuen Herausforderungen. Eine dieser neuen Herausforderungen sind die brancheninternen Verteilungskämpfe, die aus der größer werdenden Verteilungsmasse und dem sich dadurch vergrößernden finanziellen Abstand zwischen wirtschaftlich erfolgreichen und weniger erfolgreichen Teilnehmern am Sport ergeben. Diese Verteilungsfragen kommen in verschiedenen Bereichen zum Vorschein:[11]

- Innerhalb der Freizeitbranche kämpfen einzelne Zweige um die immer größer werdenden Freizeitausgaben der Bevölkerung in den wohlhabenden Industrieländern.
- Im Sportsektor bemühen sich unterschiedliche Sportarten um Anerkennung und Aufmerksamkeit, insbesondere in den Medien. Berichterstattung in den Medien bedeutet mehr Aufmerksamkeit, also bessere Einnahmemöglichkeiten. Für viele Randsportarten wird es dabei zunehmend schwerer, sich gegen die in der Öffentlichkeitsgunst bevorzugten Sportarten wie Fußball oder Tennis durchzusetzen und auf diese Weise Gelder von Medien, Sponsoren, der Werbung etc. zu erhalten.
- Die Einkommen von professionellen Sportlern divergieren immer stärker, sowohl sportartabhängig als auch innerhalb einer Sportart.
- Zwischen Klubs und deren Angestellten - den Sportlern - kommt es zu Auseinandersetzungen um Einnahmen in Form von Gehaltsverhandlungen.

---

[10] Quelle: WGZ-Bank (Hrsg.) (1999).

[11] Eine kurze Übersicht über verschiedene Verteilungsproblematiken findet sich bei: Schnupp, R. (1999). Angerissen wird die Thematik auch bei: Lemke, W. (1999), S. 113 ff.

- Innerhalb einer Sportart ist die Aufteilung der (mehr oder weniger) gemeinsam erzielten Einnahmen umstritten.

In der Öffentlichkeit haben insbesondere die letzten der erwähnten Punkte Aufmerksamkeit gefunden. Durch das sogenannte *Bosman*-Urteil sind die Gehälter von Spielern in professionellen Mannschaftssportligen in Europa gestiegen. Spitzenspieler können jetzt mehrere Millionen DM im Jahr verdienen. In letzter Zeit ist auch die Problematik der Verteilung von Geldern zwischen „reichen" und „armen" Klubs in der Fußball-Bundesliga durch die Auseinandersetzung über die Verteilung der Gelder aus dem Europapokal und die Frage einer zentralen oder dezentralen Vermarktung der Fernsehübertragungsrechte in das Blickfeld der Öffentlichkeit geraten. Die hier vorliegende Arbeit will sich in erster Linie dieser Frage widmen: Ist eine Umverteilung von Einnahmen zwischen den Vereinen einer Liga gerechtfertigt (oder sogar „gerecht") und wie hätte eine sinnvolle Aufteilung von Einnahmen auszusehen? Vereinfacht gesprochen, geht es um die Frage, wie eine professionelle Mannschaftssportliga interessant gehalten werden kann, obwohl beispielsweise der FC Bayern München seine Einnahmen immer weiter ausdehnen und sich die besten Nationalspieler in seinem Kader leisten kann, während auf der anderen Seite kleinere Vereine wie beispielsweise der SC Freiburg sich mit Nationalspielern eher durchschnittlicher Nationen ausstatten müssen. Und wie kann man und warum sollte man verhindern, dass Mannschaften wie der FC Bayern München oder Manchester United quasi zu „ewigen Meistern" ihrer Länder werden?

Die Diskussion ist dabei vielfach durch den Mangel geprägt, dass der Grund des Verteilungskonfliktes und damit das Ziel etwaiger Umverteilungsmaßnahmen selten bzw. gar nicht benannt wird.[12] Als Ziel dieser Arbeit soll dabei ein Ausgleich sportlicher Spielstärke der in einer Liga agierenden Klubs genannt werden.[13] Ein finanzieller Ausgleich durch bloße Subventionierung finanzschwacher durch finanzstarke Klubs stellt somit kein eigenständiges Ziel dar, sondern könnte gegebenenfalls nur als Mittel zur Erreichung des gerade beschriebenen Zieles der Spielstärkenangleichung sein. Trotzdem werden beide Aspekte – Subventionierung und Spielstärkenangleichung - häufig gleichgestellt.

Unter einer Liga soll dabei der Zusammenschluss von mehreren Klubs verstanden werden, der am Ende eines Zeitraumes unter zuvor festgelegten Regeln die beste Mannschaft – den Meister – eines Geltungsbereichs ermittelt. Diese Ab-

[12] Ähnlich: Frick, B./ Wagner, G. (1996), S.615.

[13] Eine Begründung dieser Zielsetzung wird sich später noch – sofern sie nicht von vornherein klar ist - aus der Darstellung der Besonderheiten in der (zweistufigen) Produkterstellung und den Nachfragedeterminanten im entsprechenden Markt ergeben.

grenzung ist nicht immer eindeutig. So wird beispielsweise der amerikanische Baseballmeister durch das Endspiel der besten Mannschaften zweier teilweise separater Ligen ermittelt. Im Rahmen dieser Arbeit wird die Austragungsweise im Baseball dann als eine einzige Liga betrachtet, wenn dies zu aussagekräftigeren Ergebnissen führt. Andernfalls werden sie als getrennte Ligen behandelt.

1.2. VORGEHENSWEISE

Diese Arbeit versucht den oben dargestellten Fragen auf den Grund zu gehen, indem sie die organisatorischen und institutionellen Voraussetzungen in verschiedenen professionellen Sportligen untersucht und auf die historischen Ursprünge der jeweiligen Ligen eingeht, um ein möglichst umfassendes Verständnis der jeweiligen Marktbedingungen zu erhalten. Dabei soll auch auf eher betriebeswirtschaftliche Aspekte der Sportunternehmen eingegangen werden, weil eine klare Abgrenzung zwischen volks- und betriebswirtschaftlichen Problemfeldern ohnehin nicht ohne weiteres möglich ist. Zudem erscheint ein ausreichendes Verständnis des Marktumfeldes ohne einen Bezug zu betriebswirtschaftlichen Problemen der Sportunternehmen nicht möglich.

In den Ligen sind die institutionellen Arrangements zur Umverteilung von Geldern bzw. Spielstärken unterschiedlich. Da insbesondere die großen nordamerikanischen Ligen andere Wege gewählt haben als die aus einem anderen Umfeld kommenden professionellen europäischen Ligen, sollen die *Major League Baseball* (MLB), die *National Basketball Association* (NBA) sowie die *National Hockey League* (NHL) zu einem Vergleich mit europäischen Ligen herangezogen werden.[14] Als Vergleichsmaßstab werden dabei die vier wichtigsten und erfolgreichsten professionellen europäischen Fußballligen, nämlich die spanische *Primera Division*, die italienische *Serie A*, die englische *Premier League* sowie die deutsche Bundesliga, der hier besonderes Augenmerk gilt, herangezogen. Weil der Bundesliga hier eine besondere Beachtung zukommen soll, wird die Betrachtung auf die Jahre, in denen diese Liga besteht, beschränkt, d. h. also auf die Zeit nach deren Gründung im Jahre 1963.

In einem ersten Schritt werden dabei die organisatorischen Regelungen wie z. B. die Beziehungen zu den Verbänden, die Relegations- und Qualifikationskriterien und finanziellen Regelungen beschrieben. Daraufhin sollen die Markt- und Produktionsbedingungen, in denen sich die Ligen und Klubs bewegen bzw. die sie sich selbst geschaffen haben, dargestellt werden. Die Bedingungen und die Wirkungen verschiedener Umverteilungsinstrumente der Ligen werden an-

[14] Wegen nicht vorliegender empirischer Daten wird die *National Football League* (NFL) nicht mit in den Vergleich einbezogen. Gegebenenfalls wird aber auch auf Entwicklungen in der NFL eingegangen.

schließend einer ökonomischen Analyse unterzogen, um auf diese Weise den Bestimmungsgründen für den Grad der Ausgeglichenheit innerhalb einer Liga näher zu kommen. Diese theoretischen Ergebnisse sollen dann mit der Empirie abgeglichen werden, um daraus Handlungsempfehlungen für Ligen, die bestrebt sind, einen Ausgleich herzustellen, abzuleiten. Bei der empirischen Untersuchung der Sportligen kommt zugute, dass der Sport durch seine breite Berichterstattung in den Medien zu einem „statistischen Schlaraffenland" wird, so dass sich die sportlichen Ergebnisse auf vielerlei Weise abbilden lassen.

Aus den gewonnenen Erkenntnissen soll ein Lösungsvorschlag für professionelle Mannschaftssportligen entwickelt werden, der sowohl den Besonderheiten der Produkterstellung und Marktgestaltung im Sport als auch der Marktkonformität weitestgehend Rechnung trägt. Da zwischen dem Wettbewerb im Sport auf der einen und wirtschaftlichem Wettbewerb auf der anderen Seite ein gewisses Spannungsverhältnis besteht,[15] stellen alle Versuche, beide Ebenen des Wettbewerbs miteinander in Einklang zu bringen, eine Wanderung auf einem schmalen Grat dar. Diese Arbeit versucht daher, Eingriffe in die Verhältnisse eines freien Marktes nur dann zu rechtfertigen, wenn sie durch ökonomische Besonderheiten begründet sind und allokative Verbesserungen erwarten lassen.

[15] Grundsätzliche Überlegungen dazu bei: Wadsack, R./ Wallerath, U. (1994).

2. DIE PROFESSIONELLEN MANNSCHAFTSSPORTWETTBEWERBE

2.1. Die europäischen Fußballligen

Die europäischen Ligen waren historisch eng an die jeweiligen Verbände in ihren Ländern angebunden. Die nationalen Fußballverbände wiederum sind auf europäischer Ebene in der *Union des Associations Européennes de Football* (UEFA) und weltweit in der *Fédération Internationale de Football* (FIFA) organisiert. Die internationalen Verbände treten als Veranstalter internationaler Wettbewerbe wie der Fußball-Weltmeisterschaft (FIFA) oder der Fußball-Europameisterschaft sowie der europäischen Pokalwettbewerbe (UEFA) auf. Zudem setzen sie bezüglich des Regelwerks Standards, die von den nationalen Verbänden auf nationaler Ebene umgesetzt werden.

Die für den europäischen Sport typische Bindung der höchsten Spielklassen an den jeweils veranstaltenden Verband ist in den letzten Jahren zum Teil aufgelöst worden. In England hat sich die *Premier League* 1992 von *The Football Association* (FA) teilweise abgelöst, in Deutschland kam es im Jahr 2000 zur Bildung eines vom Deutschen Fußball-Bund (DFB) unabhängigen Ligaverbandes, der aus den Bundesligisten der beiden oberen Spielklassen besteht.

Traditionell befanden sich die europäischen Vereine in der Hand ihrer Mitglieder. Außerdem sind die Vereine als Mitglieder der jeweiligen Fachverbände nicht nur in der jeweiligen Sportart, die durch den Fachverband vertreten werden, tätig, sondern treten auch in anderen Sportarten auf. So hat z. B. der FC Barcelona[16] nicht nur eine der besten Fußballmannschaften der Welt, sondern auch auf Weltklasseniveau spielende Handball- und Basketballmannschaften. Allerdings sind immer mehr Klubs als Aktiengesellschaften an Börsen notiert oder gliedern ihre Fußballabteilungen in Kapitalgesellschaften anderer Rechtsform aus.

2.1.1. Die deutsche 1. Bundesliga

2.1.1.1. Beschreibung

Bis 1963 wurde der deutsche Fußballmeister in einem Endspiel ermittelt, dessen Teilnehmer sich in zwei Gruppen aus je vier Mannschaften qualifizierten. Zwar hatte es sowohl vor als auch nach dem Zweiten Weltkrieg schon vereinzelt Überlegungen gegeben, eine nationale Liga unter Duldung eines Berufsspieler-

---

[16] Bei der Bezeichnung der Klubs wird in dieser Arbeit auf die in jedem Fall exakte Bezeichnung inklusive die Rechtsform anzeigende Zusätze wie beispielsweise „e. V." verzichtet, da Verwechslungen oder anderes ausgeschlossen werden können.

tums - eventuell auch unabhängig vom Verband - zu gründen,[17] doch konnte man sich von Seiten des DFB erst auf den Verbandstagen 1961 und endgültig 1962 dazu entschließen, mit der Saison 1963/64 eine „Bundesliga" einzuführen.[18]

1963 startete dann die Bundesliga mit 16 Vereinen. Veranstalter war seitdem bis zum Jahre 2000 der DFB. Der DFB schafft den Regelrahmen für den gesamten vereins- bzw. verbandsmäßig organisierten Fußball in Deutschland. Der Verband stellt eine Genossenschaft seiner Mitglieder dar, der selbst ein eingetragener Verein ist.[19] Er ist allerdings als Spitzenfachverband kein Vertreter allein der Bundesligisten gewesen, sondern handelt im Interesse aller ihm angehörenden Vereine bis hinunter in die niedrigsten Amateur- bzw. Jugendklassen.[20] Ab der Saison 2000/2001 gründeten die Vereine der beiden Bundesligen im Zuge einer Strukturreform des DFB einen eigenständigen Ligaverband. Zwischen Ligaverband und DFB wurde ein Grundlagenvertrag geschlossen.[21]

Die beiden obersten Spielklassen für den bezahlten Fußballsport in Deutschland werden als Lizenzligen vom DFB veranstaltet. Jeder Verein spielt in einer Punktrunde gegen jeden anderen Verein einmal im eigenen Stadion und einmal auswärts. Erster auf diese Weise ermittelter Meister war 1964 der 1. FC Köln, der damals als der professionellste Verein galt. Grundsätzlich sollten die beiden letzten Mannschaften absteigen und durch zwei andere Mannschaften aus den damaligen Regionalligen ersetzt werden. Eine Ausnahme wurde nach der Saison 1964/65 gemacht, als es keine Absteiger gab und auf diese Weise die Bundesliga auf 18 Teilnehmer ausgestockt wurde. Ab 1974/75 wurde die Auf- und Abstiegsregelung dahingehend modifiziert, dass drei Vereine aus den beiden 2. Bundesligen (Nord und Süd) aufsteigen konnten. Die 2. Ligen waren 1974 als professioneller Unterbau für die 1. Bundesliga eingeführt worden, ab 1981 wurde sie als eingleisige bundesweite Liga ausgetragen. Die Relegationsregeln erfuhren in den Folgejahren immer wieder leichte Änderungen, grundsätzlich behielten aber immer drei Vereine aus der 2. Liga die Möglichkeit, den Aufstieg in die Bundesliga zu schaffen. Ausnahme war die Saison 1991/92, als die Bundesliga als Folge der Wiedervereinigung der beiden deutschen Staaten die Integration von zwei Vereinen aus dem Osten vollziehen musste. In dieser Saison spielten 20 Mannschaften in der Bundesliga, von denen vier abstiegen, während

---

[17] Vgl. auch Eisenberg, C. (1997), S. 111 f.
[18] Vgl. ausführlicher: Heimann, K.-H. (1999), S. 387 ff.
[19] Vgl. Galli, A. (1998), S. 19.
[20] Vgl. Franck, E. (1995), S. 140.
[21] Vgl. o. V.: *Höhere Abstellgebühren für Nationalspieler - Besserer Versicherungsschutz als bisher*, in: FAZ Nr. 46 vom 24. Februar 2000, S. 46.

nur zwei aus den beiden 2. Ligen (ausnahmsweise Aufteilung in Nord und Süd) nachrückten, um die Anzahl der Bundesligisten wieder auf 18 zu setzen.

Unter der 2. Liga sind ab der Saison 2000/2001 zwei als semi-professionell zu bezeichnende Regionalligen angesiedelt. Zuvor hatte es vier verschiedene Regionalligen gegeben. Unter diesen Ligen fächern sich weitere regional organisierte und hierarchisch strukturierte Ligen auf. Wechsel zwischen den Ligen findet durch Auf- und Abstieg statt.

Die Teilnahmeberechtigung an den obersten Ligen basiert im wesentlichen auf zwei Kriterien: der sportlichen sowie der wirtschaftlichen Leistungsfähigkeit (§ 5 in Verbindung mit §§ 6 und 8 Lizenzspielerstatut (LSpSt) des DFB). Die sportliche Leistungsfähigkeit wird anhand des Ergebnisses in der abgelaufenen Spielzeit beurteilt und findet ihren Ausdruck in den Relegationskriterien für die jeweiligen Ligen. Durch die Einführung eines Lizenzierungsverfahrens, an dem alle Vereine der 1. und 2. Bundesliga und seit Einführung der zweigleisigen Regionalliga auch die Regionalligisten teilzunehmen haben, versucht der DFB die wirtschaftliche Situation der Vereine abzuschätzen. Im Lizenzierungsverfahren gemäß dem Lizenzspielerstatut sind dem DFB ein durch Wirtschaftsprüfer testierter und den DFB noch einmal geprüfter Jahresabschluss nach HGB inklusive Anhang zuzüglich eines Lageberichts und Kapitalfluss- sowie Planungsrechnungen mit weitreichenden Anforderungen vorzulegen.[22]

Neben der Meisterschaft wird vom DFB seit 1935 der DFB-Vereinspokal ausgetragen. Dieser Wettbewerb wird nach dem K.-o.-System gespielt und findet in jedem Jahr seinen Höhepunkt im Finale im Berliner Olympiastadion. Die Paarungen werden ausgelost, es gibt kein Rückspiel. Auch das Heimrecht wird per Los festgelegt, mit der Ausnahme, dass Amateurmannschaften bei Begegnungen mit Profimannschaften immer Heimrecht genießen. Teilnahmeberechtigt sind die Bundesligisten sowie eine Anzahl von Amateurklubs, die sich über regionale Qualifikationswettbewerbe das Startrecht sichern können. In der Saison 1999/2000 hatten die Vereine der 1. Bundesliga in den ersten Runde ein Freilos, was der steigenden körperlichen Belastung der Spieler durch Meisterschafts-, Länder- und nationale sowie europäische Pokalspiele Rechnung tragen sollte. Diese Regelung wurde aber schon ein Jahr später nach vielfacher Kritik wieder verworfen.

In den letzten Jahren ist es zur Einführung weiterer kleiner Nebenwettbewerbe im deutschen Fußball gekommen. Vor Beginn einer Saison tragen die sechs besten Mannschaften der Vorsaison den DFB-Ligapokal aus. In der Winterpau-

---

[22] Vgl. auch Ellrott, H./ Galli, A. (2000) oder Anhang Nr. 2 zum LSpSt.

se werden verschiedene Hallenturniere ausgetragen, mit dem sogenannten DFB-Hallen-Pokal als Höhepunkt. Für dieses Turnier sind der jeweilige Ausrichter, der Titelverteidiger sowie der aktuelle deutsche Meister und Pokalsieger sowie weitere aus den davor ausgetragenen Turnieren qualifizierte Mannschaften spielberechtigt.

2.1.1.2. Wirtschaftliche und finanzielle Verhältnisse

Die verschiedenen Einnahmequellen der Bundesligisten haben sich in ihrem relativen Anteil in der Vergangenheit verändert. Beim Start der Bundesliga waren die Eintrittsgelder der Zuschauer die wichtigste Einnahmequelle der Vereine, ergänzt durch Spenden und andere Einnahmen. Einen Teil (zwischen 2 % und 6 %) der Eintrittsgelder haben die Vereine als Verbandsabgabe abzugeben, der Rest steht der Heimmannschaft alleine zu.

In der Folgezeit konnten sich die Vereine neue Finanzierungsquellen erschließen. Ab 1965 zahlten die beiden öffentlich-rechtlichen Fernsehsender in Deutschland Gelder für die Übertragung der Bundesliga-Spiele an den DFB, der traditionell die Spiele der Bundesliga zentral vermarktete. Insbesondere seitdem private Fernsehsender den öffentlich-rechtlichen Rundfunkanstalten als Konkurrenz entstanden sind, haben sich die für die Übertragung der Spiele gezahlten Beträge gesteigert. Während die Bundesligen für die Saison 1987/88 TDM 18.000 erhielten, waren es für die drei Spielzeiten 1997 bis 2000 bereits TDM 180.000 zuzüglich TDM 150.000 für das Pay-TV und für die Jahre 2000 bis 2004 TDM 750.000 insgesamt pro Saison. Die zentrale Vermarktung der Bundesligaspiele wurde traditionell vom DFB für einen finanziellen Ausgleich zwischen den Vereinen der Liga genutzt. So wurden auch in dem 1999 ausgehandelten Kompromiss umverteilende Elemente bei der Verteilung der Fernsehgelder eingebaut. Auf die von einigen Vereinen angestrebte dezentrale, d. h. selbständige Vermarktung der Fernsehrechte wurde zunächst verzichtet. Die neue Regelung sieht vor, ab der Saison 2000/2001 von den gesamten Fernseheinnahmen 74 % bis 80 % an die Vereine der 1. Bundesliga und 20 % bis 26 % an die Vereine der 2. Bundesliga zu verteilen. Die 1. Liga teilt von ihrem Anteil die eine Hälfte gleichmäßig auf die Vereine auf, die andere Hälfte wird gemäß dem Abschneiden der Mannschaften in den letzten drei Jahren (37,5 %) sowie der aktuellen Platzierung nach jedem Spieltag (12,5 %) vergeben. Die 2. Liga verteilt ihre Einnahmen grundsätzlich nach dem gleichen Muster, mit der Ausnahme, dass der gleichmäßig verteilte Anteil an den Einnahmen 75 % statt 50 % beträgt. Als Entgegenkommen an die „großen" Vereine wurde mit diesem Kompromiss auf eine Umverteilung von Einnahmen aus den Europapokalspielen verzichtet.[23] Zudem schüttet die UEFA die Einnahmen aus der zentralen

[23] Vgl. Franzke, R. (1999b), S. 47 und (1999c), S. 32 sowie o. V.: *Die zentrale Fernsehvermarktung bleibt erhalten*, in: FAZ Nr. 264 vom 13. November 1999, S. 39.

Vermarktung der *Champions League* nicht vollständig an die Teilnehmer aus und gibt etwa 3 % dieser einbehaltenen Gelder an die nationalen Verbände weiter.[24] Von den Einnahmen der *Champions League*-Teilnehmer wurde zuvor ein Teil (5 %) an die Verbände bzw. die nicht für europäische Wettbewerbe qualifizierten Mannschaften als Solidarzahlung verteilt.

Auch wenn die Bundesliga bei ihrem Start als Profiliga konzipiert war, hieß das noch nicht, dass Spielergehälter oder Transferzahlungen freier Verhandlung zwischen Vereinen und Spielern unterlagen. Die Professionalisierung der Spieler war durch den DFB mit der Einführung des Vertragspielerstatuts im Jahre 1949 legitimiert worden. Dieses sah jedoch strenge Gehaltsobergrenzen (DM 320 monatlich) vor und war Ausdruck des im DFB vorherrschenden Amateurgedankens. Mit Einführung der Bundesliga und des Lizenzspielerstatuts (LSpSt) wurden die Gehaltsobergrenzen angehoben. Diese Grenzen wurden jedoch von Spielern und Vereinen vielfältig, z. B. durch Schwarzzahlungen oder nicht-monetäre Leistungen, umgangen, und sie führten indirekt auch zum sogenannten Bundesligaskandal von 1971. Als Folge dieses Bundesligaskandals gab der DFB die Gehaltsbegrenzung für die Spieler auf.[25]

Einen großen Schritt in Richtung Kommerzialisierung machten die Bundesligavereine durch die in den 1970er Jahren erstmals genutzten Möglichkeiten der Banden- und Trikotwerbung. Außerdem gibt es Ausrüsterverträge mit Sportartikelherstellern. Seit einiger Zeit hat das Merchandising, also der Handel mit Fanartikeln, größere Bedeutung für die Vereine bekommen. Die Einnahmen aus diesen Aktivitäten stehen den Vereinen selbst zu.

Die Klubs der Bundesliga haben in der Regel die Rechtsform eines Vereins bürgerlichen Rechts (eingetragener Verein). Bis 1998 war eine Teilnahme von Kapitalgesellschaften an den Bundesligen in Deutschland durch verbandsrechtliche Regelungen nicht möglich, sondern nur die von Vereinen. Erst durch eine Änderung des LSpSt im Oktober 1998 unter Ergänzung eines Eckwertepapiers[26] ermöglichte der DFB die Teilnahme von Kapitalgesellschaften am Spielbetrieb der Bundesliga. Voraussetzung ist, dass der Mutterverein mindestens 50 % + x der Stimmrechte der Kapitalgesellschaft behält, um auf diese Weise fremde Einflüsse auf den sportlichen Wettbewerb zu verhindern.[27]

Durch die Gründung eines Ligaverbandes im Jahr 2000 verschafften sich die Bundesligisten einen größeren Spielraum gegenüber dem DFB. Basierend auf

[24] Vgl. WGZ-Bank (1999), S. 27.
[25] Vgl. Eisenberg, C. (1997), S. 116.
[26] DFB (1998).
[27] Vgl. auch WGZ-Bank (Hrsg.) (1999), S. 44.

einem Grundlagenvertrag zwischen dem DFB und dem Ligaverband der Bundesligisten erhält der Ligaverband zukünftig 15 % der Einnahmen aus Länderspielen. Die Verteilung von Einnahmen unter den Bundesligisten wird vom Ligaverband geregelt, die Verzahnung von Profi- und Amateurfußball wird über den Grundlagenvertrag vom DFB vorgenommen.[28]

Tabelle 1: Umsatzstruktur der Bundesligavereine 1997/98[29]

TV-Einnahmen	32 %
Eintrittsgelder	31 %
Merchandising	22 %
Sponsorengelder	9 %
Sonstig Erlöse	6 %

Die Etats der Bundesligisten schwankten für die Saison 2000/2001 zwischen DM 33 Millionen (Spielvereinigung Unterhaching) und DM 260 Millionen (FC Bayern München). Insgesamt beliefen sich die Etats der 18 Bundesligisten auf mehr als DM 1.300 Millionen.

Für die weiteren Wettbewerbe wie den Ligapokal oder das DFB-Hallenmasters erhalten die Vereine Start- und Siegprämien. Für den Ligapokal beginnen die Einnahmen mit TDM 500 als Startprämie und enden mit TDM 2.500 für den Sieger.

Vor dem sogenannten *Bosman*-Urteil orientierten sich die bei einem Vereinswechsel fälligen Ablösezahlungen in den Bundesligen am jährlichen Einkommen der Profis, dem Angebot des abnehmenden Vereins und einem Vereinskoeffizienten, so dass reichere Klubs den ärmeren eine höhere Ablösezahlung zahlen mussten als umgekehrt.[30]

Die deutschen Fußballprofis werden durch die Vereinigung der Vertragsfußballspieler (VdV) gegenüber den Klubs vertreten. Bedeutung und Einfluss der VdV sind aber als eher gering einzustufen, genauso wie ihre Wahrnehmung in der Öffentlichkeit.

[28] Vgl. o. V.: *Höhere Abstellgebühr für Nationalspieler - Besserer Versicherungsschutz als bisher*, in: FAZ Nr. 46 vom 24.Februar 2000, S. 46.

[29] Quelle: WGZ-Bank (Hrsg.) (1999), S.11

[30] Vgl. Lemke, W. (1999), S. 112.

2.1.2. Die englische *Premier League*

2.1.2.1. Beschreibung

England gilt als das Ursprungsland des in der heutigen Form praktizierten Fußballspiels. Bereits 1863 wurde im Bestreben nach einer Vereinheitlichung des Regelwerks mit der FA der erste Fußballverband weltweit gegründet. In der Folge entstanden eine Reihe weiterer Fußballverbände in England, die sich später der FA als Regionalverbände anschlossen. Im Jahre 1871 wurde der *Football Association Cup (FA-Cup)* eingeführt, der älteste Fußballwettbewerb der Welt. Dieser Wettbewerb wird auch heute noch von der FA ausgetragen, das traditionell im Wembley-Stadion ausgetragene Finale gilt als Höhepunkt der Fußballsaison und erfreut sich weltweiter Beachtung. Dabei spielen zunächst Amateurvereine Ausscheidungsrunden aus, deren Gewinner die erste Hauptrunde des *FA-Cups* erreichen, an der daneben auch professionelle Vereine der dritten und vierten Liga teilnehmen. Die Profiteams der ersten und zweiten englischen Liga nehmen erst ab der dritten Runde am *FA-Cup* teil.[31]

Neben der Ausrichtung des *FA-Cups* und weiteren ihm zustehenden Aufgaben wie dem Schiedsrichterwesen und dem Regelwerk veranstaltet der englische Verband weitere Wettbewerbe. Bis 1992 trat die FA auch als Veranstalter der Meisterschaft, die in der obersten englischen Liga ausgespielt wird, auf. 1888 gründete die FA als Antwort auf die zunehmende Professionalisierung unter den Spielern die *Football League*, die 1892 in eine zweite Liga sowie die *First Division* aufgeteilt wurde. Jede Mannschaft sollte dabei gegen jede andere ein Hin- und Rückspiel austragen. Ab 1958 gab es vier hierarchisch angeordnete Profiligen in England, die zusammen die *Football League* bildeten. Als Folge sinkender Zuschauerzahlen in den 1980er Jahren und des Ausschlusses englischer Mannschaften von UEFA-Wettbewerben nach 1985 forderten die stärksten Klubs jedoch eine Aufgabe des Solidarpaktes mit unterklassigen Vereinen sowie eine eigenständigere Vermarktung in der obersten Liga. Ab der Saison 1992/93 wurde die englische Meisterschaft nicht mehr in der *First Division*, sondern in der sogenannten *Premier League*[32] ausgespielt. Die *Premier League* ist eine eigene Körperschaft, die in Form einer privaten Kapitalgesellschaft geführt wird und sich selbst organisiert. Die *First Division* ist jetzt die zweithöchste englische Fußballliga,[33] die *Football League* besteht seitdem nur noch aus drei statt vorher vier Divisionen, so dass aber insgesamt weiterhin insgesamt vier Profiligen in England existieren.[34]

---

[31] Zur Geschichte des englischen Fußballs vgl. auch Grüne, H. (2000), S. 114 ff.

[32] In dieser Arbeit wird aus Vereinfachungsgründen in der Regel die Bezeichnung *Premier League* auch für Spielzeiten vor 1992 verwendet.

[33] Vgl. auch Grüne, H. (2000), S. 121.

[34] Vgl. Galli, A. (1998), S. 20.

Die Austragungsweise der *Premier League* entspricht grundsätzlich der in den deutschen Bundesligen. Im Betrachtungszeitraum, also seit 1963, spielten in den einzelnen Spielzeiten zwischen 20 und 22 Mannschaften in der obersten englischen Liga, mit zwei bis vier Mannschaften in der Relegation. An der Saison 1999/2000 nahmen 20 Mannschaften teil, von denen drei Vereine in die untere Klasse absteigen mussten und durch drei andere Mannschaften ersetzt wurden. Auf eine Besonderheit des englischen Profifußballs ist hier hinzuweisen, denn zwischen der untersten Profiliga und der obersten Amateurliga fand nicht automatisch ein Auf- und Abstieg statt. Die letztplatzierten der untersten Profidivision schieden nur bei unzureichender wirtschaftlicher Leistungsfähigkeit aus, ansonsten konnten sie durch die übrigen Klubs der *Football League* wiedergewählt werden und verblieben trotz schlechter sportlicher Leistung im Profifußball. Neue Klubs konnten nur durch die Wahl der bereits etablierten Profiklubs in die Profiligen eintreten. Das Verfahren wurde 1987 abgeschafft und durch ein Relegationssystem zwischen Profi- und Amateurbereich ersetzt.[35] Wie in Deutschland ist zur Teilnahme an der *Premier League* von den Klubs nicht nur die sportliche Qualifikation vorzuweisen, sondern im Rahmen der Lizenzerteilung auch ein Nachweis über die wirtschaftliche Leistungsfähigkeit zu erbringen.[36]

Neben diesen Wettbewerben wird seit 1960 der *League Cup* im K.-o.-System ausgespielt, an dem die Mannschaften der vier Profiligen teilnahmeberechtigt sind. Der Sieger dieses Wettbewerbs erhält einen Startplatz im UEFA-Pokal. Außerdem gibt es den *Charity Shield*, eine Art Superpokal zwischen Pokalsieger und Meister der Vorsaison.

2.1.2.2. Wirtschaftliche und finanzielle Verhältnisse

In England setzte die Kommerzialisierung des Fußballs im Vergleich zu Deutschland schon sehr viel früher ein. Während sich der DFB lange gegen Professionalisierungstendenzen im deutschen Fußball zur Wehr setzte und am Amateurgedanken festhielt,[37] akzeptierte die FA schon ab 1885 Profifußballer[38]. Auch in der Folgezeit zeigten sich die FA bzw. die Vereine der *First Division* vergleichsweise offen für neue Einnahmequellen und Kommerzialisierungsten-

[35] Vgl. Grüne, H (2000), S. 121.
[36] Vgl. Galli, A. (2000), S. 20.
[37] Vgl. dazu Eisenberg, C. (1997).
[38] Was 1908 zur Gründung eines Konkurrenzverbandes, der *Amateur Football Association*, führte (vgl. Grüne, H. (2000), S. 116).

denzen,[39] was ihre überragende Stellung unter den europäischen Ligen zu Beginn des 20. Jahrhunderts festigte.

1958 wurde es in den Mannschaften der vier englischen Profiligen verboten, nicht-britische Spieler einzusetzen, und erst 1978 wurde dieses Verbot wieder aufgehoben. Im Jahre 1961 führte eine Streikdrohung der Spieler dazu, dass die 60 Jahre alte Regelung zum Höchstgehalt abgeschafft wurde.

Seit den 1970er Jahren erfuhr der englische Fußball eine weitere Kommerzialisierung: Die Fernsehübertragungsrechte stiegen, Trikotwerbung wurde eingeführt, und die verschiedenen Wettbewerbe kamen unter das bezahlte Patronat von Sponsoren. Diese Entwicklung gipfelte in der Entstehung der *Premier League*, die die *First Division* der *Football League* ersetzte. Heute gilt die *Premier League* als die finanzstärkste Fußballliga weltweit.[40]

Nicht nur in der Verwertung der Möglichkeiten, die sich den Vereinen durch Merchandising, Sponsoring oder die Fernsehübertragung ergeben, sind die englischen Klubs derzeit führend in Europa, sondern auch in der Umwandlung der Klubs in Kapitalgesellschaften. Die Vereine konnten schon ab 1896 in Kapitalgesellschaften umgewandelt werden, so dass Nottingham Forest 1982 der letzte Klub war, der die Rechtsform in eine Kapitalgesellschaft änderte.[41] Die Tottenham Hotspurs waren 1983 der erste europäische Fußballklub, der den Gang an die Börse wagte. 1999 waren bereits 20 englische Klubs börsennotiert, von denen 11 in der *Premier League* und der Rest in unteren Divisionen spielten. Bekannteste englische Fußball-Aktiengesellschaft ist Manchester United, die als reichster Fußballklub der Welt gilt.[42]

Tabelle 2: Umsatzstruktur der *Premier League* 1998[43]

Eintrittsgelder	38 %
Merchandising	25 %
TV-Übertragungen	19 %
Sponsorengelder	14 %
Sonstige Erlöse	4 %

[39] Vgl. Sir Norman Chester Centre For Football Research (Hrsg.) (1998), S. 1f. oder Mason, T. (1997), S. 33.
[40] Vgl. z. B. Boon, G. (Hrsg.) (1999), S. 8.
[41] Vgl. Galli, A. (2000), S. 20.
[42] Vgl. WGZ-Bank (Hrsg.) (1999), S. 4 f.
[43] Quelle: WGZ-Bank (Hrsg.) (1999), S. 11.

Bezüglich der Zahlung von Ablösegeldern gibt es in England eine Vereinbarung zwischen Verband, Vereinen und der englischen Regierung, wonach nur Spieler, die älter als 26 Jahre sind, ablösefrei sind. Für jüngere Spieler sind weiterhin auch dann Ablösezahlungen zu leisten, wenn deren Vertrag beim abgebenden Verein bereits ausgelaufen ist.[44] Eine zahlenmäßige Begrenzung der spielberechtigten ausländischen Spieler gibt es nicht.[45]

2.1.3. Die italienische *Serie A*

2.1.3.1. Beschreibung

Die italienische Meisterschaft, der sogenannte *Scudetto*, wird seit 1929 in der *Serie A* ausgespielt. Die Professionalisierung der Spieler war bereits einige Jahre zuvor durch den Verband (*Federazione Italiana Giuco Calcio*, FIGC) quasi legitimiert worden, so dass sie von Anfang an als Profiliga bezeichnet werden konnte.[46] Der italienische Fußball unterliegt vergleichsweise großer staatlicher Einflussnahme. So ist z. B. festgelegt, dass für jede Sportart maximal ein Verband gegründet werden kann. Zudem müssen die Vereine an diesen Verband angeschlossen sein, um rechtlich eingetragen werden zu können. Auf diese Weise weist das gesamte italienische Sportverbandswesen eine monopolistische Struktur auf.[47]

Die Vorgehensweise ist der in den anderen europäischen Ligen grundsätzlich vergleichbar, es wird mit Hin- und Rückspiel in einer Meisterschaftsrunde jeder gegen jeden gespielt. Es gibt eine Auf- und Abstiegsregelung, die in der Saison 1999/2000 so aussah, dass von den 18 Klubs der *Serie A* vier in die nächstuntere Liga absteigen mussten, während vier andere Vereine ihre Plätze einnahmen. Im Betrachtungszeitraum schwankte die Zahl der Mannschaften in der *Serie A* zwischen 16 und 18.

Genauso wie in Deutschland oder England sind auch die italienischen Klubs verpflichtet, sich sportlich und wirtschaftlich für eine neue Spielzeit zu qualifizieren. Verschiedenen Kontrollgremien und -organen der FIGC stehen dabei zum Teil weitreichende Befugnisse zu.[48]

---

[44] Vgl. WGZ-Bank (Hrsg.) (1999), S. 41. Zum sogenannten *Bosman*-Urteil vergleiche Kapitel 4.2.1.2.

[45] Vgl. Lemke, W. (1999), S. 122.

[46] Zur Geschichte des italienischen Fußballs vgl. Grüne, H. (2000), S. 190-194.

[47] Vgl. Galli, A. (1998), S. 21.

[48] Vgl. Galli, A. (1998), S. 22.

Der italienische Pokalwettbewerb wird anders als z. B. der DFB-Pokal mit Hin- und Rückspiel ausgetragen. Meister und Pokalsieger einer Saison spielen vor der neuen Spielzeit einen „Supercup“ aus.

2.1.3.2. Wirtschaftliche und finanzielle Verhältnisse

Der italienische Fußball ist sehr stark durch das Engagement wohlhabender Unternehmer gekennzeichnet, die quasi die Rolle eines Mäzens übernehmen. Bekannt ist die Unterstützung von Juventus Turin durch die AGNELLI-Familie oder des AC Mailands durch den Medienunternehmer und Politiker SILVIO BERLUSCONI.

Im Jahre 1966 verpflichtete die FIGC jeden professionellen Fußballklub, sich in eine Aktiengesellschaft umzuwandeln. 1981 wurde diese Regelung durch ein Gesetz dahingehend geändert, dass ein Wahlrecht zwischen zwei haftungsbeschränkenden Kapitalgesellschaften besteht.[49] Mit Lazio und AS Rom firmieren zwei italienische Fußballklubs als börsennotierte Aktiengesellschaften. Seit der Erstemission im Mai 1998 konnte Lazio Rom zweimal den italienischen Pokal, einmal den *Scudetto* und einmal den Europapokal der Pokalsieger gewinnen – in gut zwei Jahren mehr Titel als in den 102 Jahren zuvor, in denen Lazio Rom existierte.

Über die allgemeinen wirtschaftlichen Rahmenbedingungen im italienischen Fußball ist ansonsten wenig bekannt. Die italienischen Profiklubs vermarkten die Rechte an den Spielen der *Serie A* selbständig. Allerdings gibt es eine gesetzliche Regelung in Italien, wonach ein einzelner Fernsehsender nicht mehr als 60 % der Übertragungsrechte für live gezeigte Fußballspiele besitzen darf. Demgemäss haben elf der 18 italienischen Klubs einen Übertragungsvertrag mit dem Sender Telepiù, sieben mit dem Sender Stream. Die Spiele werden im Pay-TV gesendet.

Tabelle 3: Umsatzstruktur der *Serie A* 1997[50]

Eintrittsgelder	38 %
TV-Einnahmen	32 %
Sponsoring	15 %
Sonstige Erlöse	12 %
Merchandising	3 %

[49] Vgl. Galli, A. (1998), S. 21 f.
[50] Quelle: WGZ-Bank (Hrsg.) (1999), S. 11.

In Italien ist aufgrund einer Verbandsregelung die maximale Vertragsdauer von Spielerverträgen auf fünf Jahre begrenzt.[51] Neben den Spielern aus der Europäischen Union dürfen die Klubs fünf weitere Spieler aus anderen Staaten unter Vertrag nehmen, von denen aber nur drei zugleich spielen dürfen.[52]

2.1.4. Die spanische *Primera Divsision*

2.1.4.1. Beschreibung

In Spanien wird die Meisterschaft seit der Spielzeit 1928/29 in der *Primera Division* nach dem Meisterschaftsmodus mit Hin- und Rückspiel zwischen allen Vereinen ausgespielt. Bis dahin wurde die Meisterschaft in der *Copa del Rey* ermittelt, dem heutigen Pokalwettbewerb, bei dem sich zunächst Mannschaften der dritten und vierten Liga gegenüberstehen. Später im Wettbewerb stoßen die Mannschaften der zweiten und ersten Liga hinzu. Das Finale wird grundsätzlich zum Saisonabschluss auf neutralem Platz ausgetragen.[53] Die Ursprünge als Meisterschaftswettbewerb hatten der *Copa del Rey* eine hohe Reputation verschafft, die allerdings in den letzten Jahren wegen der Bedeutung der UEFA *Champions League* und der damit verbundenen Belastung einiger Vereine etwas bröckelt. Zu Beginn der neuen Saison spielen Meister und Pokalsieger der vorangegangenen Spielzeit einen „Supercup" aus.

Das Reglement im spanischen Fußball wird durch den 1913 gegründeten Fußballverband (*Real Federación Espanol de Fútbol* – RFEF) festgelegt, wobei alle Organisationen in den durch das Sportgesetz von 1990 gesetzten Rechtsrahmen eingebunden sind. Daneben gibt es die *Liga Nacional de Fútbol Professional* (LFP) als Vertretung der Profiklubs. Ihre Aufgabe liegt in der Interessenvertretung, Kontrolle und Überwachung (Lizenzerteilung) ihrer Mitglieder. Die Lizenzerteilung hängt dabei auch von den wirtschaftlichen Verhältnissen eines Klubs ab. Zusammen organisieren RFEF und LFP den Berufsfußball in Spanien.[54]

Zwischen 1963 und 2000 nahmen zunächst 16, zwischenzeitlich 20 oder 22 Mannschaften an der Meisterschaftsermittlung in der *Primera Division* in den verschiedenen Spielzeiten teil. In der Saison 1999/2000 spielten 20 Klubs in der obersten spanischen Liga, von denen drei Mannschaften in die zweite Liga absteigen mussten.

---

[51] Vgl. WGZ-Bank (Hrsg.) (1999), S.41.

[52] Vgl. Lemke, W. (1999), S. 112.

[53] Vgl. Grüne, H. (2000), S. 407.

[54] Vgl. Galli, A. (1998), S. 23.

2.1.4.2. Wirtschaftliche und finanzielle Verhältnisse

In Spanien unterstehen Verbände wie Vereine weitreichenden staatlichen Gesetzesregelungen. 1990 wurde ein neues Sportgesetz erlassen, dass eine Reaktion insbesondere auf die unzureichende Qualität der Vereinsführung in Spanien darstellte. Wichtigste Neuerung war, dass die bis dahin übliche Rechtsform eines Vereins nur noch ausnahmsweise zulässig, ansonsten aber die Gründung einer Sportaktiengesellschaft vorgeschrieben ist.[55] Die spanischen Fußballklubs firmieren also in der Regel als Kapitalgesellschaften, können jedoch aufgrund gesetzlicher Regelung frühestens ab dem Jahr 2002 Kapital durch einen Börsengang aufnehmen.[56]

Ansonsten ist wenig über die wirtschaftlichen Rahmenbedingungen, die das Marktumfeld um den Fußball herum prägen, bekannt. Die beiden großen und dominierenden Klubs Real Madrid und FC Barcelona sind im Besitz eines eigenen Fernsehsenders und können außerdem ihre Rechte unabhängig vom Verband vermarkten.

Den Spielern in Spanien wird gesetzlich ein einseitiges Kündigungsrecht ihrer Arbeitsverträge garantiert. Die Klubs reagieren auf diese Regelung durch die Festschreibung hoher Ablösesummen in den Spielerverträgen (die Verträge werden „gepanzert").[57] Sechs Spieler aus anderen Staaten als denen der Europäischen Union dürfen von den Klubs der Primera Divison unter Vertrag genommen werden, aber nur vier dürfen gleichzeitig auf dem Spielfeld stehen. Ab dem Jahre 2005 sollen nur noch drei dieser Spieler zugleich spielen.[58]

2.2. Die europäischen Wettbewerbe für Vereinsfußball

Während die nationalen Meisterschaften und auch die nationalen Pokalwettbewerbe ein eigenständiges Ziel für die Vereine darstellen, dienen sie gleichzeitig auch als Qualifikationsturnier für die europäischen Wettbewerbe. Veranstalter der Wettbewerbe auf europäischer Ebene ist die UEFA. Bis 1999 gab es deren drei, nämlich die sogenannte *Champions League*, den Europapokal der Pokalsieger sowie den UEFA-Pokal (von 1955 bis 1971 Messepokal genannt). 1999 wurde der Europapokal der Pokalsieger wegen mangelnder Attraktivität als eigenständiger Wettbewerb abgeschafft und in den UEFA-Pokal integriert.

---

[55] Vgl. Galli, A. (1998), S. 23.
[56] Vgl. WGZ-Bank (Hrsg.) (1999), S. 7 f.
[57] Vgl. WGZ-Bank (Hrsg.) (1999), S. 41.
[58] Vgl. Lemke, W. (1999), S. 112.

2.2.1. Die UEFA *Champions League*

2.2.1.1. Qualifikations- und Austragungsweise

In der Saison 1955/56 wurde als erster Wettbewerb für Fußball-Vereinsmannschaften auf europäischer Ebene der Europapokal der Landesmeister mit den nationalen Meisterschaftsgewinnern aus 16 verschiedenen Ländern ausgetragen. Erster Gewinner dieses Pokals war der spanische Klub Real Madrid, der den Wettbewerb in den Folgejahren dominierte. Qualifiziert für den Europapokal der Landesmeister waren jeweils die nationalen Meister sowie vom zweiten Jahr seines Bestehens an der Titelverteidiger aus der Vorsaison. Am Europapokal der Landesmeister nahmen von der Spielzeit 1963/64 bis zu seiner letzten Austragung im ursprünglichen Modus 1990/91 31 Klubs teil, in verschiedenen Jahren ergänzt durch eine vorgeschaltete Qualifikationsrunde.

Der Spielmodus bis 1991 wurde in Form des sogenannten K.-o.-Systems ausgetragen, d. h. aus den teilnehmenden Teams wurden Paarungen zwischen zwei Mannschaften ausgelost, die sich in Hin- und Rückspielen mit jeweils wechselndem Heimrecht trafen. Die Mannschaft, die aus Hin- und Rückspiel mehr Tore erzielt hatte, durfte an der nächsten Runde teilnehmen, die andere schied aus dem Wettbewerb endgültig aus. Bei Torgleichheit entschieden die mehr geschossenen Auswärtstore. Sollte auch danach noch keine Entscheidung gefallen gewesen sein, wurde bis zur Saison 1968/69 ein Entscheidungsspiel ausgetragen, ab 1969/70 wurde im Rückspiel bei fehlender Entscheidung nach regulärer Spielzeit eine Verlängerung und eventuell ein entscheidendes Elfmeterschiessen eingeführt. Die Mannschaften, die sich gegen ihren Gegner durchgesetzt hatten, erreichten die nächste Runde, in der erneut Paarungen mit Hin- und Rückspiel ausgelost wurden. Waren nach dieser Vorgehensweise noch zwei Mannschaften im Wettbewerb verblieben, spielten diese in einem Endspiel auf neutralem Platz den „Europapokal der Landesmeister" aus.

In der Saison 1991/92 führte die UEFA statt des Europapokals der Landesmeister im K.-o.-System die sogenannte *Champions League* ein. Hintergrund der Modusänderung waren wirtschaftliche Interessen, insbesondere der „großen" Vereine in Europa, die sich durch mehr Spiele auf europäischer Ebene gegen andere „große" Vereine verbesserte Einnahmemöglichkeiten erhofften. Den „großen" Vereinen sind vornehmlich die in der informellen Gruppe „G14" zusammengeschlossenen Klubs FC Bayern München, BV Borussia Dortmund, FC Liverpool, Manchester United, AC und Inter Mailand, Juventus Turin, FC Barcelona, Real Madrid, FC Porto, PSV Eindhoven, Ajax Amsterdam, Olympique Marseille sowie Paris St. Germain zuzurechnen. Gleichzeitig versprachen sie sich durch die Einführung von Gruppenspielen sicherere Einnahmequellen und damit mehr Planungssicherheit. Dabei wurde zunächst die

K.-o.-Regelung in den ersten beiden Runden der zu Beginn 32 Mannschaften beibehalten. Erst als nach zwei Runden nur noch acht Teams verblieben waren, bildeten diese zwei Gruppen zu je vier Mannschaften, die dann in sechs Rundenspielen mit den Gruppensiegern die beiden Finalisten ermittelten.

In den Folgejahren erfuhr die *Champions League* mehrfach Modifikationen, die tendenziell alle in Richtung einer Ausweitung des Wettbewerbs mit einer größeren Anzahl der Spiele zielten. In der Saison 1993/94 wurde zusätzlich zur vorherigen Vorgehensweise ein Halbfinale, das jeweils zwischen Gruppenerstem und Gruppenzweiten ausgetragen wurde (ein Spiel mit Heimrecht für die Gruppenersten), eingeführt. Von der Spielzeit 1994/95 an gab es im Halbfinale Hin- und Rückspiel. 1995/96 führte die UEFA in die *Champions League* ein System ein, nach dem sich die 16 qualifizierten Mannschaften in vier Gruppen zu vier Mannschaften gegenüberstanden. Aus jeder Gruppe erreichten die beiden erstplazierten Mannschaften das Viertelfinale, von dem ab im K.-o.-System mit Hin- und Rückspiel gespielt wurde.

In der Saison 1997/98 kam es in der *Champions League* zu einer weiteren Änderung und damit einhergehend Ausweitung des Teilnehmerkreises und der Anzahl der Spiele: Nicht mehr nur die aktuellen Titelträger eines Landes waren für diesen Wettbewerb qualifiziert, sondern daneben auch die Tabellenzweiten der abgelaufenen Saison in den Meisterschaften der größeren Verbände, wobei sich die Qualifikation als großer Verband aus der sogenannten UEFA-Fünfjahres-Wertung ergibt, die die Europapokalergebnisse der letzten fünf Spielzeiten verbandsbezogen wiedergibt.[59] Die Gruppenspiele fanden in nunmehr sechs Vierergruppen statt, von denen sich die Gruppensieger und die beiden besten Gruppenzweiten für das immer noch im K.-o.-System ausgetragene Viertelfinale qualifizierten.

Mit der Saison 1999/2000 kam es in der *Champions League* zu einer erneuten deutlichen Ausweitung. Die großen europäischen Verbände durften von nun an noch mehr Mannschaften in die *Champions League* entsenden. In einer ersten Qualifikationsrunde, die wie die beiden folgenden im K.-o.-System ausgetragen wurde, trafen die Titelträger aus den Verbänden aufeinander, die in der UEFA-Fünfjahres-Wertung die Ränge 27 bis 48 belegten.[60] Die zweite Qualifikationsrunde bestritten die elf Gewinner der ersten Runde und die Meister der Verbände, die die Ränge 16 bis 26 belegten sowie die Vizemeister der Verbände auf den Rängen 10 bis 15. In der dritten und letzten Qualifikationsrunde kamen zu den Siegern aus der Vorrunde die Tabellendritten der abgelaufenen Saison aus den Verbänden auf den Rängen 1-6 sowie die Tabellenvierten aus den Verbän-

[59] Vgl. dazu die Qualifikations- und Austragungsweise des UEFA-Pokals.
[60] Vgl. WGZ-Bank (1999), S. 24.

den auf den Rängen 1 bis 3 der UEFA-Fünfjahres-Wertung. Diese Qualifikationsmodalitäten ermöglichten es dem DFB in der Saison 1999/2000 vier Mannschaften in die *Champions League* zu entsenden, während jeweils drei Teams aus England, Italien und Spanien in der ersten Hauptrunde des Wettbewerbs vertreten waren. Die neuen Regeln sahen vor, dass sich in der Vorrunde 32 Mannschaften in acht Vierer-Gruppen trafen. Aus diesen Gruppen erreichten die jeweiligen Tabellen-ersten und -zweiten eine neu eingeführte Zwischenrunde. Für die Gruppen-Dritten blieb quasi als Trost die Möglichkeit, in die dritte Runde des UEFA-Cups einzusteigen und dort zu spielen.[61] In der Zwischenrunde wurden die 16 verbliebenen Mannschaften auf vier Gruppen à vier Mannschaften aufgeteilt, aus denen die jeweiligen Gruppen-Ersten und -Zweiten das im K.-o.-System ausgetragene Viertelfinale der letzten acht Mannschaften erreichten. Über das ebenfalls im K.-o.-System gespielte Halbfinale wurden die beiden Finalisten, die sich weiterhin auf neutralem Platz trafen, ermittelt.
Durch diese Modusänderungen war die *Champions League* in der Spielzeit 1999/2000 auf insgesamt 157 Begegnungen ausgeweitet worden. In der Vorsaison waren dagegen lediglich 85 Partien gespielt worden, während es bei der Einführung der sogenannten *Champions League* in der Saison 1991/92 sogar nur 73 Spiele gewesen waren. Bei der ersten Austragung des damaligen Europapokals der Landesmeister dagegen begnügte man sich noch mit 29 Spielen während einer Spielzeit. Für die Finalisten betrug die Anzahl der Spiele 17 (bei Teilnahme an den Qualifikationsrunden bis zu 23) statt zuvor elf. Zudem war es den großen Verbänden auf Kosten kleinerer Verbände gelungen, mehreren Vereinen aus ihren Reihen die Möglichkeit zu geben, am „großen Geschäft" *Champions League* zu verdienen.

2.2.1.2. Finanzielle Regelungen

Mit der Ausweitung des Europapokals der Landesmeister zur *Champions League* ging die zunehmende wirtschaftliche Bedeutung dieses Wettbewerbs für die teilnehmenden Mannschaften einher. Die *Champions League* war vornehmlich auch aus dem Grund gegründet worden, den Vereinen mehr und planbarere Einnahmen aus dem europäischen Wettbewerben zu verschaffen.

Die Vermarktung der Fernsehrechte für die *Champions League* wird zentral durch die UEFA vorgenommen. Lediglich die TV-Rechte bezüglich der Qualifikationsspiele werden dezentral vermarktet. Die teilnehmenden Vereine erhalten dafür Start-, Spiel-, Punkt- und Siegprämien von der UEFA. Ein Teil dieser

---

[61] So standen sich im UEFA-Pokalfinale des Jahres 2000 mit dem späteren Sieger Galatasaray Istanbul und Arsenal London zwei Mannschaften gegenüber, die über diese Regelung den UEFA-Pokal erreicht hatten.

Einnahmen ist an die nationalen Verbände weiterzuleiten. Zudem erhalten alle in der UEFA zusammengeschlossenen Verbände sowie Mannschaften, die die Qualifikationsrunden nicht überstanden oder vor der zweiten Runde des UEFA-Pokals ausgeschieden waren, pauschale Beträge von der UEFA.[62]

In der Saison 1998/99 erhielten die 24 Teilnehmer der *Champions League* TDM 2.400 Startgeld. Für einen Sieg in den Gruppenspielen zahlte die UEFA an die Vereine TDM 1.200, für ein Unentschieden TDM 600. Das Erreichen des Viertelfinales wurde den Vereinen mit TDM 3.600, das des Halbfinales mit TDM 3.900 vergütet. Dazu erhielt Manchester United als Sieger des Endspiels TDM 6.000, während der Verlierer TDM 4.800 zugestanden bekam. Darüber hinaus wurden aus einem Fernsehpool Gelder an die teilnehmenden Mannschaften verteilt. Die Verteilung dieser Gelder hängt von den erzielten Punkten, den erreichten Runden sowie den Einzahlungen der nationalen TV-Sender ab,[63] d. h. die deutschen Mannschaften erhalten hier den größten Anteil, weil der in Deutschland übertragende Sender die Übertragungsrechte am teuersten erwarb. Danach verteilten sich die Einnahmen aus der *Champions League* in der Saison 1998/99 wie in Tabelle 4 dargestellt.

Die Prämienregelung für die Saison 1999/2000 sah so aus, dass die Teilnehmer an den Gruppenspielen TDM 1.800 als Startprämie und zusätzlich TDM 600 pro Partie in der Vor- und Zwischenrunde erhielten. Für jeden Sieg in den Gruppenspielen gab es TDM 600 pro Sieg und TDM 300 pro Unentschieden. Die Teilnehmer am Viertelfinale wurden mit TDM 4.800, die Halbfinalisten mit TDM 6.000 und die Finalisten mit TDM 7.200 prämiert. Dem Gewinner der *Champions League* standen noch einmal TDM 4.800 zu. Einnahmenspitzenreiter waren für diese Spielzeit der FC Bayern München mit Einnahmen von DM 56,9 Millionen und der Sieger Real Madrid mit Einnahmen von DM 56,1 Millionen. Im Wettbewerb 2000/2001 gab es trotz zunehmender Kritik an der Vielzahl der Spiele zunächst keine Modusänderungen. Jedem der 32 Teilnehmer an der *Champions League* garantierte die UEFA im vornherein Minesteinnahmen durch Start- und Spielprämien in Höhe von cirka DM 15 Millionen.

Neben diesen Einnahmen aus der zentralen Vermarktung erzielen die an der *Champions League* teilnehmenden Vereine Einnahmen aus dem Verkauf von Eintrittskarten in die Stadien. Diese Einnahmen stehen ihnen alleine zu.

---

[62] Vgl. WGZ-Bank (1999), S. 27.

[63] Die Unterschiede in den Einnahmen aus dem Fernsehpool für Mannschaften aus England, Portugal sowie den Niederlanden sind nach dieser Regel nicht erklärbar.

Tabelle 4: Einnahmen der *Champions League*-Teilnehmer 1998/1999[64]

Verein	Prämien in TDM	Fernsehpool in TDM	Gesamteinnahmen in TDM
FC Bayern München	19.500	4.700	24.200
Manchester United	20.700	2.970	23.670
Juventus Turin	14.100	3.630	17.730
1. FC Kaiserslautern	11.400	5.740	17.140
Dynamo Kiew	14.700	600	15.300
Real Madrid	10.800	3.630	14.430
Inter Mailand	11.400	2.970	14.370
Olympiakos Piräus	10.800	660	11.460
FC Barcelona	6.000	3.630	9.630
FC Arsenal London	6.000	3.630	9.630
RC Lens	6.000	3.630	9.630
Athletic Bilbao	5.400	2.970	8.370
Galatasaray Istanbul	6.000	760	6.760
Ajax Amsterdam	5.400	1.320	6.720
Rosenborg Trondheim	6.000	600	6.600
Spartak Moskau	6.000	600	6.600
Croatia Zagreb	6.000	600	6.600
Benfica Lissabon	6.000	540	6.540
PSV Eindhoven	5.400	1.080	6.480
FC Porto	5.400	660	6.060
HJK Helsinki	4.800	600	5.400
Panathinaikos Athen	4.800	540	5.340
Bröndby IF	3.600	600	4.200
Sturm Graz	3.000	600	3.600
Insgesamt	199.200	47.260	**246.460**

2.2.2. Der Europapokal der Pokalsieger

Nachdem sich der Europapokal der Landesmeister etabliert hatte, führte die UEFA mit der Saison 1960/61 einen weiteren Wettbewerb für europäische Vereinsmannschaften ein, den Europapokal der Pokalsieger. An der ersten Austragung nahmen zehn aktuelle Gewinner der nationalen Pokalwettbewerbe teil, mit dem VfL Borussia Mönchengladbach als erstem deutschen Teilnehmer und dem AC Florenz als erstem Gewinner dieses Pokals. An der ersten Runde des im K.-o.-Systems ausgetragenen Wettbewerbs nahmen lediglich vier Mannschaften

[64] Quelle: WGZ-Bank (1999), S. 69.

teil, wobei die Sieger dieser Runde mit den sechs übrigen Mannschaften das Viertelfinale ausspielten. Der Modus war ansonsten vergleichbar mit der Vorgehensweise im ursprünglichen Europapokal der Landesmeister. Wenn ein Gewinner des nationalen Pokalwettbewerbs im selben Jahr auch die nationale Meisterschaft gewonnen hatte, durfte statt des Pokalsiegers der im Pokalfinale unterlegene Verein am Europapokal der Pokalsieger teilnehmen.

Schon im nächsten Jahr wurde auch dieser Wettbewerb auf 22 und in den Folgejahren auf 24, 29, 30 und dann 31 Teilnehmer in der Saison 1965/66 ausgeweitet, wobei der jeweilige Titelverteidiger in der ersten Runde ein Freilos erhielt. Von der Saison 1966/67 an musste die Teilnehmerzahl in verschiedenen Jahren durch vorgeschaltete Qualifikationsrunden auf 31 bzw. 32 begrenzt werden.

In den 1990er Jahren erfuhr der Europapokal der Pokalsieger einen schleichenden Bedeutungsverlust, der auch mit der Einführung und Ausweitung der *Champions League* zusammenhing. Die besten Mannschaften spielten entweder in diesem Wettbewerb oder erreichten zumindest den UEFA-Pokal, der unter anderem auch deshalb für die Klubs attraktiver war, weil er eine K.-o.-Runde mehr enthielt. Aus diesem Grunde wurde der Europapokal der Pokalsieger in der Saison 1998/99 zum letzten Mal ausgespielt und mit dem UEFA-Pokal fusioniert. Die Gewinner der nationalen Pokalwettbewerbe nahmen von nun an am UEFA-Pokal teil, einen eigenständigen Wettbewerb gab es für sie nicht mehr. Hatten sich die nationalen Pokalsieger gemäß der zuvor beschriebenen Qualifikationsregeln für die sogenannte *Champions League* qualifiziert, durften die im Pokalfinale unterlegenen Vereine am UEFA-Pokal teilnehmen.

2.2.3. Der UEFA-Pokal

2.2.3.1. Qualifikations- und Austragungsweise

In den Jahren von 1955-1958 wurde erstmals der sogenannte Messepokal ausgetragen. Ab 1971/72 wurde der vormalige Messepokal als UEFA-Pokal ausgetragen. Teilnahmeberechtigt waren ursprünglich die bestplatzierten Mannschaften der nationalen Meisterschaften, die keinen Titel gewonnen hatten.

Seit 1980 erfolgt die Qualifikation für den UEFA-Pokal über zwei Kriterien: die Platzierung des einzelnen Vereins in der nationalen Meisterschaft und den Rang, den ein nationaler Verband in der oben bereits erwähnten UEFA-Fünfjahres-Wertung belegt. Die derzeitige Berechnung erfolgt dermaßen, dass für jedes Unentschieden eines Vereins in einem Europapokalwettbewerb seinem jeweiligen Verband ein Punkt, für jeden Sieg zwei Punkte gutgeschrieben werden. Für das Erreichen von Viertel- oder Halbfinale sowie der Endspiele wird den Verbänden jeweils ein weiterer Punkt zugerechnet. Außerdem erhalten die Verbände für jede ihrer Mannschaften, die sich für die *Champions League,* qualifiziert einen Punkt. Diese Verbandspunkte werden aufsummiert und durch die Anzahl der von einem Verband teilnehmenden Vereine an den Europapokalwettbewerben dividiert. Diese Maßzahl wird über die vergangenen fünf Jahre addiert. Die in dieser Rangliste auf den ersten drei Plätzen befindlichen Verbände dürfen vier Mannschaften für den UEFA-Pokal melden, seit 1999 abzüglich der Mannschaften, die sich über die Qualifikationsrunden für die *Champions League* qualifiziert haben. Die Verbände auf den Rängen 4 bis 9 dürfen drei, die auf den Rängen 10-15 vier, die auf den Rängen 16 bis 21 wieder drei (aber kein fester *Champions League* Teilnehmer) und die übrigen zwei Mannschaften in den UEFA-Pokal entsenden, jeweils abzüglich sich eventuell für die *Champions League* qualifizierender Mannschaften. Nach der Verschmelzung des Europapokals der Pokalsieger mit dem UEFA-Pokal nahmen ab 1999 auch die über die nationalen Pokalwettbewerb qualifizierten Mannschaften am UEFA-Pokal teil. Daneben bestehen noch zwei weitere Möglichkeiten, sich für den UEFA-Pokal zu qualifizieren: Die UEFA verlost unter den in einer *Fairplay*-Tabelle führenden Vereinen drei Startplätze und vergibt noch einmal drei Startplätze an Vereine, die sich über den vor einer Saison (quasi als sportliche Vorbereitung) ausgetragenen sogenannten UEFA-Intertoto-Cup qualifiziert haben.

Der UEFA-Pokal wird im K.-o.-System ausgetragen. Im Vergleich zu den beiden anderen Wettbewerben gab es seit 1961 eine Runde mehr, d. h. es gab vor dem Viertelfinale zwei Runden, wobei bis zu 64 Mannschaften an diesem Wettbewerb teilnahmen.

2.2.3.2. Finanzielle Regelungen

Die Verwertung der TV-Rechte bezüglich der UEFA-Pokal-Heimspiele erfolgt nicht wie in der *Champions League* durch die UEFA, sondern durch die einzelnen Vereine. In Deutschland wurde ursprünglich die Vermarktung für die teilnehmenden Vereine am UEFA-Pokal wie auch dem Europapokal der Pokalsieger wieder zentralisiert, indem der DFB als Dachverband die Rechte verwertete. Nachdem der DFB die Fernsehrechte bereits in den Vorjahren für alle Wettbewerbe zentral aushandelte, hielt er diese Vorgehensweise erst 1989 in einem offiziellen Beschluss fest. Diese Praxis wurde jedoch durch das Bundeskartellamt 1994 dem DFB untersagt, weil das Kartellamt darin eine wettbewerbshemmende Beschränkung sah, die gegen § 1 des Gesetzes gegen Wettbewerbsbeschränkungen (GWB) verstoße. Das Bundeskartellamt verfolgte damit das Ziel, dass die sportlich qualifizierten Klubs die Übertragungsrechte selbständig vermarkten und die Gelder daraus selbst vereinnahmen. Der DFB wehrte sich unter

Hinweis auf die Solidarität und Ausgeglichenheit innerhalb der Bundesliga gegen die Weisung des Bundeskartellamtes und zog vor den Bundesgerichtshof (BGH). Bei dem Urteil stand vornehmlich die Frage im Vordergrund, wer Veranstalter der Spiele sei, die jeweiligen Vereine oder der Ausrichter des gesamten Wettbewerbs, in diesem Fall die UEFA, die dann durch den DFB vertreten würde. Der BGH gab der Ansicht des Kartellamtes recht und untersagte im Dezember 1997 die zentrale Vermarktung von Europapokalspielen deutscher Mannschaften durch den DFB.

Das Urteil wurde zum Gegenstand heftiger Diskussionen und veranlasste den Gesetzgeber 1998 dazu, mit dem § 31a einen neuen Passus in das GWB einzuführen, der die zentrale Vermarktung von professionellen Sportveranstaltungen von dem Kartellverbot freistellt. Dennoch waren nach dem BGH-Urteil die für den UEFA-Pokal (bzw. den Europapokal der Pokalsieger) qualifizierten Vereine die Inhaber der Verfügungsrechte über die Fernsehübertragungen und somit verantwortlich für Art und Umfang der daraus resultierenden Umverteilung der Einnahmen.[65]

Die Einnahmen aus dem Europapokal waren zuvor durch den DFB im Verhältnis 70 zu 30 zwischen teilnehmenden und nicht teilnehmenden Vereinen verteilt worden. Von der Summe für die nicht am Europapokal teilnehmenden Vereine wurden 80 % an die Vereine der ersten und 20 % an die Vereine der 2. Bundesliga gegeben.[66] Ab 1998/99 wurden die Spiele dezentral vermarktet; die aus Deutschland für den UEFA-Pokal qualifizierten Mannschaften zahlten ab der zweiten Runde dieses Wettbewerbs Beiträge von TDM 200 aufwärts in einen Solidarfonds, wobei die Einnahmen pro Spiel auf TDM 3.000 bis TDM 5.000 je nach Runde und Gegner geschätzt werden[67]. Mit der neuen ab 2000 geltenden Regelung der Vermarktung der Fernsehrechte wurde diese Regelung obsolet, eine Beteiligung der nicht für europäische Wettbewerbe qualifizierten Klubs an den Einnahmen daraus gibt es nicht mehr.

2.3. Die nordamerikanischen Ligen für professionellen Mannschaftssport

Im Gegensatz zu den europäischen Ligen, die in der Regel eng an die Verbände angelehnt waren, weisen die professionellen nordamerikanischen Ligen eine andere Organisationsstruktur auf. Die Liga selbst ist als ein Unternehmen organisiert, das Plätze in der Liga in Form eines Franchises vergibt. Mit einem Franchiseplatz wird das Mitgliedschaftsrecht in einer Liga erworben. Dieses Recht

---

[65] Vgl. Schellhaaß, H. M./ Enderle, G. (1998), S. 29.
[66] Vgl. Stopper, M. (1997).
[67] Vgl. WGZ-Bank (1999), S. 28 f.

ermöglicht seinem Besitzer die exklusive Vermarktung seines Klubs in einer bestimmten Region. Es gibt zwei Möglichkeiten, ein Franchise zu erwerben, nämlich entweder indem die Liga zusätzliche Plätze zu Verfügung stellt und diese gegen Entgelt anbietet (*Expansion Franchise*), oder dass ein bestehendes Franchise seinem Besitzer abgekauft wird.[68] Sowohl die eine als auch die andere Form des Erwerbs eines Franchises erfordert die gemeinschaftliche Zustimmung der anderen Franchisebesitzer per Mehrheitsbeschluss. Andere Entscheidungen, die einen Mehrheitsbeschluss der Mitglieder der Liga bedürfen, sind die Entscheidungen bezüglich der Teilung von Einnahmen aus Fernsehrechten und Eintrittsgeldern, so dass diese Organisationsform nicht nur Eigenschaften eines Franchisesystems, sondern auch und viel eher einer genossenschaftlichen Struktur hat, weil die Verfügungsrechte bei den Mitgliedern verbleiben. Jeder Eigentümer eines Franchiserechtes hat dabei eine Stimme bei Abstimmungen. Als (angestellter und bezahlter) Geschäftsführer dieser genossenschaftlichen Organisation wird ein *Commissioner* mit eingeschränkten Handlungsrechten eingesetzt. Die einzelnen Klubs behalten jedoch trotz ihrer genossenschaftlichen Integration in die Liga ihre Selbständigkeit als Unternehmen.[69]

Alle großen professionellen Sportligen in Nordamerika rekrutieren die neu in die Liga kommenden Spieler über die sogenannten *Drafts*. Bei einem *Draft* werden alle Spieler, die in der kommenden Spielzeit erstmals in einer großen Liga spielen wollen, quasi in einen Spielerpool gesammelt. Die Klubs haben dann in umgekehrter Reihenfolge ihrer Platzierung aus der Vorsaison das Recht, sich Spieler aus diesem Pool auszusuchen und sich dadurch die exklusiven Verhandlungsrechte mit diesen Spielern zu sichern.

Ein weiterer Unterschied zur Struktur der europäischen Ligen ist das System der *Minor Leagues*. In diesen Ligen spielen in der Regel Klubs, die die gleichen Eigentümer wie Klubs aus den *Major Leagues* haben und als sogenannte *Farmteams* den großen Ligen quasi als Ausbildungsbetriebe für ihre Spieler dienen. Ein Wechsel zwischen diesen Ligen durch ein Relegationsverfahren findet nicht statt.

Die Spieler in allen amerikanischen Profiligen werden durch eine Gewerkschaft vertreten, deren Einfluss inzwischen[70] so erheblich ist, dass Streiks nicht selten sind. Diese Streiks hatten in der Vergangenheit schon starken Einfluss auf die Spielzeiten einzelner Ligen: 1994 konnte die MLB ihre Saison wegen eines Streiks nicht beenden und keinen Meister ermitteln. Die NHL musste die Saison

[68] Vgl. auch Franck, E. (1995), S. 112.
[69] Vgl. Franck, E. (1995), S. 132 ff.
[70] Nach Quirk, J./ Fort, R. (1999), S. 59 gewannen die Gewerkschaften ab etwa 1970 an Einfluss.

1994/95 wegen eines Spielerstreiks erheblich verkürzen, genauso wie die NBA die Saison 1998/99.[71]

Die Ursache, warum die Spielergewerkschaften in den nordamerikanischen Profiligen in den letzten Jahren an Einfluss gewonnen haben, wird zum einen in der durch Fernsehgelder größer gewordenen Verteilungsmasse gesehen. Außerdem könnten die speziellen und kaum erlernbaren Fertigkeiten dieser Arbeitnehmer ihnen vergleichsweise große Verhandlungsmacht verleihen. Drittens wird vermutet, dass die Spielergewerkschaften andere Verhandlungsziele verfolgen als Gewerkschaften in anderen Industriezweigen, z. B. weil die Spieler ihre eigenen Gehaltsverhandlungen führen und die Ligen nur Gehaltsuntergrenzen sowie Standards verhandeln. Der entscheidende Unterschied zu anderen Gewerkschaften wird aber darin gesehen, dass die Spielergewerkschaften sich um mehr Wettbewerb auf dem Arbeitsmarkt bemühen, während andere Gewerkschaften eher eine Einschränkung des Wettbewerbs auf dem Arbeitsmarkt anstreben würden.[72] Inwieweit diese Einschätzung zutrifft, ist eine Frage, deren Beantwortung zunächst von akademischem Interesse wäre, hier aber nicht weiter verfolgt werden soll. Es überrascht aber, warum in den europäischen Ligen, in denen die gerade genannten Voraussetzungen in ganz ähnlicher Weise zutreffen, die Spielervertretungen vergleichsweise unbedeutenden Einfluss besitzen und kaum in öffentliche Erscheinung treten.

2.3.1. *Major League Baseball*

2.3.1.1. Beschreibung

Die Entwicklung des Baseballs als amerikanischer Sportart setzte in der zweiten Hälfte des 18. Jahrhunderts im Nordosten der USA ein und erfuhr schnell Tendenzen zu einer Professionalisierung.[73]

Major League Baseball besteht heute eigentlich aus zwei Ligen, nämlich der *American League* und der *National League*. Die *National League* wurde schon im Jahre 1876 in New York gegründet, nachdem es bereits zwischen 1871 und 1875 eine professionelle Baseballliga in den USA gegeben hatte. In den ersten Jahren nach Gründung der *National League* gab es eine Reihe von rivalisierenden Ligen im amerikanischen Baseball, unter anderem die im Jahre 1900 gegründete *American League*. Zwischen der *National* und der *American League* kam es zu einem „Baseballkrieg", der 1903 in einer Fusion der beiden Ligen

[71] Vgl. auch die Übersicht bei Quirk, J./ Fort, R. (1999), S. 69.
[72] Vgl. Quirk, J./ Fort, R. (1999), S. 53 f.
[73] Vgl. z. B. Scully, G. (1995), S. 5.

endete.[74] Seitdem wird das beste Baseballteam in der sogenannten *World Series* ausgespielt, d. h. beide Ligen spielen eine separate reguläre Saison aus, eine Zusammenführung der beiden Ligen erfolgt erst in den *Playoffs*. Die Sieger der *Playoffs* einer Liga erreichen das Finale, die *World Series*.

Die Anzahl der Klubs in den Ligen ist wie in den anderen nordamerikanischen Profiligen gestiegen, jedoch vergleichsweise moderat. An der ersten *National League*-Spielzeit 1876 nahmen acht, an der ersten *American League*-Spielzeit 1901 ebenfalls acht Klubs teil. An der Saison 2000 nahmen 16 Teams in der *American League* und 14 Teams in der *National League* teil. Seitdem die Montreal Expos 1969 einen Franchiseplatz in der *National League* erhielten, ist *Major League Baseball* nicht mehr nur auf die USA beschränkt, sondern findet auch in Kanada statt. Mit den Toronto Blue Jays, denen 1977 ein Franchiserecht zugestanden wurde, spielt derzeit ein weiterer kanadischer Klub in der *American League*, der 1992 als erster nicht-amerikanischer Klub die *World Series* gewann.

Die beiden Baseballligen sind seit 1994 in jeweils drei Divisionen (*East*, *Central* und *West*) aufgeteilt. Zuvor gab es lediglich zwei Divisionen pro Liga. Vor 1969, als die beiden Ligen von je zehn auf je zwölf Mannschaften expandierten, wurde ohne weitere Aufteilung in Divisionen gespielt. Die Mannschaften spielen bis zu 162 Partien in einer Spielzeit gegeneinander, ungefähr die Hälfte im eigenen Stadion, die andere Hälfte auswärts. Die Mannschaften aus den Divisionen spielen gegen Mannschaften aus anderen Divisionen, aber nur denen der eigenen Liga. Die Zusammenführung der beiden Ligen erfolgt erst in der *World Series*. In den letzten Jahren wurden Experimente mit Spielen zwischen Teams der beiden Ligen durchgeführt. Seitdem die Ligen 1994 in drei Divisionen aufgeteilt wurden, qualifizieren sich je vier Mannschaften pro Liga für die *Playoffs*, nämlich die drei Gewinner der Divisionen sowie die beste zweitplazierte Mannschaft aus den Divisionen (*„Wild card“*). Der Sieger dieser im System *best-of-five* bzw. *best-of-seven* ausgespielten *Playoffs* ist der Meister der jeweiligen Liga. D. h., die vier Mannschaften stehen sich maximal fünf- bzw. siebenmal gegenüber mit jeweils wechselndem Heimrecht, die Mannschaft die zuerst mehr als die Hälfte der Spiele gewonnen hat, zieht in die nächste Runde ein. Die beiden Meister ermitteln dann in den *World Series*, einem gemäß *best-of-seven* ausgespielten *Playoff*, den Baseballmeister der Saison. Bevor die Ligen 1994 expandierten spielten nur die Sieger der Divisionen in den *Playoffs*.

---

[74] Zur frühen Entwicklung des Baseballs vgl. z. B. auch: The Sporting News (Hrsg.) (1998), S. 256.

2.3.1.2. Wirtschaftliche und finanzielle Verhältnisse

Die Klubs der MLB befinden sich in der Hand privater Eigentümer. Neben den Klubs in den beiden *Major Leagues* besitzen sie häufig mehrere sogenannte *Farmteams*, die in den untergeordneten *Minor Leagues* (aber ebenfalls ohne Auf- und Abstieg) spielen und den Klubs unter anderem zur Ausbildung von Spielertalenten dienen.

Die wirtschaftlichen Rahmenverhältnisse in der MLB sind größtenteils im sogenannten *Basic Agreement* zwischen den Klubs der beiden Baseballligen und der Gewerkschaft der professionellen Baseballspieler (*Major League Baseball Players Association*: MLBPA) geregelt.[75] Die MLBPA existiert seit 1954. Das *Basic Agreement* ist eine sehr umfangreiche und detaillierte Regelung einer Vielzahl von Sachverhalten, z. B. der Gehaltsdefinition, der Spielerreservierung und Einnahmenteilung, aber auch dem Spielplan, der Saisonlänge, von Sprachkursen für spanischsprachige Spieler oder der Anzahl und Art der der Gewerkschaft zustehenden Eintrittskarten zu den *Playoffs*. Die Regelungen sind in 30 Artikeln niedergeschrieben, denen eine Reihe von weiteren Abmachungen als Anhang beigefügt sind.

Das im Jahre 2000 gültige *Basic Agreement* wurde 1996 vereinbart und gilt vom 1. Januar 1997 bis zum Ende der Spielzeit 2000, inklusive einer einseitigen Verlängerungsoption für die Gewerkschaft bis zur Saison 2001. Die Klubs erkennen darin die Gewerkschaft als einzigen und exklusiven Verhandlungsbevollmächtigten für alle Spieler der *Major Leagues* an.[76] In Artikel VI wird erläutert, was als Gehaltsbestandteil für die Spieler anzusehen ist, sowie welche Gehaltsuntergrenzen für Spieler festgelegt sind. Darüber hinaus ist zudem festgelegt, wie die Spieler an den Einnahmen aus den *Playoffs* partizipiert werden, nämlich indem ein Pool aus 60 % der Eintrittsgelder aus den *Playoffs* gebildet wird. Dieser Pool wird prozentual auf die Spieler der in den *Playoffs* spielenden Mannschaften sowie der besten ausgeschiedenen Mannschaften aufgeteilt. Dabei erhalten die Spieler des Gewinners der *World Series* 36 % des Pools, die Spieler der besten ausgeschiedenen Mannschaften 4 % und die Spieler der in den *Playoffs* ausgeschiedenen Mannschaften prozentuale Anteile zwischen 12 % und 24 %, je nachdem, wann die Mannschaften ausscheiden. Den Spielern wird zudem eine Mindestsumme aus den *Playoffs* garantiert.

In Artikel XV („*Miscellaneous*") werden u. a. die Möglichkeiten der Liga zur Expansion während der Gültigkeit des *Basic Agreements* beschrieben. Danach

[75] Vgl. Basic Agreement (1996).

[76] Vgl. Basic Agreement (1996), Article II, S. 1.

haben die Klubs das Recht, die Anzahl von 28 Franchises um vier zu erhöhen, in Absprache mit der MLBPA auch um mehr.[77]

Artikel XXVIII bezieht sich auf das Verhältnis der MLB zur Antitrust-Gesetzgebung:

> *„The Clubs and the Association will jointly request and cooperate in lobbying the Congress to pass a law that will clarify that Major League Baseball Players are covered under the antitrust laws (i. e., that Major League Players will have the same rights under the antitrust laws as do other professional athletes, e. g. football and basketball players), along with provision that makes clear that the passage of that bill does not change the application of the antitrust laws in any other context or with respect to any other person or entity."*[78]

Hintergrund dieser Aussage zum Lobbyismus ist, dass die MLB von den amerikanischen Wettbewerbsregeln aufgrund eines Gerichtsurteils von 1922 ausgenommen ist, und zwar mit der Begründung, es handele sich bei Baseball nicht um Handel zwischen verschiedenen Staaten der USA.[79]

Im Gegensatz zu anderen Ligen des nordamerikanischen Profisports ist ein Teil der Abmachungen zur Einnahmenteilung in der MLB im *Basic Agreement* geregelt (Artikel XXV). Grundlage der Berechnungen bilden ein jährlich abzugebender Fragebogen (eventuell mit Ergänzungen) zur finanziellen Situation der Klubs sowie der von Wirtschaftsprüfern testierte Jahresabschluss nach US-GAAP aller Klubs. Ziel der Einnahmenteilung sind Transferzahlungen zwischen den Klubs, mit der Absicht, das Spiel und die Industrie selbst in bezug auf die Gesamtheit aller Klubs sowie die einzelnen Klubs zu fördern.[80]

Die Abmachungen zur Einnahmenteilung waren bis zur Inkraftsetzung des *Basic Agreements* von beiden Ligen separat gemacht worden. Bis dahin sah die Regelung so aus, dass pauschal 33 % der Gesamterlöse eines Klubs als Eintrittsgelder betrachtet wurden, die in der *American League* im Verhältnis 80 zu 20 und in der *National League* im Verhältnis 90 zu 10 zwischen Heim- und Gastteam aufgeteilt wurden. Als Rundfunkerlöse wurde wiederum eine Pauschale der Gesamterlöse (44 %) betrachtet, von denen 60 % ligaweit aufgeteilt wurden. Die *American League* teilte 20 % und die *National League* 25 % der lokalen Medieneinnahmen auf.[81] Das *Basic Agreement* von 1996 führte zu einer anderen Regelung der Einnahmenaufteilung: Als zentrale Einnahmen werden

---

[77] Vgl. Basic Agreement (1996), S. 43; inzwischen spielen 30 Klubs in der MLB.
[78] Basic Agreement (1996), S. 107.
[79] Vgl. z. B. Scully, G (1995), S. 21.
[80] Vgl. Basic Agreement (1996), S. 90.
[81] Vgl. Vrooman, J. (1995), S. 981.

die Einnahmen, die über die MLB getätigt werden, z. B. nationale und internationale Rundfunkerlöse, nationale Marketing- und Merchandisingerlöse oder die Einnahmen der MLB-Tochterfirmen, betrachtet. Wie diese zentralen Einnahmen zwischen den einzelnen Klubs aufgeteilt werden, wird im *Basic Agreement* nicht gesagt. Die nationalen Rundfunkerlöse werden gemäß anderweitiger Aussagen[82] aber wie in allen nordamerikanischen Ligen gleichmäßig unter den Klubs der MLB verteilt. Die Gelder für lokale Übertragungsrechte gehören zu den lokalen Erlösen der Klubs, gehen ihnen also alleine zu, unterliegen aber der Einnahmenteilung. Die lokalen Erlöse, also die gesamten Baseball-Erlöse der Klubs abzüglich ihres Anteils an den zentralen Erlösen, werden über Regelungen aufgeteilt, die in den Jahren der Gültigkeit des *Basic Agreements* wechselten. Diese Regelungen für die ersten Jahre müssen als Übergangsregelung betrachtet werden. Ab der Saison 2000 gilt der sogenannte „*Split Pool Plan*"[83], nach dem jeder teilnehmende Klub 20 % seiner lokalen Nettoerlöse in diesen Pool einzahlt. 75 % dieses Pools werden dann gleichmäßig unter den einzahlenden Klubs verteilt. Die restlichen 25 % werden unter den Klubs verteilt, deren lokale Nettoerlöse unter dem arithmetischen Mittel der lokalen Nettoerlöse aller Klubs liegen, und zwar im Verhältnis zum Abstand der Nettoerlöse zum arithmetischen Mittel.

Das in der MLB geltende Reservierungssystem wird ebenfalls im *Basic Agreement* festgelegt. Danach darf sich jeder Klub bis zu 40 Spielerverträge reservieren und behält diese Reservierungsrechte so lange, bis der Spieler ein sogenannter *Free Agent* wird. Ein Spieler ist berechtigt, ein *Free Agent* zu werden, wenn er bereits sechs oder mehr Jahre in der MLB aktiv war. Außerdem gibt es die eher unregelmäßige Möglichkeit, aufgrund von Kündigungen ein *Free Agent* zu werden. *Free Agents* haben das Recht, mit jedem Klub uneingeschränkt zu verhandeln und Verträge zu unterschreiben. Der einen *Free Agent* abgebende Klub hat jedoch das Recht, vom aufnehmenden Klub eine Kompensation zu erhalten.[84] Diese Kompensation ist in Form von *Drafting*-Rechten abzugeben, deren Güte und Umfang sich nach einer für die Spieler eingerichteten Qualitätsklasse richtet. Die Qualitätsklassen werden aufgrund von statistischen Vergleichen für die Position, auf der der betreffende Spieler spielt, gebildet. Besondere Regelungen für die Durchführung des *Drafts* gibt es im *Basic Agreement* nicht. Ergänzt wird die Reservierungsregelung durch die Möglichkeit der Spieler, bereits nach drei Jahren als Spieler in der MLB ihr Gehalt neu festlegen zu lassen, im Streitfall durch ein Schiedsgericht.

---

[82] Vgl. Quirk, J./ Fort, R. (1999), S. 35f. und S. 101.

[83] Basic Agreement (1996), S. 88 und 95.

[84] Für aufgrund von Kündigungen zu *Free Agents* gewordenen Spieler gibt es keine Kompensationsregelung.

Gemeinsam haben die Klubs der MLB sowie die MLBPA durch das *Basic Agreement* einen Wachstumsfonds eingerichtet, mit dem das Ziel verfolgt wird, das Wachstum des Baseballs weltweit zu fördern, sprich die Nachfrage nach Baseball und Baseballprodukten zu steigern. Dadurch soll das Interesse am Spiel ausgeweitet, dessen Beliebtheit erhöht und das Wachstum der gesamten Industrie für die Zukunft gesichert werden. Explizit soll nicht nur das Wachstum der gesamten Industrie, sondern insbesondere das der Klubs, die im Rahmen der oben geschilderten Einnahmenteilung Nettozahlungsempfänger sind oder waren, gefördert werden. Der Fonds speist sich Zahlungen von jeweils US$ 3 Millionen durch die Klubs und die MLBPA. Zusätzlich können weitere Beträge hinzukommen.[85]

Trotz des umfangreichen Plans zur Einnahmenteilung unter den Klubs wird die Baseballliga derzeit in einer Krise gesehen, weil die Teams mit den höchsten Spielerausgaben – New York Yankees und Atlanta Braves (im Besitz des Medienunternehmers TED TURNER) – die Liga dominieren, während andere Klubs, z. B. die Montreal Expos, unter finanziellen Problemen leiden. Als Ursache für die Probleme werden die abgeschlossenen regionalen Fernsehverträge gesehen, von denen Mannschaften mit großem Marktumfeld stärker profitieren als andere. Aus diesem Grunde wird von Seiten der MLB überlegt, die beiden Ligen um ein oder sogar zwei Mitglieder zu verringern, indem Klubs für ihren Marktaustritt (mit schätzungsweise jeweils US$ 150 Millionen) von den verbleibenden Klubs kompensiert werden.[86] Schätzungen zufolge schwanken die operativen Ergebnisse für das Jahr 1996 der MLB zwischen einem Gewinn von US$ 38 Millionen für die New York Yankees und einem Verlust von US$ 14 Millionen für die Cincinnati Reds,[87] wobei die Yankees aus New York cirka US$ 70 Millionen aus Medienrechten verbuchten, während die Cincinnati Reds nur etwa US$ 22 Millionen und die Milwaukee Brewers nur US$ 17 Millionen in 1996 daraus einnahmen.[88]

2.3.2. Die *National Basketball Association*

2.3.2.1. Beschreibung

Die jüngste der betrachteten nordamerikanischen Ligen ist die *National Basketball Association*, die NBA. Basketball selbst wurde erst am Ende des 19. Jahrhunderts „erfunden". Nachdem es bereits in der ersten Hälfte des 20. Jahrhunderts mehrere professionelle Basketballligen in den USA gab, die allesamt fi-

[85] Vgl. Basic Agreement (1996), Artikel XXVI, S. 102 ff.
[86] Vgl. Kalwa, J. (1999), S. 48.
[87] Vgl. Quirk, J./ Fort, R. (1999), S. 206.
[88] Vgl. Quirk, J./ Fort, R. (1999), S. 190.

nanzielle Probleme hatten, wurde die NBA 1949 gegründet. Sie entstand aus dem Zusammenschluss der damals operierenden Ligen *Basketball Association of America* und *National Basketball League.*[89] Die NBA bestand zunächst aus 17 Mannschaften, reduzierte sich jedoch in den Folgejahren durch den Austritt einzelner Mannschaften auf acht Teams im Jahre 1954. Ab 1961 wurde die Liga langsam durch die Vergabe neuer Franchiserechte ausgeweitet. Insbesondere durch die Rivalität mit der zwischen 1967 und 1976 aufgetretenen *American Basketball Association* und der daraus resultierenden Fusion im Jahre 1976 wuchs die Anzahl der Franchiseplätze in der NBA deutlich.[90] An der Saison 1999/2000 nahmen insgesamt 29 Mannschaften teil. Seit der Spielzeit 1995/96 sind mit den Toronto Raptors und den Vancouver Grizzlies zwei Teams aus Kanada vertreten, so dass auch im Basketball die Liga über die nationalen Grenzen der USA hinaus vertreten ist.

Die NBA ist in zwei Konferenzen (Westen und Osten) zu je zwei Divisionen aufgeteilt. Zwischen den Mannschaften der verschiedenen Konferenzen und Divisionen finden Spiele statt, jedoch spielt eine Mannschaft häufiger gegen Mannschaften aus der gleichen Konferenz. Insgesamt hat jede Mannschaft in der Regel 82 Spiele pro Saison, je die Hälfte als Heim- bzw. Auswärtsspiel. Jeweils die acht besten Mannschaften einer Konferenz erreichen die *Playoffs*. Die erste Runde dieser *Playoffs* wird im *best-of-five-Modus*, die restlichen Runden im *best-of-seven-Modus* ausgetragen. Wenn die beiden Konferenzen auf diese Weise ihre Sieger ermittelt haben, wird zwischen diesen beiden Teams der Meister der NBA ermittelt.

2.3.2.2. Wirtschaftliche und finanzielle Verhältnisse

Die Klubs der NBA sind im Besitz privater Investoren, mit den Boston Celtics gibt es eine börsennotierte Aktiengesellschaft.

Das derzeit für die NBA gültige *Collective Bargaining Agreement* (CBA) wurde im Januar 1999 festgelegt und läuft bis zum 30. Juni 2004, mit einer Verlängerungsoption für die NBA auf ein weiteres Jahr. Geregelt ist in dieser Abmachung zwischen der Spielergewerkschaft (*National Basketball Players Association*) und den Klubs der NBA eine Vielzahl von Sachverhalten, z. B. der *Salary Cap*, die Spielerreservierung, Mindest- und Maximalgehalt sowie der Spielplan.

Das Reservierungssystem der NBA[91] ist relativ liberal.[92] Die Klubs rekrutieren die Spieler durch ein *Draft*, das aus zwei Runden besteht mit je einer Auswahl

---

[89] Vgl. Scully, G. (1995), S. 17 f.
[90] Vgl. Quirk, J./ Fort, R. (1992), S. 322 ff.
[91] Vgl. auch Anhang Nr. 1 dieser Arbeit.

für die an der kommenden Saison teilnehmenden Klubs. Die auf diese Weise gezogenen Spieler sind zunächst einmal für drei Jahre vertraglich an den jeweiligen Klub gebunden, wobei der Klub eine einseitige Option auf eine einjährige Vertragsverlängerung hat. Daraufhin werden die Spieler zu eingeschränkten *Free Agents*, d. h. der alte Klub hat das Recht, das Vertragsangebot eines anderen Klubs in gleicher Weise an den Spieler zu machen und ihn so an sich zu binden („*Right of first refusal*"). Nachdem der zweite Vertrag eines Spielers ausgelaufen ist, haben die Klubs kein *Right of first refusal* mehr,[93] und die Spieler werden zu uneingeschränkten *Free Agents*. Kompensationen sind beim Spielerwechsel in der NBA nicht vorgesehen. Können sich Klub und gezogener Spieler im Anschluss an einen *Draft* nicht auf einen Vertrag einigen, verliert der Klub die exklusiven Verhandlungsrechte mit dem Spieler. Der Spieler nimmt einen einem zweiten („*Subsequent*") *Draft* teil. Kommt es daraufhin noch immer nicht zu einer Einigung zwischen dem Spieler und einem Klub, wird dieser zu einem *Free Agent*.

Im CBA haben sich Spieler und Klubeigentümer auf ein *Salary Cap* geeinigt, d. h. ein Gesamtlohnlimit[94] für alle Klubs. Für die Spielzeit 1998/99 wurde der *Salary Cap* mit US$ 30 Millionen, für die Spielzeit 1999/2000 mit US$ 34 Millionen festgelegt. In der Saison 2000/2001 liegt das Limit bei 48,04 % des geplanten operativen Einkommens der gesamten NBA abzüglich gewisser Zahlungen an die Spieler. Dieser Betrag wird durch die Anzahl der teilnehmenden Klubs dividiert und stellt dann das Limit für jedes einzelne Team dar. Gleichzeitig wird eine Untergrenze bei 75 % des *Salary Caps* festgelegt. Expansionsmannschaften dürfen in ihren ersten beiden Jahren lediglich 66 % (erstes Jahr) bzw. 75 % (zweites Jahr) der Lohnsumme anderer Klubs ausgeben. Daneben gibt es für die Klubs eine Reihe genau festgelegter Ausnahmeregelungen.

Regelungen zur Einnahmenteilung gibt es im CBA der NBA nicht. Wie in allen anderen nordamerikanischen Profiligen werden die nationalen Fernseheinnahmen gleichmäßig auf alle Klubs verteilt, die lokalen Fernseheinnahmen nehmen die Heimmannschaften der NBA dagegen alleine ein. Die Einnahmen aus Eintrittsgeldern werden in der NBA ebenso ohne eine Teilung mit den Gastmannschaften den Heimmannschaften überlassen, sowohl während der regulären Saison als auch in den *Playoffs*.

---

[92] In diesem Sinne auch: Franck, E. (1995), S. 86.

[93] Vgl. Auch Vrooman, J. (1995), S. 981.

[94] Das CBA der NBA (S. 8) definiert den Salary Cap wie folgt: "*Salary Cap means the maximum allowable Team Salary for each Team for a Salary Cap Year.*"

Finanziell haben sich die NBA-Franchises in den vergangenen Jahren zu lohnenden Investitionen entwickelt. Rote Zahlen schreibende Klubs sind eine Ausnahme, das durchschnittliche operative Einkommen der Klubs lag zwischen 1990 und 1996 bei US$ 9 Millionen. Die am besten verdienenden Klubs waren 1996 die Chicago Bulls und die Portland Trailblazers mit einem operativem Ergebnis von geschätzten US$ 33 Millionen.[95] Die Medieneinnahmen schwankten im Jahre 1996 zwischen US$ 36 Millionen für die Los Angeles Lakers und US$ 16 Millionen für die Sacramento Kings.[96] Als ursächlich für die finanzielle Gesundung der NBA seit Beginn der 1980er Jahre wird die Einführung des *Salary Caps*, einem Gesamtlohnlimit, gesehen.[97]

2.3.3. Die *National Hockey League*

2.3.3.1. Beschreibung

Der sportlich wertvollste Titel im (nordamerikanischen) Eishockey für Klubmannschaften ist der *Stanley Cup*, der bereits 1893 gestiftet wurde. In den ersten Jahren wurde der Sieger des *Stanley Cups* durch Herausforderungsturniere und später durch verschiedene Ligen mit Mannschaften aus den USA und Kanada ermittelt. Im Jahre 1917 wurde dann die NHL von vier kanadischen Teams gegründet, um den *Stanley Cup* auszuspielen. Zunächst gab es jedoch noch weitere Ligen in Kanada, die sich zusammen mit der NHL um den *Stanley Cup* bemühten. Bereits 1924 nahm die NHL die erste Mannschaft aus den USA in ihren Reihen auf. In den Folgejahren wurden die anderen um den *Stanley Cup* konkurrierenden Ligen durch die NHL aufgekauft bzw. diese gaben ihre Tätigkeit auf. Ab 1942 spielte die NHL mit sechs Teams: Montreal Canadiens und Toronto Maple Leafs aus Kanada sowie Boston Bruins, Chicago Blackhawks, Detroit Red Wings und New York Rangers aus den USA („*The Original Six*"). Erst 1967 expandierte die NHL und nahm sechs weitere Klubs aus den USA auf. In den Folgejahren wuchs die NHL rasant. Als die NHL 1979 mit der 1972 gegründeten rivalisierenden *World Hockey Association* (WHA) fusionierte und vier weitere Klubs aufnahm, spielten 20 Klubs in der NHL.[98] Die Expansion der NHL wurde seitdem fortgeführt, jedoch nicht so turbulent wie in den 1970er Jahren. An der Spielzeit 2000/2001 nahmen 30 Klubs teil, von denen noch sechs in Kanada beheimatet sind.

Die Austragung der Saison ist mit der im Basketball (NBA) vergleichbar. Die Liga ist in zwei Konferenzen aufgeteilt, die wiederum aus drei Divisionen be-

---

[95] Vgl. Quirk, J./ Fort, R. (1999), S. 208.
[96] Vgl. Quirk, J./ Fort, R. (1999), S. 191.
[97] Vgl. Kalwa, J. (1998), S. 32.
[98] Vgl. auch Quirk, J./ Fort, R. (1992), S. 327 ff.

stehen. Die Mannschaften bestreiten inzwischen insgesamt 86 Spiele pro Spielzeit, die Hälfte davon in der Heimarena. Nach Ablauf der regulären Saison qualifizieren sich die Sieger der Divisionen sowie die fünf nächstbesten Mannschaften einer Konferenz für die *Playoffs*. Die *Playoffs* werden im *best-of-seven*-Modus ausgetragen.[99] Haben die Konferenzen auf diese Weise ihre Sieger ermittelt, spielen diese den Stanley Cup-Champion aus.

2.3.3.2. Wirtschaftliche und finanzielle Verhältnisse

Die Klubs der NHL befinden sich zum Teil in der Hand von Privatleuten, zum Teil in der Hand von lokalen Besitzergruppen.[100] Die Anaheim Mighty Ducks gehören zum Disney-Konzern. Die Florida Panthers sind als Aktiengesellschaft an der Börse notiert. In der Präambel zum CBA der NHL heißt es, die NHL sei ein Joint Venture, das als eine personengesellschaftlich Non-profit-Vereinigung organisiert[101] ist. Den Teams der NHL sind in der Regel ein oder mehrere *Farmteams* in den *Minor Leagues* zugeordnet.

Zwischen der Gewerkschaft der Eishockeyspieler (*National Hockey League Players' Association*: NHLPA) und der NHL wurde 1997 ein CBA beschlossen, das noch bis mindestens September 2004 seine Gültigkeit behält. Mit dem CBA erkennt die NHL die NHLPA als exklusiven Verhandlungsbeauftragten (nur) für die Spieler der NHL an, nicht für die sonstigen Angestellten der NHL-Klubs.[102] Auch im CBA zwischen der NHLPA und der NHL sind umfangreiche und detaillierte Regelungen zu einer Vielzahl von Sachverhalten enthalten, so z. B. über den *Draft*, die Spielerreservierung, den Spielplan oder internationale Eishockeyspiele.

Das komplexe Reservierungssystem der NHL[103] ist in Artikel 10 des CBA geregelt. Dabei werden drei Kategorien von Spielern unterschieden: Uneingeschränkte *Free Agents* sind im wesentlichen die Spieler, die älter als 31 Jahre sind.[104] Spieler, die weniger als drei Jahre NHL-Erfahrung haben, erhalten grundsätzlich nicht die Rechte eines *Free Agents*, es sei denn, sie wurden im *Draft* nicht gezogen, wodurch Spieler automatisch zu *Free Agents* werden. Spieler, die weder das eine noch das andere Merkmal aufweisen, sind einge-

---

[99] Bis 1999 wurden die erste Runde der *Playoffs* gemäß *best-of-five* ausgespielt.

[100] Beispiele sind die kanadischen Eishockeyklubs Calgary Flames und die Edmonton Oilers.

[101] CBA (1997), S. 1: ..."*the National Hockey League, a joint venture organized as a not-for-profit unincorporated association*"...

[102] Vgl. Collective Bargaining Agreement (1997), Artikel 2, S. 7.

[103] Vgl. auch Anhang Nr. 2 dieser Arbeit.

[104] Daneben gibt es noch weitere Möglichkeiten, ein uneingeschränkter *Free Agent* zu werden. Es handelt sich dabei jedoch um Ausnahmefälle.

schränkte *Free Agents*. Bekommt ein eingeschränkter *Free Agent* ein Angebot eines anderen Klubs, dann hat der alte Klub das Recht („*Right of First Refusal*"), den Vertrag mit seinem Spieler zu verlängern, indem er ihm einen Vertrag zu den gleichen Konditionen wie der andere Klub anbietet. Verzichtet er auf diese Möglichkeit, dann hat er das Recht, durch *Drafting*-Rechte kompensiert zu werden. Wechselt ein uneingeschränkter *Free Agent* den Klub, hat der abgebende Klub grundsätzlich kein Recht auf Kompensationen, es sei denn, er erleidet einen „Nettoverlust", d. h. die Leistungen der Spieler, die er abgibt, waren in den vergangenen Jahren besser als die der Spieler, die er aufnimmt. Insgesamt ist das Reservierungssystem der NHL nicht nur sehr komplex, sondern im Vergleich zu MLB und NBA auch ausgesprochen restriktiv.[105]

Artikel 8 des CBA regelt das *Drafting*-System der NHL. Demnach besteht ein *Draft* aus neun Runden, wobei in jeder Runde so viele Spieler gezogen werden, wie in der nachfolgenden Saison Klubs in der NHL spielen. Zusätzlich findet ein Kompensations-*Draft*, wie er durch die oben beschriebene Abgabe von *Free Agents* entsteht, statt. Können sich Klub und gezogener Spieler nicht auf einen Vertrag einigen, wird der Spieler erneut in einen *Draft* geschickt. Kommt es in Folge dessen noch immer nicht zu einem Vertragsabschluss mit diesem Spieler, wird er zu einem *Free Agent*.

Im Gegensatz z. B. zur MLB findet sich im CBA keine Regelung zur Einnahmenaufteilung zwischen den Klubs der NHL. Eine Teilung der Eintrittsgelder zu den Spielen findet in der NHL genauso wie in der NBA nicht statt. Dies betrifft auch die Einnahmen aus den *Playoffs*, so dass das Erreichen der *Playoffs* nicht nur sportlich bedeutsam, sondern auch finanziell wichtig ist. Die Erlöse von Verkäufen aus lokalen Fernsehrechten stehen den Klubs ebenso alleine zu, die Erlöse aus nationalen Fernsehverträgen werden wie in den anderen nordamerikanischen Ligen gleichmäßig auf die teilnehmenden Klubs weitergegeben.[106] Die NHL hat aber eine Reihe von Maßnahmen getroffen, um die in Kanada beheimateten Klubs zu unterstützen, so. z. B. einen Währungsausgleich für Gehälter.

Die finanziellen Ergebnisse der NHL-Klubs liegen durchschnittlich unter denen aus den anderen nordamerikanischen Ligen: Das geschätzte operative Einkommen zwischen 1990 und 1996 lag bei durchschnittlich US$ 3,7 Millionen. An der Spitze der Rangliste der Finanzergebnisse liegen die Detroit Red Wings mit durchschnittlich US$ 15 Millionen und die Chicago Blackhawks mit durchschnittlich US$ 14 Millionen operativem Jahresergebnis. Dagegen weisen die Buffalo Sabres, die Washington Capitals, Tampa Bay Lightning und die Phoe-

---

[105] Vgl. wiederum Franck, E. (1995), S. 87 mit noch stärkerem Urteil.
[106] Vgl. auch hierzu Quirk, J./ Fort, R. (1999), S. 35f. und S. 101.

nix Coyotes im Durchschnitt negatives operatives Einkommen aus.[107] Die Medieneinnahmen schwanken zwischen durchschnittlich US$ 10 Millionen für die Boston Bruins und US$ 3 Millionen für Klubs wie die St. Louis Blues.[108]

[107] Vgl. Quirk, J./ Fort, R. (1999), S. 209.
[108] Vgl. Quirk, J,/ Fort, R. (1999), S. 192.

3. MARKTBESCHREIBUNG

3.1. PRODUKTEIGENSCHAFTEN

3.1.1. Allgemein

Das im Sport hergestellte Produkt weist Eigenschaften auf, die in dieser speziellen Form in keinem anderen Bereich des Wirtschaftslebens vorkommen. Dabei ist nicht im vornherein klar, welches Produkt im Sport überhaupt hergestellt wird. Zunächst könnte man meinen, es handele sich lediglich um die Schaffung von Unterhaltung, die durch die Attraktion von Akteuren, die besonders begabt in der Behandlung des jeweiligen Spielgerätes oder in der Ausführung einer konditionellen Leistung sind, ausgeht. Diese Sichtweise würde die Qualität des Produktes in den Vordergrund schieben und zur wichtigsten Determinante der Nachfrage nach (Leistungs-)Sport machen. Dann wäre aber kaum erklärbar, warum sportliche Großereignisse fast täglich ein Millionenpublikum vor die Fernsehgeräte der Welt locken, während die Artisten eines Zirkus genauso wie Künstler diese Faszination von Massen offensichtlich nicht ausüben können. Neben dem Können der Sportler muß also noch mindestens ein weiteres Element der spezifischen Produkterstellung für die Faszination des leistungsmäßig betriebenen Sports verantwortlich sein: die Spannung, die aus dem unsicheren Ausgang sportlicher Ereignisse resultiert.

Als zentrale Determinanten der Nachfrage nach Sportereignissen können also zum einen die Qualität einzelner Sportler sowie (im Mannschaftssport) ganzer Mannschaften, und zum anderen das Ausmaß der in einem Wettbewerb liegenden Spannung festgehalten werden. Ein häufig übersehener Punkt bei der Bestimmung der Nachfragedeterminanten liegt in der Rolle der Präferenzen der potentiellen Zuschauer. Wegen der Präferenzen werden einige Sportarten zu Zuschauermagneten, während andere Sportarten ein Dasein als Randsportarten führen müssen. Neben diesen zentralen Einflussfaktoren spielen weitere indirekte Aspekte eine Rolle für die Nachfrage: Wetter und Klima, Qualität der Stadien, Mitwirken bekannter „Superstars" etc. Außerdem werden die Preissetzung der Veranstalter, deren Werbemaßnahmen sowie das Einkommen der potentiellen Zuschauer die Nachfrage in unterschiedlichem Maße beeinflussen. Dabei wird das hergestellte Produkt wie eine Dienstleistung im Moment der Erstellung konsumiert, lässt sich folglich auch nicht aufbewahren bzw. lagern.

Als Charakteristikum der Produkterstellung im Mannschaftssport kommt zudem hinzu, dass nicht nur das einzelne Spiel selbst, sondern auch eine Aggregation einer Anzahl von Spielen zu einer Meisterschaft ein eigenständiges Produkt darstellt.[109] In diesem Zusammenhang wird auch von einem zweistufigen Produktionsprozess gesprochen, bei dem auf der ersten Stufe (Mannschaften) die Spieler und auf der zweiten Stufe (Meisterschaftsrennen) die Mannschaften den Input liefern.[110]

Eine weitere Besonderheit der Produkterstellung im Sport liegt darin, dass sportliche Wettbewerbe nur in Kooperation einer ausreichenden Anzahl von Anbietern stattfinden können. Dieses sowie die Bedeutung der Spannung in der Herstellung des sportlichen Produkts sollen im folgenden eingehender beschrieben werden.

3.1.2. Eigenschaften der Produkterstellung auf dem Gütermarkt

3.1.2.1. Gegenseitige Abhängigkeiten

Eine zentrale Eigenschaft, die die Produkterstellung einer professionellen Sportliga charakterisiert, ist die gegenseitige Abhängigkeit, in der sich Mitglieder dieser Liga befinden. Es ist eine offensichtliche und triviale Eigenschaft des Wettbewerbs im Sport, dass ein einzelner Sportler oder eine Mannschaft einen Aspekt des Produkts, nämlich den sportlichen Wettkampf, nicht ohne mindestens einen anderen Wettbewerber erstellen kann. Ein Sportverein braucht genauso wie ein einzelner Sportler zunächst einmal einen Gegner, mit dem er ein Spiel bestreiten und seine Kräfte (seine „Wettbewerbsfähigkeit") messen kann. Nur so kann es zu der Herstellung des Produktes im Sport und folglich zur Generierung von Nachfrage kommen. Ökonomisch stellt diese Form der Abhängigkeit der Wettbewerber im Sport einen externen Effekt (quasi eine Netzexternalität), den die teilnehmenden Mannschaften auf die übrigen teilnehmenden Mannschaften ausüben, dar.

Damit unterscheidet sich die Produkterstellung in Sportunternehmen von der in anderen wirtschaftlichen Unternehmen. In anderen Bereichen des Wirtschaftslebens ist die Existenz nur eines Unternehmens grundsätzlich möglich. Dies mag zwar mit negativen Konsequenzen wie der Erzielung von Monopolrenten verbunden sein, ändert aber nichts daran, dass die Herstellung des Produktes möglich bleibt. Im Sport ist aber die Existenz nur eines Unternehmens im jeweiligen Markt - auch wenn dieser Zustand nur kurzfristig anhalten sollte - nicht möglich. Wenn eine einzelne Mannschaft oder ein einzelner Sportler einmal so stark werden sollte, dass er alle Mitkonkurrenten vom Markt verdrängt, hätte er

[109] Die Einführung von Weltranglisten z. B. im Tennis oder von Wettkampfserien z. B. in der Leichathletik können in diesem Sinne als Einführung eines zusätzlichen Produkts verstanden werden.

[110] Franck, E. (1995), S. 8 f.

sich selbst seine eigene Produktionsgrundlage entzogen. Die Durchführung sportlicher Wettkämpfe wäre dann nicht mehr möglich, da es an der notwendigen Existenz aktueller Wettbewerber mangelte.

Die Bedeutung der Spannung führt dazu, dass das Interesse an Mannschaftssportarten nicht (allein) von der absoluten Qualität einer Mannschaft abhängt, sondern erst durch den Vergleich der Mannschaften miteinander, also ihrer Stärke relativ zu den anderen Mannschaften, entsteht.[111] Das Interesse der Fans an den Spielen in einer Liga wird umso größer sein, je ausgeglichener die Spiele von vornherein sind. Die Zuschauer gehen zu einem Wettkampf, weil sie „ihre" Mannschaft gewinnen sehen wollen, aber sie werden es bevorzugen, wenn „ihre" Mannschaft gegen einen nahezu gleichwertigen Gegner in einem spannenden Spiel gewinnt. Natürlich liegt ein gewisser Reiz in der Möglichkeit, dass Mannschaften aus unteren Tabellenregionen Favoritenstürze gelingen. Zu diesen Überraschungen kann es aber nur kommen, wenn der Leistungsabstand zwischen beiden Teams nicht zu groß ist. Auch Favoritenstürze benötigen folglich ein Mindestmaß an ausgeglichener Spielstärke.

3.1.2.2. Ungewissheit des Ausgangs[112]

Die weitere Eigenschaft, die die Nachfrage nach dem Produkt beeinflusst, ist die Ungewissheit über den Ausgangs des Spiels. Man kann sogar sagen, dass der Verkauf eines ungewissen Wettbewerbs das eigentliche Geschäft von Sportlern und Sportligen ist. In der ökonomischen Analyse von Sportligen spielt diese Eigenschaft eine zentrale Rolle, weil sie durch verschiedene Entwicklungen bedroht zu sein scheint. Dass die Ergebnisse eines sportlichen Wettbewerbs von vornherein nicht feststehen, ist nicht nur eine konstitutive Eigenschaft des Sports und des sportlichen Wettkampfs an sich, sondern wird allgemein auch als Voraussetzung für eine ausreichende Nachfrage nach dem Produkt der jeweiligen Sportart gesehen. Demnach wäre die grafische Nachfragekurve nach dem Produkt einer Sportliga um so weiter nach außen vom Ursprungspunkt weg verlegt, je ausgeglichener die Liga besetzt wäre und je ungewisser das Ergebnis eines sportlichen Wettbewerbs ist.

Die Ausgeglichenheit einer Liga findet aber nicht nur ihre Begründung in den Nachfrageeffekten durch die Ungewissheit, sondern auch in der simplen Tatsache, dass Ligen gegründet werden. Denn in der Tat werden Ligen überhaupt erst gebildet, um ausgeglichene Wettbewerbe mit sportlicher Aussagekraft zu ermöglichen.

---

[111] Vgl. auch Becker, G. S./ Becker, G. N. (1994), S. 191.

[112] Die folgenden Ausführungen und die Einteilungen in verschieden Arten der Ergebnisungewissheit basieren im auf Cairns, J. e. a. (1986), S. 6 f.

Insbesondere im nordamerikanischen Sport hat es immer wieder Zeiträume gegeben, in denen Ligen wegen zu ausgeprägter Unausgeglichenheit und der Dominanz einzelner Klubs Schwierigkeiten bekamen, Zuschauer zu ihren Wettbewerben zu locken.[113] Aber auch aus Deutschland sind Fälle von ruinöser Dominanz in einzelnen Sportarten bekannt. So geriet der deutsche Meister im Mannschaftsbadminton Eintracht Südring Berlin 1998 in erhebliche finanzielle Schwierigkeiten, weil seine Dominanz in der Liga zu groß wurde.[114]

Empirisch ist die Bedeutung eines ungewissen Ausgangs von Wettkämpfen für deren Nachfrage schwer zu fassen. Die existierenden Untersuchungen kommen zu unterschiedlichen Ergebnissen. JENNETT misst der Unsicherheitshypothese[115] große Bedeutung bei[116], HEINEMANN[117], FRANCK[118] oder QUIRK/FORT[119] schließen sich ihm weitestgehend an. Ohne diese Frage weiter zu verfolgen, soll hier im weiteren davon ausgegangen werden, dass zumindest ein Mindestmaß an Spannung notwendig ist, um die Nachfrage nach sportlichen Wettkämpfen langfristig aufrecht zu erhalten bzw. sogar noch auszubauen. Gegebenenfalls soll die Annahme durch geeignete Beispiele unterstützt werden.

Auch aus sportsoziologischer Sicht entsteht die Attraktivität von Mannschaftssportarten durch die Schaffung von Spannung und die Bildung einer gewissen „Spannungsbalance“[120]. Dabei bestehen eine Reihe von Bezugspunkten, zwischen denen sich die Spannung aufbaut: Es gibt Spannung zwischen den Mannschaften, innerhalb einer einzelnen Mannschaft, zwischen einzelnen Akteuren und in einer Liga sogar Spannung zwischen Mannschaften, die sich gar nicht unmittelbar auf dem Spielfeld gegenüberstehen.

Es lassen sich verschiedene Formen der Ergebnisungewissheit unterscheiden, die alle in einer gewissen Weise miteinander verbunden sind, nämlich die Ungewissheit über den Spielausgang, über den Ausgang der Meisterschaft, über das Abschneiden einzelner Mannschaften und die langfristige Ungewissheit über die Konstanz der in einer Saison besten Mannschaften (Dominanz einer oder weniger Mannschaften).

---

[113] Beispiele sind bei Quirk, J./ Fort, R. (1992), S. 240 ff. zu finden.
[114] Vgl.: Müller, A. (1998).
[115] Zur Diskussion der Unsicherheitshypothese vgl. Cairns, J. e. a. (1986), S. 5 ff.
[116] Vgl. Jennett, N. (1984), S. 197.
[117] Vgl. Heinemann, K. (1987), S.252.
[118] Vgl. Franck, E. (1995), S. 154.
[119] Vgl. Quirk, J./ Fort, R (1992), S. 243.
[120] Vgl. Elias, N. (1983), S. 12 ff.; Bausenwein, C. (1995) widmet der Spannung ein ganzes Kapitel.

3.1.2.2.1. Ungewissheit über den Spielausgang

Auf der untersten Ebene des Wettbewerbs im Mannschaftssport finden einzelne Spiele zweier Mannschaften als Ligenmitglieder statt. Die Ungewissheit eines Spiels ist es, die die Zuschauer zunächst in die Stadien oder vor Fernseher, Radios und neuerdings auch ins Internet lockt. Der ehemalige Trainer der deutschen Fußball-Nationalmannschaft, SEPP HERBERGER, hat das einmal so ausgedrückt: „*Wissense warum die Leute zum Fußball gehen? Weil se nicht wissen, wer gewinnt*“[121].

Die Ungewissheit über den Spielausgang wird um so größer sein, je ausgeglichener die Spielstärke der jeweiligen Konkurrenten ist, eventuell korrigiert um andere Faktoren wie den Heimvorteil, derzeitige Form, Glück etc. Grundsätzlich kann davon ausgegangen werden, dass eine insgesamt und langfristig ausgeglichene Liga auch dazu führt, dass einzelne Spiele tendenziell eine größere Ausgeglichenheit aufweisen.

Ist man sich der Bedeutung ungewisser Spielausgänge bewusst, wird klar, warum Sportverbände wie der DFB die gleichzeitige Einflussnahme einer Person oder Organisation auf mehrere Vereine, die an den gleichen Wettkämpfen teilnehmen, mit starken Vorbehalten gegenüberstehen. Befürchtet wird, dass - je nach aktuellem Tabellenstand - der Ausgang von Spielen im Vorfeld festgelegt wird.[122] Dies würde nicht nur die Ungewissheit des Ausgangs einzelner Spiele beeinträchtigen bzw. sogar aufheben, sondern widerspräche dem sportlichen Zweck und dem Ethos des Sports (d. h. der Fairness).[123] Analog zu ökonomischen Wettbewerbsverzerrungen kann in diesen Fällen von sportlichen Verzerrungen gesprochen werden.

3.1.2.2.2. Ungewissheit über den Ausgang der Meisterschaft

Zweck einer Liga ist es, verschiedene Mannschaften zusammenzufassen, um durch den sportlichen Vergleich dieser Mannschaften die beste - d. h. den Meister - zu ermitteln. Grundsätzlich sollte vor jeder Saison jede an einer Liga teilnehmende Mannschaft ein potentieller Meisterschaftskandidat sein, aber auch ein potentieller Abstiegskandidat (oder potentieller UEFA-Cup- bzw. *Playoff*-Teilnehmer). Haben Vereine oder Klubs die Möglichkeit, ein vorher festgeleg-

---

[121] Zitiert nach Bausenwein, C. (1995), S.421.

[122] Dies kann andererseits dazu führen, dass die Möglichkeiten der Klubs, auf dem Kapitalmarkt aktiv zu werden, eingeschränkt sind.

[123] Die Absprachen beim *Professional Wrestling* stellen in diesem Zusammenhang eine Ausnahme dar, wodurch die Frage aufkommt, ob es sich bei Veranstaltungen ohne echten Wettkampfcharakter überhaupt noch um eine Form des Sports handelt.

tes oder sich im Saisonverlauf entwickelndes Ziel zu erreichen, dann kann die daraus resultierende Spannung Zuschauer in die Stadien oder vor die Rundfunkgeräte ziehen. Umgekehrt kann davon ausgegangen werden, dass Meisterschaften, deren Ausgänge frühzeitig feststehen, die Nachfrage nach Eintrittskarten drücken werden.

3.1.2.2.3. Ungewissheit über das Abschneiden einzelner Mannschaften

Eng verknüpft mit der Ungewissheit über den Ausgang der Meisterschaft ist die Ungewissheit über das Abschneiden einzelner Mannschaften. Dabei handelt es sich um die Leistung bestimmter Mannschaften, die nicht notwendigerweise um die Meisterschaft mitstreiten. So kann z. B. ein Verein, der über einige Jahre im unteren Mittelfeld einer Liga angesiedelt war, bei plötzlich eintretendem Erfolg, der dazu führt, dass man anders als zuvor in eine höhere Tabellenregion vorrückt, verstärkte Aufmerksamkeit in der Öffentlichkeit genießen. Umgekehrt erleiden Vereine nach einer langen Erfolgsperiode häufig einen überproportionalen Verlust an Zuschauern, wenn sie ihre Anhängern nicht mehr mit Spitzenleistungen, sondern nur noch mit durchschnittlichem Erfolg „verwöhnen".

Die Zahl der Zuschauer wird nicht nur bei engen und spannenden Meisterschaftsrennen ansteigen, sondern auch wenn die Entscheidungen über die Verteilung von Europapokal- oder *Playoff*-Plätzen anstehen. In der Öffentlichkeit werden immer wieder gerne die Spieltage gezeigt, in denen Vereine eine große Zahl von Anhängern im Abstiegskampf mobilisieren konnten.[124] Genauso wie die Spannung der Spiele die Zuschauer in die Stadien lockt, so dürfte sie sie auch zu den Rundfunkübertragungen der jeweiligen Spieltage ziehen.

Im Zusammenhang mit der Ungewissheit über das Abschneiden einzelner Mannschaften lässt sich auch der drastische Zuschauerschwund, den die deutsche Fußball-Bundesliga in den Spielzeiten 1971/72 und 1972/73 hatte, erklären. In der Saison 1971/72 besuchten nur 5.487.286 Zuschauer[125] (durchschnittlich 17.932 pro Spiel) die 306 Bundesligaspiele. Das war neun Jahre nach der Gründung der Bundesliga im Jahre 1963 das geringste Zuschauerinteresse, unterboten durch die nachfolgende Spielzeit 1972/73, in der nur noch 5.014.332 Zuschauer (durchschnittlich 16.387) in die Bundesligastadien gingen, was bis heute das Tief in den Zuschauerzahlen der Bundesliga darstellt. In der diesen Spielzeiten vorangegangen Saison 1970/71 hatten noch 6.322.114 (durchschnittlich 20.661) Zuschauer die Spiele in den Stadien verfolgt, 1966/67 waren es sogar 7.129.485 (durchschnittlich 23.299) und 1964/65 6.492.539 bei nur 240

---

[124] Als Beispiele seien hier die wiederholten Abstiegskämpfe der deutschen Bundesligisten VfL Borussia Mönchengladbach, FC Schalke 04 oder SV Werder Bremen genannt.

[125] Quelle der Zahlen: kicker Sportmagazin, Sonderheft Bundesliga 1999/2000.

Spielen (Schnitt 27.052) gewesen. In der bisher am stärksten besuchten Saison 1997/98 kamen pro Spiel durchschnittlich 31.112 Zuschauer in die Stadien, insgesamt also 9.520.385 Besucher. Ursächlich für diesen beschriebenen Zuschauerrückgang war unbestritten die Aufdeckung des sogenannten Bundesligaskandals am Ende der Saison 1970/71, als Spieler sich für bestimmte Spielausgänge bestechen ließen. Sportökonomisch lässt sich dieser Rückgang der Zuschauerzahlen dadurch erklären, dass das Abschneiden einzelner Mannschaften nicht mehr vom sportlich unsicheren Ausgang bestimmt wurde, sondern durch finanzielle Zahlungen. Das Vertrauen der Zuschauer in die Unsicherheit des Ausgangs war somit beeinträchtigt und das Interesse vieler Anhänger war für eine Zeit erloschen. Das verminderte Interesse war Ausdruck des mangelnden Vertrauens der Anhänger in im Vornherein unsichere Spielausgänge.

3.1.2.2.4. Dominanz einzelner Mannschaften

Die Nachfrage nach den Spielen einer Liga könnte dadurch verringert werden, dass eine oder wenige Mannschaften die Liga über einen langen Zeitraum hinweg dominieren. Als der FC Bayern München z. B. in den 1980er Jahren die deutsche Bundesliga zu dominieren begann und kein Rivale diese Dominanz mittelfristig zu gefährden drohte, sackten die Zuschauerzahlen auf ein Niveau, das in der Geschichte der Bundesliga nur von den historischen Tiefpunkten in Folge des Bundesligaskandals in den Spielzeiten 1971/72 und 1972/73 unterschritten wurde. Erst als zu Beginn der 1990er Jahre der 1. FC Kaiserslautern, der VfB Stuttgart, der SV Werder Bremen und der BV Borussia Dortmund die Dominanz durchbrachen, erholten sich die Zuschauerzahlen wieder merklich.[126]

3.1.3. Eigenschaften der Produkterstellung auf den Faktormärkten

Neben den Eigenschaften, die direkt die Nachfrage nach dem Produkt einer Liga beeinflussen, ist eine Eigenschaft professioneller Sportligen zu nennen, die die Arbeitskräfte als notwendige Inputfaktoren betrifft. Für eine Liga, die den Anspruch erhebt, die beste Mannschaft für ihren jeweiligen Geltungsbereich für die betreffende Saison zu ermitteln, ist es notwendig, die besten Spieler in ihrer Meisterschaft zu vereinigen. Ohne die besten Spieler der jeweiligen Sportart wird keine Liga die beste Mannschaft ermitteln können, worin die enge Verknüpfung zwischen Güter- und Faktormarkt zum Ausdruck kommt.[127] Um diese Stellung gewährleisten zu können, ist es für eine Liga mit dem Anspruch, die beste Liga für einen gewissen Geltungsbereich zu sein, notwendig, eine mono-

---

[126] Dabei soll aber nicht übersehen werden, dass Fußball zugleich einem Imagewandel unterlag, der die Nachfrage nach Fußball seit Mitte der 1980er Jahre positiv beeinflusste.

[127] Vgl. auch Cairns, J. e. a. (1986), S. 27.

polistische Stellung als Nachfrager auf dem Arbeitsmarkt einzunehmen.[128] Ligen werden daher bestrebt sein, als Marktform ein Nachfragemonopol auf dem Arbeitsmarkt zu errichten.

3.2. Das Geschäft der Sportunternehmen

3.2.1. Abgrenzung

Die Sportindustrie ist in verschiedenen Segmenten tätig. Neben der Sportartikelindustrie sind weiter die Anbieter von Fitnessstudios und Sportreiseveranstalter, daneben auch die Hersteller von Sportplätzen, Sportböden, Merchandisingartikeln etc. zu nennen. In dem hier behandelten Zusammenhang soll der Begriff Sportunternehmen jedoch enger verstanden werden, nämlich als die Anbieter von sportlicher Unterhaltung und Wettkämpfen, wie es die Sportvereine der großen Sportligen mit ihren Mannschaften repräsentieren.

3.2.2. Traditionelle Geschäftsfelder

Als sich der Sport im 19. Jahrhundert von England her auszubreiten begann, war er von normativen Prinzipien wie Fairness, dem Amateurgedanken und (besonders in Deutschland) Patriotismus geprägt. Wirtschaftliche Aspekte spielten - wenn überhaupt - nur eine untergeordnete Rolle.[129] Dies änderte sich, als die Professionalisierung des Sports einsetzte und die Anbieter von Sportveranstaltungen zunehmend auf die Erzielung von Einnahmen zur Finanzierung der Profis und der komplexer werdenden Organisation der Wettkämpfe angewiesen waren.

Seitdem sind die Anbieter von Sportveranstaltungen mehr und mehr zu wirtschaftlich handelnden Unternehmen geworden, wobei das Tempo der wirtschaftlichen Orientierung von Land zu Land unterschiedlich ist. Das Produkt, das sie herstellen und anbieten, ist die Unterhaltung von Zuschauern mit Artistik, Leistungsvermögen und Spannung. Das Geschäft einer Liga, z. B. der Bundesliga, ist es, den Wettbewerb um die Meisterschaft und den Ausgang von Spielen zwischen annähernd gleich starken Mannschaften zu verkaufen. In der Anfangsphase der Bundesliga in den 1960er Jahren war dieses Geschäft einfach strukturiert: Zwei Mannschaften spielten gegeneinander und die Heimmannschaft durfte dafür von den Zuschauern ein Eintrittsgeld verlangen. Zusätzlich konnten die Klubs in der Regel den Eingang von Spendengeldern verbuchen.

---

[128] Vgl. Heinemann, K. (1987), S. 247.

[129] Zur detaillierten und kritischen Darstellung der frühen Entwicklungen im Sport: Elias, N. (1975).

In den Folgejahren führte der Wettbewerb unter den Mannschaften aber dazu, dass sie sich immer mehr finanzielle Ressourcen verschaffen mussten, um ihre Wettbewerbsfähigkeit innerhalb der Bundesliga und auch gegenüber den Konkurrenten aus dem europäischen Ausland sicherzustellen.

Seit einiger Zeit verlagert sich der Schwerpunkt der Zuschauereinnahmen von den Einnahmen aus Kartenverkäufen hin zu Fernseheinnahmen. Insbesondere die Einnahmen aus dem Verkauf der Fernsehrechte sollten in den nächsten Jahren für die deutsche Fußball-Bundesliga erhebliche Wachstumsraten aufweisen, wenn die Fernseheinnahmen sich den in England, Frankreich, Italien und Spanien erzielten Summen annähern.

Der Ausbau der Stadien zu Multifunktionsarenen im Besitz der Vereine kann zusätzliche Einnahmen ermöglichen. Außerdem dürfte die Modernisierung der Stadien mit verbessertem Komfort und gesteigertem Freizeit- und Erlebniswert nicht nur deren Anziehungskraft erhöhen und somit zu größeren Zuschauerzahlen führen, sondern auch die Erhebung höherer Eintrittsgelder erlauben und somit weitere Einnahmemöglichkeiten schaffen.

3.2.3. Das Marktumfeld der Sportunternehmen

Seitdem Klubs durch die Kommerzialisierung des Sports mehr und mehr zu Sportunternehmen wurden, sind sie in ein Marktumfeld eingebunden, das sich beständig ändert. Die Unternehmen müssen sich den ändernden Präferenzen der Kunden und aller anderen Interessengruppen stetig anpassen und ihr Angebot überdenken. Die Sportunternehmen haben dabei auch die Aufgabe, nicht nur auf die Änderung der Präferenzen zu reagieren, sondern sie sollten außerdem versuchen, die Präferenzen der Anhänger und anderer Interessenten aktiv mitzugestalten, um den Absatz der erstellten Produkte sicherzustellen. Wer zu den Kunden und Interessengruppen der Sportunternehmen zu zählen ist, bestimmt sich dabei aus den jeweiligen Marktsegmenten, auf denen die Klubs tätig sind. Dabei stehen sie immer im Wettbewerb mit anderen Unternehmen aus derselben oder aus verwandten Branchen.

3.2.3.1. Sportunternehmen als Anbieter von Leistungen

Sportunternehmen treten in erster Linie als Anbieter von Sportveranstaltungen auf, sei es als Veranstalter von Fußball-, Baseball-, Basketball- oder Hockeyspielen oder anderen Sportspielen. In diesem Geschäftsfeld kommt es für die Sportveranstalter besonders darauf an, die Qualität der angebotenen Leistung zu sichern, was wiederum ein erfolgreiches Vorgehen auf dem Arbeitsmarkt voraussetzt. Je höher die Qualität der angebotenen Spiele ist, desto eher können die

Sportunternehmen neue Kundschaft, d. h. hier Fans, gewinnen und die Nachfrage nach Tickets und Übertragungszeiten steigern. Zudem begründet eine andauernd hohe Qualität der angebotenen Leistungen einen Markennamen, der in anhaltender Nachfrage und hohe Kundentreue (d. h. der treuen Fans) zum Ausdruck kommt.

Die Sportunternehmen haben sich im Laufe der Zeit immer neue Geschäftsfelder erschlossen. Die Diversifikation ihres Angebots führt auf der einen Seite zu einer stärkeren Risikostreuung, sie ist auf der anderen Seite aber auch notwendig, um sich neuen Trends in der Branche, der Gesellschaft bzw. in den gängigen Technologien anzupassen. Diese Diversifikation hat dazu geführt, dass die Sportunternehmen zum Teil sportartnahe Dienste wie z. B. Fitnessstudios, Sporthotels oder Rehabilitationskliniken anbieten, zum anderen Teil aber auch in nur entfernt verwandten Bereichen tätig sind. Wenn die Sportunternehmen als (Mit-)Eigentümer von Sportstadien diese als Multifunktionsarenen anbieten, sind vielfach sportfremde Nutzungen damit verbunden: Die Stadien können dann als Konferenz- oder Bürozentren, Restaurants sowie als Veranstaltungsort für Musikkonzerte dienen. Daneben sind die Sportunternehmen Anbieter von Übertragungsrechten im Rundfunk und inzwischen auch Anbieter von Internetseiten. Nach der Qualität der angebotenen Sportveranstaltungen stellt die rechtzeitige und marktgerechte Entwicklung neuer Produkte und Dienstleistungen sowie die zeitnahe Anpassung an neue Trends die wichtigste und schwierigste strategische Herausforderung für das Management der Sportunternehmen dar. Auf diese Weise können sich die Klubs von den finanziellen Unsicherheiten, die mit den kurzfristigen und volatilen sportlichen Ergebnissen zusammenhängen, zumindest teilweise unabhängig machen. Dies kann aber naturgemäß nur gelingen, wenn Entwicklungen, Chancen und Risiken richtig und hinreichend schnell identifiziert und daraus die richtigen Schlussfolgerungen und Beurteilungen gezogen werden. Neue Entwicklungen müssen immer einer Kosten-Nutzen-Analyse sowie den Tests auf Märkten standhalten.

Eines der neuen Geschäftsfelder, das sich die Sportunternehmen frühzeitig angeeignet haben, ist das Angebot von Werbemöglichkeiten für Industrieunternehmen. Banden- und Trikotwerbung gehören heute zum quasi natürlichen Erscheinungsbild von Sportveranstaltungen in Europa.[130] Sponsoring ist nicht nur für die Sportunternehmen eine wichtige Einnahmequelle, sondern auch für die Sponsoring betreibenden Unternehmen selbst eine wichtige Marketingmaßnahme. Aus den Werbetätigkeiten haben sich dann wiederum andere Geschäftsbereiche für die Sportklubs entwickelt. So ist heute das Merchandising, also das

[130] Die nordamerikanischen Klubs verzichten in der Regel auf Trikotwerbung, um auf diese Weise mehr Trikots selbst im Merchandising verkaufen zu können. Dagegen wird die Liga als Ganzes vermarktet.

Angebot von Fanartikeln und -souvenirs, eine bedeutende Einnahmequelle für Klubs und Vereine.

3.2.3.2. Sportunternehmen als Nachfrager von Leistungen

Die Sportunternehmen werden selbstverständlich nicht nur als Anbieter auf Märkten tätig, sondern müssen selbstverständlich auch Leistungen zur Produkterstellung auf Beschaffungsmärkten nachfragen. Vielfach steht dabei die Nachfrage einer Art von Angebot spiegelbildlich gegenüber. So dient das Angebot von Werbe- und Sponsoringmöglichkeit der Beschaffung von Mitteln zur Finanzierung des eigentlichen Spielbetriebs. Insgesamt kommt neuen Geschäftsfeldern häufig die Funktion eines Finanzierungsmittels zur qualitativ hochwertigen Beibehaltung des Spielbetriebs zu. Als Nachfrager von Kapital treten die Sportunternehmen aber auch auf, wenn sie das Unternehmen oder einen Teil davon als Aktiengesellschaft an die Börse bringen. Daneben können sie natürlich genauso Fremdkapital in Form von Krediten nachfragen.

Mit dem Angebot von Sportveranstaltungen selbst hängt das Angebot von Fernsehrechten bei gleichzeitiger Nachfrage nach Fernsehzeiten und den damit verbundenen Einnahmen zusammen. Die Übertragung im Fernsehen ist aber nicht nur im direkten Zusammenhang mit der Erzielung von Einnahmen daraus, sondern auch mit der Erzielung von Werbeeinnahmen zu sehen. Je häufiger eine Sportart bzw. ein Sportunternehmen im Fernsehen zu sehen ist, desto öfter kommen deren Sponsoren und Werbepartner in das Blickfeld der Fernsehzuschauer. Dadurch steigen natürlich auch die Zahlungen, die Sponsoren und Werbepartner bereit sind zu zahlen. Aus diesem Grunde haben in der Vergangenheit schon Randsportarten wie z. B. Tischtennis Fernsehsendern Geld für Übertragungen geboten, statt Fernsehgelder einzunehmen.

Genauso wie Klubs die eigenen Stadien anderen Marktteilnehmern anbieten können, so können sie auch die Nutzung von Stadien nachfragen, wenn sie nämlich nicht selbst Eigentümer eines tauglichen Stadions sind. In der Regel werden sie dann das Stadion eines kommunalen Betreibers anmieten. Hieraus resultiert ein gewisses Drohpotential der Klubs gegenüber Kommunen, was insbesondere in Nordamerika (aber nicht nur dort) der Fall ist. Dort stellen die Klubs die jeweilige Kommune häufig vor die Wahl, entweder ein neues Stadion für den Klub zu finanzieren oder sich zumindest daran zu beteiligen, oder aber die Abwanderung des Franchises in Kauf zu nehmen.[131]

---

[131] Vgl. z. B. Quirk, J./ Fort, R. (1999), S. 139 ff.

Der wichtigste Beschaffungsmarkt aber, auf dem die Sportunternehmen als Nachfrager tätig werden, ist der Arbeitsmarkt. Die Qualität, Zusammensetzung und Anziehungskraft des Spielerkaders ist für die Klubs entscheidend für die Qualität der angebotenen Sportveranstaltungen, die Zufriedenheit der Fans mit dem Angebot und somit die Nachfrage nach diesem Angebot. Die Bedeutung des Arbeitsmarktes wird noch dadurch verstärkt, dass die Spieler als Anbieter ihrer Arbeitskraft sehr spezifische und durch Ausbildung nur begrenzt erweiterbare Fähigkeiten (Talent) besitzen. Es kommt also in der Regel nur ein sehr kleiner Personenkreis als Spieler überhaupt in Betracht, und um diese wenigen Spieler konkurrieren mehrere Klubs auf dem Arbeitsmarkt. Dadurch, dass der Spielermarkt von derartig großer Bedeutung für die Klubs ist, hat das Management eines Sportunternehmens diesem durch besondere Maßnahmen Rechnung zu tragen: Die Bindung von Spielern durch entsprechende Vertragsgestaltung ist von Bedeutung, was dann wiederum die Gehälter und somit die Kostenseite des Unternehmens berührt. Dabei sind die jeweiligen Transfer- oder Reservierungssysteme einer Liga zu beachten. Die Bindung von Spielern kann außerdem durch gute Arbeitsbedingungen erreicht werden. Zudem ist die Ausbildung junger Talente genauso wichtig wie deren Identifikation (*Scouting*) und die Beziehung zu verschiedenen Spielervermittlern bzw. -betreuern. Dem Management, zu dem hier auch der Trainer bzw. Trainerstab gerechnet werden, kommen hier besonders wichtige Aufgaben zu. Vereinseigene Sportschulen oder Sportinternate können den Klubs hier die Ausbildung erleichtern und zugleich zu einer Bindung der Spieler an den Verein führen. Weil die Anforderungen an das Klubmanagement im Zusammenhang mit der Kommerzialisierung des Sports insgesamt gestiegen sind, ist auch die Bedeutung des Managerarbeitsmarktes für die Sportunternehmen gewachsen. Um das Management genauso wie die Spieler an die Klubs zu binden und eine Unternehmenstreue aller Mitarbeiter zu erreichen, müssen Sportunternehmen wie jedes andere Unternehmen auch eine Identifikation der Mitarbeiter erreichen. So könnten die Sportunternehmen z. B. durch Beteiligungs- oder Optionsmodelle eine Bindung von Spielern und allen anderen Mitarbeitern erreichen. Genauso könnten im Zeitablauf steigende Lohnprofile die Mitarbeiter der Klubs dazu bringen, die Verweildauer in einer Mannschaft zu erhöhen. Zudem erscheint der Einsatz leistungsbezogener Vergütungen bei Sportunternehmen besonders sinnvoll zu sein.

3.3. SPORTLIGEN ALS NATÜRLICHE MONOPOLE

3.3.1. Kennzeichnung natürlicher Monopole

Ein Wirtschaftssektor wird als natürliches Monopol bezeichnet, wenn ein einzelnes Unternehmen den Markt zu geringeren Kosten bedienen kann als zwei oder mehr Unternehmen.

Traditionell wird davon ausgegangen, dass ein einzelnes Unternehmen dann der kostengünstigste Anbieter ist, wenn zunehmende Skalenerträge im relevanten Bereich der Nachfrage vorliegen, d. h. die Durchschnitts- und Grenzkosten sinken. Folge ist eine gesteigerte Effizienz der Faktorallokation, der die Effizienzverluste durch Marktmacht gegenüberstehen.[132] Neuere Konzepte verlangen für das Vorliegen eines natürlichen Monopols aber das Vorhandensein von Kostensubadditivität für den gesamten relevanten Bereich des Outputs. Für die vorliegende Arbeit ist diese Unterscheidung jedoch nicht notwendig, denn im Einproduktfall - von dem für die Produktion des Gutes Ligasport ausgegangen werden soll - bedeuteten zunehmende Skalenerträge gleichzeitig Kostensubadditivität.[133]

3.3.2. Sportligen und natürliche Monopole

3.3.2.1. Kostenverläufe

Die Begründung, warum eine Sportliga ein natürliches Monopol darstellt, kann zunächst gemäß der oben beschriebenen Charakterisierung natürlicher Monopole über den Verlauf der Kostenfunktionen der Ligen geführt werden. Typischerweise liegen zunehmende Skalenerträge und damit fallende Durchschnittskostenverläufe bei hohen fixen und geringen variablen Kosten vor.

Die Begründungskette für eine Liga setzt dabei zunächst bei den beteiligten Vereinen an:[134] Die Vereine errichten Nachfragekapazitäten in Form von Stadien und schöpfen bei gegebener und ausreichender Spielstärke die Zahlungsbereitschaft der Anhänger bis zur Kapazitätsgrenze ab. Es lägen durch den Stadionausbau hohe Fixkosten, aber nur geringe Grenzkosten vor. Weil die Vereine dann alle guten Spieler eines regionalen Bereichs beschäftigen, würde es keinem Konkurrenten möglich, sie aus ihrem lokalen Markt zu verdrängen. Die Vereine wären somit lokale Monopolisten. „Lokale Monopole bilden sich überall dort, wo die lokale Nachfrage hinreichend hoch ist, um eine Stadionkapazität

---

[132] Vgl. Linde, R. (1992), S. 227.
[133] Vgl. Braeutigam, R. (1989), S. 1289 ff.
[134] Vgl. Weimann, J. (1997), S. 586 ff.

auszulasten, die es dem Verein ermöglicht, am Spielermarkt die Spieler zu erwerben, die die für die höchste Spielklasse erforderliche Spielstärke besitzen."[135]

Diese Argumentation dient aber zunächst nur zur Erklärung lokaler Monopole auf Vereinsbasis. Empirisch lassen sich dennoch lokale Märkte beobachten, auf denen zwei oder sogar noch mehr Vereine tätig sind: München, Mailand, Manchester und Madrid sind solche Beispiele, New York ist mit mehreren Klubs in der MLB, der NBA, der NFL und der NHL vertreten, so dass die Schlussfolgerung nahe liegt, die Bildung lokaler Monopole auf Klubbasis zudem von den Nachfragebedingungen abhängt. Außerdem erscheint ihre Position nicht unangreifbar,[136] solange keine wirksamen Marktzutrittsschranken vorliegen. Die Argumentation, warum aus einem lokalen Vereinsmonopol ein natürliches Monopol als Liga wird, verläuft weiter über den Einfluss der Medien durch die Übertragung von Sportveranstaltungen via Fernsehen. Die Grenzkosten der Beteiligung weiterer Fernsehzuschauer lägen bei Null, so dass mit der Ausweitung der Zuschauerzahlen die Durchschnittskosten sinken würden. Durch die Übertragung im Fernsehen werde es den Vereinen ermöglicht, Zahlungsbereitschaft nicht nur im lokalen Bereich abzuschöpfen, sondern auch landesweit zahlende Zuschauer zu finden. Dadurch könnten die besten Vereine die besten Spieler an sich binden und es komme zu einer Konzentration der Spielstärken, letztendlich in einem einzigen Verein. Der Verein komme in die paradoxe Situation, dass er sich auf dem Ligamarkt als einziger durchgesetzt und sich damit seiner Produktionsgrundlage, nämlich seiner Gegner, entledigt hätte. Die Liga reagiere darauf mit einer Kapazitätsausweitung, was im Beispiel Fußball bedeute, dass aus verschiedenen nationalen Ligen eine Europaliga natürlicher nationaler Monopole werde.

3.3.2.2. Produkteigenschaft

Neben dem Verlauf der Kostenfunktionen lässt sich die Charakterisierung einer Sportliga als natürliches Monopol durch die speziellen Eigenschaften des Produktes, das eine Sportliga herstellt, begründen. Das Ziel einer sportlichen Liga ist die Ermittlung der besten Mannschaft für ihren Geltungsbereich in einem vorher festgelegten Zeitraum, in der Regel ein Jahr. Um dieses Ziel erreichen zu können, wird zuvor eine bestimmte Anzahl von Teilnehmern für diese Liga zusammengestellt. In den europäischen Ligen ist es üblich, dass sich die Mannschaften in erster Linie sportlich für ein Jahr qualifizieren müssen, wobei als Qualifikationskriterium die Leistung der vorangegangenen Saison

[135] Weimann, J. (1997), S. 588.
[136] Ähnlich: Klodt, H. (1998), S. 112.

gen wird. Es ist allerdings in den letzten Jahren neben dem sportlichen Qualifikationskriterium ein wirtschaftliches Kriterium hinzugetreten. Der im sportlichen Wettbewerb ermittelte beste Teilnehmer kann sich für das gesamte folgende Jahr Meister (z. B. Kreis-, Bezirks-, Regional- oder Landesmeister) nennen. Da aber nur eine Mannschaft die beste Mannschaft sein kann, folgt daraus automatisch, dass eine Liga für ihren Geltungsbereich ein natürliches Monopol darstellt.[137] Gemäß dieser Argumentationskette ist es erklärbar, warum es z. B. im deutschen Fußball viele Kreismeister (jedoch nur einen pro Spielkreis), einige Bezirksmeister, aber nur einen deutschen Meister gibt. Wäre dem nicht so, wäre die Aussagefähigkeit der vergebenen Meistertitel eingeschränkt.

Diese Begründung für eine Liga als natürliches Monopol erscheint einleuchtender als die Begründung über die Kostenverläufe, weil die Kostenverläufe im Grunde nur die Existenz natürlicher Monopole auf Vereinsbasis begründen, die zudem nicht unangreifbar sind. Aus diesem Grunde soll hier die Meinung vertreten werden, dass eine Liga wegen ihrer Eigenschaft, nur eine beste Mannschaft küren zu wollen, ein quasi-natürliches Monopol darstellt.

3.3.2.3. Empirische Beobachtungen

Die Herausbildung einer Liga als quasi-natürliches Monopol lässt sich in der Geschichte professioneller Sportligen nachvollziehen. Mittelfristig gibt es für den jeweiligen Geltungsbereich immer nur eine „oberste“ Liga. Zwar hat es insbesondere im nordamerikanischen professionellen Mannschaftssport immer wieder rivalisierende und sich bekämpfende Ligen gegeben, das Ergebnis dieser Markteintrittskämpfe war aber immer entweder die Aufgabe der einen Liga oder die Fusion mit der rivalisierenden Ligen gewesen.

[137] Vgl. Neale , W. (1964) oder Weimann, J. (1997), S. 590.

Tabelle 5: Rivalisierende Ligen in der Sportgeschichte[138]

Zeitraum:	Sportart	Rivalisierende Ligen:	Resultat:
1882-1891	Baseball (USA)	*American Association* vs. *National League*	zunächst Respektierung, 1891 Wechsel stärkerer Vereine von AA in *National League*
1884-1885	Baseball (USA)	*Union Association* vs. AA und *National League*	*Union Association* löst sich auf
1890-1891	Baseball (USA)	*Players League* vs. AA und *National League*	*Players League* löst sich auf
1900-1903	Baseball (USA)	*American League* vs. NL	1903 Fusion in Form der *World Series*
1913-1915	Baseball (USA)	*Federal League* vs. AL und NL	*Federal League* löst sich auf
1926-1927	Football (USA)	National Football League vs. American Football League	*American Football League* löst sich auf
1936-1937	Football (USA)	*National Football League* vs. *American Football League* (II)	*American Football League* (II) löst sich auf
1940-1941	Football (USA)	*National Football League* vs *American Football League* (III)	*American Football League* (III) löst sich auf
1946-1949	Football (USA)	*National Football League* vs. *All American Football Conference*	Fusion der Ligen in Form der Aufnahme einiger Klubs in die NFL
1946-1948	Basketball (USA)	*Basketball Association of America* vs. *National Basketball League*	Fusion der Ligen zur NBA in Form von Aufnahme einiger Klubs
1961-1963	Basketball (USA)	*American Basketball League* vs. NBA	*American Basketball League* löst sich auf
1967-1976	Basketball (USA)	*American Basketball Association* vs. NBA	1976 Fusion
1972-1979	Eishockey (USA und Kanada)	*World Hockey Association* vs. *National Hockey League*	1979 Fusion in Form von Aufnahme bzw. Kompensation der WHA-Klubs
1982-1985	Football (USA)	NFL vs. *United States Football League*	*United States Football League* löst sich auf (1985)

[138] Quelle: Quirk, J./ Fort, R.(1992), S.294 ff.

3.3.3. Marktmacht der Sportligen: Potentieller Wettbewerb

Dass eine Sportliga ein natürliches Monopol darstellt, bedeutet nicht automatisch Marktmacht für die Liga. In der Literatur werden drei Möglichkeiten genannt, wann ein natürliches Monopol durch potentielle Wettbewerber diszipliniert werden kann und so dessen Marktmacht eingeschränkt wird:[139]

(i) es kann zu Wettbewerb um den Markt anstelle des Wettbewerbs im Markt kommen („Demsetz-Wettbewerb")
(ii) ein Markt kann angreifbar sein
(iii) es kann monopolistischer Wettbewerb vorliegen.

3.3.3.1. Wettbewerb um den Markt

Selbst wenn Wettbewerb in einem Markt wegen des Vorliegen eines natürlichen Monopols nicht möglich ist, wäre es denkbar, daß es zu einem Wettbewerb um das Recht, in diesem Markt (als natürlicher Monopolist) tätig zu werden, kommt. Voraussetzungen dafür wären, daß zum einen die Inputfaktoren für alle potentiellen Marktneulinge in offenen Märkten zu Wettbewerbspreisen erhältlich sind, und dass zum anderen keine Absprachen zwischen den Wettbewerbern möglich sind.

Für den Fall professioneller Sportligen scheint besonders die Erfüllung der erstgenannten Voraussetzung fraglich, denn die Inputfaktoren, d. h. hier die sportlichen Akteure, sind faktisch nicht ohne weiteres für potentielle Konkurrenten abzuwerben. Die Eigenschaft des Produktes macht es notwendig, dass eine Liga die Macht eines Monopsons auf dem Faktormarkt für hervorragende Sportler der jeweiligen Sportart besitzt, weil sie ansonsten nicht mehr gewährleisten kann, dass sie tatsächlich die beste Mannschaft des jeweiligen Jahres in der jeweiligen Sportart ermittelt. Sollten potentielle Konkurrenzligen versuchen, einen Teil der Spieler abzuwerben, würde das zunächst nur erfolgversprechend sein, wenn eine ausreichend große Anzahl der in Frage kommenden Spieler (dabei kommt es eher auf die Qualität statt der Quantität an) für die konkurrierende Liga gewonnen werden kann.

3.3.3.2. Angreifbare Märkte

Als zweite Möglichkeit, Wettbewerb in einen durch ein natürliches Monopol gekennzeichneten Markt einzubringen, ist das Konzept der angreifbaren Märkte entwickelt worden. Damit Märkte angreifbar sind, müssen verschiedene Voraussetzungen vorliegen:[140]

---

[139] Vgl. Braeutigam, R. (1989), S. 1308.
[140] Vgl. Knieps, G. (1995), S. 618.

- freier Marktzutritt, d. h. Abbau aller gesetzlicher Marktzutrittsschranken, damit alle potentielle Wettbewerber ohne Zeitverlust Zugang zu den gleichen kostengünstigen Technologien haben;
- freier Marktaustritt, d. h. Abwesenheit von Kostenirreversibilitäten (*sunk costs*), so dass sich bei einem Marktaustritt die notwendigen Investitionen ohne Zeit- und Kostenverlust wieder liquidieren lassen;
- Bertrand-Nash-Verhaltensannahme, d. h. die potentiellen Marktneulinge berechnen ihre Marktchancen, indem sie den aktuellen Preis des eingesessenen Unternehmens als gegeben annehmen und diesen unterbieten.

3.3.3.2.1. Angreifbarkeit einzelner Klubs

Obwohl die Klubs nicht als lokale natürliche Monopole bezeichnet werden können, ist eine Angreifbarkeit bezogen auf die einzelnen Vereine nur begrenzt gegeben, weil Ligen und Verbände den Markteintritt potentieller Konkurrenten versuchen zu erschweren. Dabei scheint es erforderlich zu sein, zwischen den Verhältnissen auf dem nordamerikanischen Markt für professionellen Mannschaftssport und dem europäischen Markt zu unterscheiden.

In Nordamerika sind die Ligen nach dem Franchise-Prinzip organisiert. D. h., die Ligen stellen eine begrenzte (aber variable) Anzahl von Plätzen für den Spielbetrieb zur Verfügung und verteilen sie an Franchisenehmer. Für einen Platz in der Liga haben die Teilnehmer zunächst eine Aufnahmegebühr zu zahlen. Zuvor müssen die Eigentümer der bereits mit einem Franchise ausgestatteten Klubs einem neuen Mitglied die Aufnahme genehmigen. Selbst wenn ein Team seinen Eigentümer wechselt, müssen die übrigen Team-Eigner ihre Zustimmung zum neuen Käufer erteilen. Diese Regelung verschafft den Klubs, die schon einen Franchise-Platz haben und somit bereits in dem Markt sind, eine nahezu unangreifbare Stellung. Selbst bei ineffizienter Klubführung und Klubleistung werden die Klubs nicht aus dem Markt verdrängt, da diese Regelung eine Marktzutrittsschranke darstellt. Da die Liga zugleich die territoriale Verteilung der Franchiseplätze bestimmt, stellen die Klubs in Nordamerika lokale Monopole (in großen Städten auch Duopole) mit Marktmacht dar, die sie insbesondere bei Fragen der Subventionierung ihrer Stadien durch die jeweiligen Kommunen gerne ausspielen. Dies ist umso wirkungsvoller, da sie die Möglichkeit haben, in Absprache mit der Liga mit ihrem Klub in eine andere Stadt zu wechseln, was gerne als Drohung gegenüber kommunalen Politikern benutzt wird. Gleichzeitig kann die Möglichkeit, einen Franchiseplatz in eine andere Stadt zu verkaufen, aber auch als Drohung und Kontrolle des bestehenden Franchiseunternehmens interpretiert werden. Es kann angenommen werden, dass es ein Klub unter sonst gleichen

Voraussetzungen vorzieht, an seinem Standort zu bleiben. Ein drohender Umzug kann somit disziplinierend auf das Management des Klubs wirken.

In Europa herrscht traditionell ein Prinzip mit vertikaler Integration aller nach Alter und Spielqualität existierenden Ligen vor. Ein Wechsel zwischen den Ligen findet in begrenztem Maße durch die Möglichkeit des Auf- und Abstiegs statt. Diese Auf- und Abstiegsregelung stellt somit zwar eine Marktzutrittsschranke, aber zugleich auch eine Markteintrittsmöglichkeit dar.[141] Wird die deutsche Fußball-Bundesliga beispielsweise betrachtet, so werden 15 der 18 Vereine mit Sicherheit ihren Platz im Markt auch noch in der nächsten Saison behalten, nur drei Vereine werden in die 2. Bundesliga absteigen (womit sie einen Platz in diesem Markt sicher beanspruchen), soweit sie vom DFB die Lizenz für die nächste Spielzeit erhalten. Die Auf- und Abstiegsregelung verschafft den Vereinen einer höchsten Liga folglich Marktmacht, setzt sie aber gleichzeitig auch dem Wettbewerb potentieller Konkurrenten aus den unteren Ligen aus.

Ein Blick auf die „Ewige" Tabelle der deutschen Fußball-Bundesliga macht die begrenzte Angreifbarkeit der einzelnen Vereine deutlich: In 37 Jahren haben nur 47 verschiedene Vereine in der Bundesliga gespielt, allerdings mit dem Hamburger SV auch nur ein Verein, der alle Spielzeiten absolvierte. Selbst ehemalige Meister der Bundesliga wie der 1. FC Köln, der SV Werder Bremen, TSV 1860 München, Eintracht Braunschweig, der 1. FC Nürnberg oder zuletzt der 1. FC Kaiserslautern und der VfL Borussia Mönchengladbach mussten zwischenzeitlich in die 2. Bundesliga oder noch weiter absteigen und konnten zum Teil bis heute nicht wieder in die Bundesliga zurückkehren. Auch der bisher erfolgreichste Verein der Bundesliga, Branchenprimus FC Bayern München, geriet in der Saison 1991/92 zwischenzeitlich in Abstiegsgefahr. Andere und zum Teil dieselben Vereine konnten auf direktem Wege (d. h. innerhalb von zwei Jahren) von der drittklassigen Regionalliga in die Bundesliga aufsteigen: TSV 1860 München, Fortuna Düsseldorf, Arminia Bielefeld, Hertha BSC Berlin und der SSV Ulm[142].

Daneben muss von höchst irrationalen Präferenzen der Klubanhänger ausgegangen werden. Ein Beispiel mag das verdeutlichen: Selbst wenn ein

[141] Franck, E. (1995), S. 115 vertritt die Ansicht, durch das Relegationssystem werde der „entsprechende Markt" einfach abgeschafft. Dabei handelt es sich jedoch um den Markt für Mitgliedschaftsrechte in einer Liga, und nicht um den Markt für Sportspiele von Profimannschaften. Zwischen diesen Märkten ist zu unterscheiden.

[142] Der SSV Ulm schaffte das Kunststück, direkt von der Regionalliga über die 2. Liga in die 1. Bundesliga aufzusteigen, und dann auch wieder direkt über die 2. Liga in die Regionalliga abzusteigen und sich dabei finanziell zu ruinieren.

Fußballverein in modischen schwarz-gelben Trikots deutlich höhere Spielqualität in einem modernen Stadion zu geringeren Preisen anbieten würde, könnte man kaum annehmen, dass sich die Anhänger eines in traditionellem königsblau spielenden, benachbarten Konkurrenzvereins aufgrund dieser (vielleicht) objektiven Vorteile in das Stadion des ersten Vereins begeben, um diesen zu unterstützten.

3.3.3.2.2. Angreifbarkeit der Liga

Neben den Vereinen kann auch die Liga selbst der Konkurrenz durch (potentielle) Wettbewerber ausgesetzt sein. Dann wäre der gesamte durch das natürliche Monopol abgedeckte Markt bedroht, Wettbewerb um den Markt wäre möglich. Im Franchisesystem der nordamerikanischen Profiligen ist es wiederholt zum Auftreten rivalisierender Ligen gekommen. Hier scheint eine Angreifbarkeit der Ligen gegeben zu sein.[143] In Europa ist es dagegen nur sehr selten zu Versuchen, bestehende Ligen zu ersetzen, gekommen. Doch auch in Europa hat z. B. die spanische Telefongesellschaft Telefónica mit dem Gedanken gespielt, der UEFA durch die Gründung einer eigenen Europaliga Konkurrenz zu machen.[144]

Daraus können verschiedene Schlussfolgerungen gezogen werden. Zum einen muss davon ausgegangen werden, dass das in Europa vorherrschende System der vertikalen Integration der Ligen über alle Alters- und Qualitätsstufen die Ligen bisher weitestgehend vor versuchten Marktverdrängungen schützt. Diese These kann durch den damit gesicherten bevorzugten Zugriff auf den Faktormarkt (d. h. Spielermarkt) unterstützt werden. In Nordamerika haben sich die Klubs einen bevorrechtigten Zugriff auf den Spielermarkt durch das *Drafting*-System gesichert. Der Zugriff auf den Spielermarkt scheint im Sport von besonderer Bedeutung zu sein, weil der Produktionsfaktor Arbeit in entsprechender Qualität nur in begrenztem Umfang zur Verfügung steht. Zudem kann dessen Verfügbarkeit wegen der hohen Bedeutung der Begabung im Sport nicht oder nur wenig durch Ausbildung verbessert werden. Einen weiteren Schutz für die nordamerikanischen Ligen bildet deren Bestreben, Franchise-Plätze an Städte und Regionen zu vergeben, die zwar ausreichende Nachfragebedingungen für erstklassigen Sport vorweisen können, aber noch keine oder nur zu wenig Mannschaften in diesem Bereich besitzen. Gleichzeitig bedeutet dies aber wieder eine Marktöffnung auf der Vereinsebene.

---

[143] Für den Februar 2001 war erneut die Gründung einer konkurrierenden Footballliga in den USA geplant; vgl. o. V.: *Wrestling-Liga will Football zur großen Schau machen*, in: FAZ Nr. 282 vom 04. Dezember 2000, S. 24.

[144] Vgl. Zorn, R. (2000a).

Ein weiterer Aspekt verschafft einer Liga, ist sie erst einmal etabliert, Marktmacht. Die gegenseitige Abhängigkeit und Notwendigkeit einer ausreichenden Anzahl von Teilnehmern stellt für die Ligamannschaften quasi eine Netzexternalität dar. Um ein Spiel stattfinden zu lassen, müssen sich zwei Mannschaften treffen. Um eine Liga zu gründen, kann eine Zahl von drei Mannschaften als Untergrenze angesehen werden, faktisch dürfte die Zahl darüber liegen. Je mehr Mannschaften an einer Liga teilnehmen, desto höher wird für jeden einzelnen Verein die Chance, eine zufriedenstellende Anzahl von Siegen zu erstellen, zudem wird der sportliche Wert des Gewinns der Meisterschaft erhöht. Gleichzeitig steigen mit der Zahl der Teilnehmer die Einnahmemöglichkeiten der einzelnen Vereine. Liegen Netzexternalitäten vor, dann führen sie zu einem *First-mover-advantage*, der Marktmacht verursachen kann.[145]

3.3.3.3. Monopolistischer Wettbewerb

Monopolistischer Wettbewerb bezeichnet eine Situation auf Märkten, die durch mehrere Anbieter gekennzeichnet sind. Dabei stellen die Anbieter alle ähnliche Produkte her, jedes Produkt hat aber eigene Eigenschaften, die seinem Anbieter bezüglich dieser Eigenschaften gegenüber Konkurrenten abgrenzen und einen monopolistischen Vorteil bieten. Gleichzeitig sorgt die Substituierbarkeit der ähnlichen Produkte für Konkurrenz und somit die disziplinierenden Wirkungen des Wettbewerbs.

Demgemäß kann die aus einer Monopolsituation resultierende Marktmacht von Sportligen durch das Angebot ähnlicher Produkte begrenzt werden. In Frage kommen andere Ligen in der gleichen Sportart, Ligen in anderen Sportarten oder das Angebot aus anderen Bereichen der Freizeitindustrie.

Konkurrenz entsteht den höchsten Ligen in einer Sportart zunächst aus den eigenen Reihen. Die unterklassigen Ligen können als Substitut für das Angebot aus den höchsten Spielklassen angesehen werden. Also machen die 2. Bundesliga und der Amateurbereich der Fußball-Bundesliga Konkurrenz. In Nordamerika stehen die *Major Leagues* im Wettbewerb mit den sogenannten *Minor Leagues*. Außerdem ziehen die verschiedenen College-Ligen Nachfrage auf sich. Berücksichtigt werden müssen daneben - weil nicht nur Männer Sport treiben - auch die Frauenligen, die als Konkurrenten zu den höchsten Spielklassen auftreten. So führte der DFB ab der Saison 1997/98 eine eingleisige Frauen-Bundesliga ein, in Nordamerika gibt es z. B. die *Women's National Basketball Association.* Da in Europa jedes Land in fast jeder Sportart eine eigene höchste Spielklasse aufweisen kann, machen sich auch diese Ligen

[145] Vgl. Müller, D. C. (1997), S. 838 f.

gegenseitig Konkurrenz. So ist z. B. in Deutschland der italienische und der englische Fußball besonders beliebt. Es ist davon auszugehen, daß sowohl die italienische *Serie A* als auch die englische *Premier League* einen Teil der Nachfrage vom deutschen Markt für professionellen Fußball abziehen. Zudem stellen die europäischen Wettbewerbe sowohl eine Ergänzung als auch ein Substitut zu und damit Konkurrenz für die nationalen Ligen dar. Gleiches gilt für die Wettbewerbe der Nationalmannschaften, also die Fußball-Welt- und Europameisterschaften inklusive der dazugehörenden Qualifikations- und Vorbereitungsspiele.

Die Ligen stehen aber nicht nur im Wettbewerb zu den jeweiligen Ligen in der eigenen Sportart, sondern auch zu Ligen in anderen Sportarten. Viele vom Sport begeisterte Zuschauer interessieren sich nicht nur für eine Sportart, sondern gleichzeitig für eine Reihe von Sportarten. So wäre es denkbar, dass Fußballanhänger das Interesse an einseitigen Fußballmeisterschaften verlieren und sich statt dessen verstärkt anderen Sportarten wie z. B. Eishockey oder Handball zuwenden. In Nordamerika versuchen die Ligen diesem Problem aus dem Weg zu gehen, indem im *Football* die Saison im Winter, im Eishockey und Basketball im Frühjahr und Im Baseball im Herbst endet. So werden die Spielzeiten und insbesondere die *Playoffs* zu unterschiedlichen Zeiten ausgetragen. Genauso ist es aber auch möglich, daß die Freizeitgestaltung gänzlich andere Formen annimmt, z. B. in eigenen sportlichen Aktivitäten, Kunst- und Kulturbesuchen etc. Auf diese Weise ist eine Sportart der Konkurrenz durch andere Sportarten und andere Freizeitaktivitäten ausgesetzt, so dass ihre Marktmacht zumindest teilweise reduziert wird.

3.4. Sportligen als Kartelle

3.4.1. Kennzeichnung von Kartellen

In der Kartelltheorie[146] wird ein Kartell als Vereinigung zwischen verschiedenen Unternehmen, die eine gemeinsame Koordination ihrer Aktivitäten vereinbaren, bezeichnet. Es handelt sich um eine Form der horizontalen Integration von Firmen. Zweck der Kartellbildung ist die Erhöhung des gemeinsamen Gewinns aller Kartellmitglieder durch Reduktion der produzierten Menge und damit einhergehender Preiserhöhung. Durch das kooperative Verhalten profitieren die Mitglieder des Kartells von der Mengenreduktion des gesamten Kartells. Haben sich alle Unternehmen eines (oligopolistischen) Marktes zusammengeschlossen, liegt ein perfektes Kartell vor, das wie ein Monopolist handeln kann. Dafür müssen sich die Kartellmitglieder verpflichten, ihre individuellen Outputentscheidungen zu limitieren, sie stellen ihre individuellen Interessen hinter de-

[146] Vgl. Carlton, D./ Perloff, J. (1994), S.175 ff.

nen des Kartells zurück. Folge ist, dass das Kartell durch eine an den Grenzerträgen orientierte Preissetzung Monopolrenten erzielen kann, so dass es zu Wohlfahrtsverlusten kommt.

Verschiedene Faktoren begünstigen die Bildung von Kartellen:

- je unelastischer die Nachfrage ist, desto höher sind sowohl Preise als auch Gewinne des Kartells
- ist der Markteintritt potentieller Konkurrenten unwahrscheinlich und gibt es zum produzierten Gut keine engen Substitute, kann das Kartell die Preise anheben
- geringe Straferwartung
- geringe und gut organisierte Anzahl von Unternehmen, die ein nahezu identisches Produkt herstellen.

Die Durchsetzung von Kartellvereinbarungen ist um so leichter möglich, je besser der Bruch von Kartellvereinbarungen erkannt werden kann. Dies ist besonders dann der Fall, wenn wiederum nur wenige Firmen in der Industrie agieren, so dass sie gut beobachtbar sind und diese nahezu identische Produkte herstellen. Außerdem sind Verletzungen von Kartellvereinbarungen bei weitestgehend konstanten und gemeinhin bekannten Preisen leicht festzustellen. Existierende Organisationen in der Industrie erleichtern die Koordination zwischen den das Kartell bildenden Unternehmen.

3.4.2. Sportligen als Kartelle

Sportligen sind die Veranstalter eines durch ihre Mitglieder gemeinsam hergestellten Produkts, der Meisterschaft. Sie benötigen, um einen sportlich fairen und reibungslosen Wettbewerb zu gewährleisten, ein umfassendes Regelwerk, das das Verhalten ihrer Mitglieder im Sinne der gesamten Liga reguliert.[147] Die engen Beziehungen und Abhängigkeiten der Teilnehmer in einer Liga voneinander machen eine derartige Regulierung unausweichlich für die Sportligen, insbesondere um ein notwendiges Maß der sportlichen Ausgeglichenheit der Liga sicherzustellen. Gleichzeitig muss dafür Sorge getragen werden, dass es nicht zu sportlichen Wettbewerbsverzerrungen, z. B. durch die Bildung von Koalitionen zwischen verschiedenen Vereinen, kommt. Dazu gehören auch Regelungen, die den Verlauf einer Saison so gestalten, dass für alle Vereine weitestgehend gleiche Ausgangsbedingungen vorliegen. Ökonomisch handelt es sich bei solchen abgesprochenen Regeln zwischen den Mitgliedern einer Liga um die Bildung eines Kartells, das hier besonders interessant weil besonders gut zu beobachten ist. Neben den sportlichen Gründen für eine Kartellbildung gibt es die oben beschriebenen wirtschaftlichen Gründe für die Kartellbildung. Da ein-

[147] Vgl. auch Cairns, J. e. a. (1986), S. 56 ff.

zelne Mitglieder des Kartells aber immer Anreize zum Kartellbruch haben, müssen die Kartelle gleichzeitig Regeln festlegen, die den Bruch der Kartellvereinbarungen verhindern sollen.

Wie bereits oben beschrieben, begünstigen verschiedene Faktoren die Bildung von Kartellen. Weil im Falle von Sportligen mehrere dieser Faktoren zusammentreffen, stellen sie Musterbeispiele für die Beschreibung und Beobachtung von Kartellen dar. Die für den Betrieb einer Sportliga notwendigen Koordinierungsleistungen machen die Bildung einer gemeinsamen Organisation für die beteiligten Unternehmen nicht nur wünschenswert, sondern sogar notwendig und erforderlich. Die Überwachung des Verhaltens der überschaubaren Anzahl von Unternehmen ist gut möglich, nicht nur wegen der geringen Anzahl der Unternehmen, sondern auch wegen des starken Interesses der Medien und der gesamten Öffentlichkeit an den Ereignissen in und um den Sport. Zugleich sind die hergestellten Produkte nahezu identisch und die Preise dafür gemeinhin bekannt. Der Eintritt potentielle Konkurrenten ist nicht ohne weiteres möglich. Die Substituierbarkeit der hergestellten Produkte durch andere ist zumindest eingeschränkt.

3.4.2.1. Marktstrukturbeeinflussende Kartellregeln[148]

3.4.2.1.1. Organisatorische Regeln

Die Organisation der Ligen dient nicht nur der Sicherstellung eines sportlich fairen Wettbewerbs, sondern häufig auch der Sicherung des Kartells sowie der einzelnen Vereine. Die wichtigsten Regelungen zum Schutz des Kartells und seiner Mitglieder sind diejenigen, die auf eine Abschottung des Marktes, also auf die faktische Errichtung von Marktzutrittsschranken hinauslaufen. Die Maßnahmen, die dafür von den Ligen ergriffen werden, liegen im Zustimmungsrecht der bereits im Markt befindlichen Klubs, dem Recht, Klubs Lizenzen zu erteilen oder zu verweigern oder in der vertikalen Integration der jeweiligen Spielklassen. Unterstützt wird die Errichtung der Marktzutrittsschranken durch einen sogenannten *First-mover-advantage*[149], den bereits existierende Ligen haben. Dieser verleiht ihnen Marktmacht und erlaubt ihnen die Errichtung effektiver Markteintrittshindernisse.

Daneben ist es besonders in Nordamerika üblich, dass Klubs, sollte ihnen durch die Liga doch die Teilnahme an dem Kartell erlaubt worden sein, Spielstädte

---

[148] Die Unterteilung geht wiederum auf Cairns, J. e. a. (1986), S. 57 ff. zurück.

[149] Unter einem *First-mover-advantage* versteht man einen Vorteil, den Unternehmen besitzen, die als erste einen Markt bedienen, bevor Konkurrenten auch in den Markt eintreten können.

zugewiesen bekommen. Die Zuweisung der Spielstädte ermöglicht es der Liga insgesamt, zusätzliche Einnahmen zu erzielen. Die zugewiesenen Spielstädte stellen in aller Regel Regionen mit hohem Ertragspotential dar, wovon die Liga insgesamt profitieren kann, z. B. durch höhere Zuschauerzahlen für nationale Fernsehübertragungen. Daneben sind die Spielstädte mit höheren Ertragspotentialen natürlich auch für den einzelnen, neu hinzugekommenen Klub lukrativer. In Verbindung mit der Garantie regionaler Exklusivrechte sind hier Monopolrenten abschöpfbar, insbesondere wenn der Marktzutritt für potentielle Konkurrenten in diese Region erschwert oder sogar verhindert wird.

Eine die Organisation von Ligen betreffende Regel, die in letzter Zeit verstärkt in das Blickfeld der Öffentlichkeit geraten ist, betrifft den Besitz von mehreren Mannschaften bzw. die Einflussnahme auf verschiedene Mannschaften. Dabei wird die Gefahr gesehen, daß einzelne Personen oder Gruppen gleichzeitig Einfluss auf mehrere Mannschaften nehmen könnten und auf diese Weise den sportlich fairen Wettbewerb mit grundsätzlich gleichen Voraussetzungen für alle Teilnehmer beeinträchtigen. So hatte 1999 der DFB eine Änderung des LSpSt beschlossen, die die Einflussnahme von Unternehmen in mehreren Vereinen untersagt.[150] Hintergrund war die Politik eines Unternehmens, Mitarbeiter in den Führungsgremien mehrerer Vereine unterzubringen und gleichzeitig noch mit weiteren Vereinen zusammenzuarbeiten. Bei Nichtbefolgung des Beschlusses wird den betreffenden Vereinen mit der Lizenzverweigerung für die kommende Spielzeit gedroht. In die gleiche Richtung zielt ein Beschluss der UEFA, bei Vereinen, die im Besitz des gleichen Eigentümers sind, nur einem die Teilnahme an dem selben europäischen Wettbewerb zu gestatten. Letztlich kommt darin wieder zum Ausdruck, dass die Ungewissheit über den Ausgang der Wettbewerbe eine zentrale Eigenschaft der Produkterstellung im Sport ist, denn diese Ungewissheit und damit die sportliche Integrität eines Wettbewerbs[151] soll durch diese Regelungen geschützt und erhalten bleiben.

[150] Vgl. o. V.: *Unternehmen bleiben draußen*, in: Frankfurter Allgemeine Sonntagszeitung, Nr. 15 vom 18. April 1999, S. 22.

[151] Vgl. z. B. auch Kipker, I./ Parensen, A. (1999), S.139.

3.4.2.1.2. Führungsregeln

Unter Führungsregeln soll hier die Steuerung des Verhaltens einzelner Mitglieder des Kartells verstanden werden. Dabei geht es insbesondere darum, inwieweit einzelne Mitglieder der Liga selbständig Entscheidungen treffen können, oder inwieweit sie sich der gemeinsamen Kooperation der Liga zu unterwerfen haben. Begründet werden kooperative Entscheidungen in aller Regel mit einem finanziellen Ausgleich, der notwendig ist, um sportliche Ausgeglichenheit zu gewährleisten, was wiederum die Ungewissheit des Ausgangs sportlicher Wettbewerbe garantieren soll.

Sportligen treffen häufig Vereinbarungen, um ihre Einnahmen untereinander aufzuteilen. Beispielsweise werden in einigen nordamerikanischen Ligen nicht der Heimmannschaft alleine die Einnahmen aus Zuschauergeldern zugestanden, sondern die Gastmannschaft erhält einen Teil dieser Einnahmen. In Deutschland wird diese Regelung nur für den DFB-Pokal, bei dem sich Heim- und Gastmannschaften die Einnahmen teilen, durchgeführt. Geteilt werden können auch die Einnahmen aus dem Merchandising-Geschäft, also dem kombiniertem Ein- und Verkauf von sogenannten Fanartikeln.

Eine weitere häufig in Ligen auftretende Führungsregel ist die Begrenzung von Fernseh- und Radioübertragungen bzw. deren zentrale Verwertung.

3.4.2.2. Kartellregeln für den sportlichen Wettbewerb

Eine Liga als Kartell reglementiert nicht nur das Verhalten ihrer Mitglieder auf den Märkten, auf denen diese agieren, sondern auch das Verhalten auf den Sportplätzen. Derartige Regelungen sind notwendig, um den sportlichen Wettbewerb in geeignete Bahnen zu lenken und für alle Teilnehmenden gleiche Voraussetzungen zu schaffen. So wäre es beispielsweise weder für die beteiligten Vereine noch für die Zuschauer akzeptabel, wenn nicht die Liga, sondern vielleicht jeweils die Heimmannschaft die Regeln festlegen würde. Von Spiel zu Spiel geänderte Abseitsregeln würden zur Verwirrung von Spielern und Zuschauern führen und widersprächen dem sportlichen Ethos der Fairness. Zusätzlich könnte von einem geringeren Zuschauerinteresse ausgegangen werden. Dennoch sind die Regeln des sportlichen Wettbewerbs nicht unabänderlich, sondern werden im Gegenteil häufig dazu benutzt, die Nachfrage nach der jeweiligen Sportart auszudehnen. Beispiele aus der jüngeren Vergangenheit des Fußballs sind die Einführung der Drei-Punkte-Regelung, die unattraktive Verteidigungstaktiken verhindern soll, das Verbot für Torhüter, nach Rückpässen den Ball mit der Hand zu spielen sowie die schrittweise Aufhebung der Abseitsregelung, jeweils Maßnahmen, um die Zahl der erzielten Tore zu erhöhen. Ziel derartiger Regeländerungen ist in der Regel die Sicherung bzw. die Ausweitung der Nachfrage nach den Sportereignissen.

3.4.3. Kartellierung mehrerer Ligen

Unterschiedliche Ligen oder Verbände sprechen Vereinbarungen über ihre Wettbewerbe hinweg ab. Besonders in den verbandsorientierten Fußballligen Europas wird das deutlich, denn die Einbindung aller Verbände in die UEFA kann als Kartell der europäischen Fußballverbände und ihrer Ligen verstanden werden. Die Verbände haben dadurch unter anderem kaum Spielraum in der Festlegung ihrer Regeln, wodurch die Funktion des Wettbewerbs als Entdeckungsverfahren weitestgehend umgangen wird. Ein „Systemwettbewerb" der Verbände ist unter diesen Voraussetzungen quasi unmöglich. Gleichzeitig sind Verfahren der Spielerbindung für die Vereine nur dann effektiv, wenn sich alle Verbände an diese Regeln halten. Schert ein Verband aus diesem Kartell aus, indem er Spielern mehr Freiheit oder höhere Gehälter bietet, werden die Verfahren der Spielerbindung unwirksam, da sie zu einer Migration der Spieler zu dem Verband mit dem für sie besseren Konditionen führen würden.

Die nordamerikanischen Ligen versuchen sich in ihrer Saisonplanung und zum Teil auch mit der Vergabe von Franchiseplätzen aus dem Weg zu gehen. Dieses Vorgehen stellt ebenfalls eine Reduktion des Wettbewerbs unter den Ligen durch eine stillschweigende Kartellierung dar.

3.5. Regulierungsbedarf und Wettbewerbskontrolle für professionelle Sportligen

Während einige Autoren bei der Frage der Behandlung durch den Staat den Schwerpunkt darauf legen, ob es sich bei professionellen Sportligen um natürliche Monopole oder um Kartelle handelt, will die hier vorliegende Arbeit diesen Streitpunkt nicht weiter verfolgen. Hier soll vielmehr der Standpunkt vertreten werden, dass diese Frage nicht notwendigerweise mit „entweder oder" beantwortet werden muss, sondern dass die Vereine ein perfektes Kartell bilden. Da sich ein perfektes Kartell wie ein Monopolist verhält, ist davon auszugehen, dass sich auch das perfekte Kartell Sportliga wie ein Monopolist verhält.

Es besteht ein gewisses Spannungsverhältnis zwischen Wettbewerbskontrolle und Regulierungsbedarf. Gleichzeitig entsteht ein Spannungsverhältnis zwischen ökonomisch abzulehnenden Wettbewerbsbeschränkungen und Marktmachtproblemen auf der einen und sportlich anzustrebenden Wettbewerbsstimulierungen und Verteilungsfragen auf der anderen Seite.

Inwieweit der Staat hier zum Eingreifen verpflichtet ist, hängt vom Ausmaß der Marktmacht der professionellen Sportligen als quasi-natürliche Monopolisten ab. Daneben spielen aber auch ordnungspolitische Gesichtspunkte eine Rolle, denn die Schaffung von wettbewerblichen Ausnahmebereichen aufgrund von Besonderheiten in einem Wirtschaftssektor muss gut durchdacht und begründet werden. Außerdem sind die Auswirkungen auf Bereiche, die eng mit dem professionellen Sport vernetzt sind, zu berücksichtigen. Hier ist insbesondere der Medien- bzw. Fernsehsektor zu nennen, der als Nachfrager des professionellen Sports diesen nicht nur mit finanziellen Mitteln ausstattet, sondern in seiner Struktur auch von diesem abhängig ist. Nicht zuletzt spielt für die Frage nach staatlichem Handlungsbedarf die Art und Weise, wie die Verbände bzw. die Ligenbetreiber eine Selbstregulierung des Spielbetriebs vornehmen, eine wichtige Rolle. Sollten die Verbände hier eine Lösung präsentieren, die distributiven, allokativen und ordnungspolitischen Gesichtspunkten genügt, wäre ein staatlicher Eingriff überflüssig. Daneben ist zu berücksichtigen, dass die Veranstaltung einzelner Spiele nur im Kontext mit der Veranstaltung „Liga“ den Reiz eines Meisterschaftswettbewerbs erhält. Ob unter diesem Gesichtspunkt die Vereine einer Liga der Kartellgesetzgebung zu unterwerfen sind, ist zweifelhaft, weil die Ligen als Meisterschaftsveranstalter betrachtet werden müssen und als solche einen für alle Mitglieder gleichen Regelrahmen entwerfen müssen.

Die Kennzeichnung einer Liga als quasi-natürliches Monopol, das durch die perfekte Kartellierung der in ihr agierenden Klubs bzw. Vereine entsteht, verschafft der Liga als ganzem sowie den einzelnen Vereinen Marktmacht und ermöglicht die Erzielung von Monopolrenten. Zwar wird diese Marktmacht durch eine Reihe von Faktoren eingeschränkt, wie die Existenz von unterklassigen Ligen, Ligen in anderen Sportarten, andere Freizeitaktivitäten oder den Wettbewerb um den Markt, doch soll hier davon ausgegangen werden, dass den Ligen zumindest ein gewisses Maß an Marktmacht erhalten bleibt. Fraglich ist allerdings, ob diese Tatsache allein schon ausreicht, um staatlichen Regulierungsbedarf zu begründen. Eine Regulierung sollte darauf hinauslaufen, die Märkte offen zu halten, um den Markteintritt potentieller Konkurrenten grundsätzlich möglich zu erhalten.

Vergleicht man die Ligen in Europa und Nordamerika miteinander, dann erscheint unter Marktmachtgesichtspunkten die nordamerikanische Organisationsform den Vereinen mehr Marktmacht zu geben, während in Europa die Vereine durch die Auf- und Abstiegsregelung einem - wenn auch begrenztem - Wettbewerb ausgesetzt sind. Dagegen sind die nordamerikanischen Ligen einem Wettbewerb um den Markt, also der Bedrohung durch rivalisierende Ligen eher ausgesetzt als die europäischen Ligen. Die europäischen Ligen haben sich durch die Integration hierarchisch strukturierter Ligen der Bedrohung durch rivalisierende Ligen bisher weitestgehend entzogen. Zudem hat die enge Bindung zwischen Ligen und Verbänden den Eintritt potentieller Konkurrenten unterdrückt. Dass auch die Ligen in Europa nicht gänzlich vor einem Markteintritt potentieller Konkurrenten geschützt und ihre Marktmacht daher eingeschränkt ist, zeigte zuletzt die drohende Bildung einer europäischen Superliga, wie sie einige Besitzer von Fernsehsendern 1998 planten.[152]

QUIRK/ FORT schlagen zur Lösung dieser Problematik für die nordamerikanischen Ligen die Zerschlagung der Monopolligen in mehrere getrennt voneinander operierende Ligen vor.[153] Die Meisterschaft soll dann in einem Endturnier ausgespielt werden, ähnlich wie es im Baseball schon jetzt durch die *World Series* geschieht. In Europa liegt im Grunde schon eine Struktur vor, wie sie von QUIRK/ FORT vorgeschlagen wird, denn in Europa stehen schon jetzt mehrere nationale Ligen in Konkurrenz zueinander, die dann in den europäischen Wettbewerben ein kontinentales Turnier ausspielen. Daher soll hier zur Lösung der Marktmachtproblematik der Ligen eine Lösung vorgeschlagen werden, die sich zwar an der europäischen Struktur orientiert, jedoch über diese hinausgehen soll: Die Auf- und Abstiegsregelungen zwischen den auf verschiedenen hierarchischen Ebenen angesiedelten Ligen dienen als zentrales Element zur Beschränkung der Marktmacht einzelner Vereine. Da sie nur eine geringe Anzahl von Vereinen dem potentiellen Wettbewerb aussetzen, sollte die Auf- und Abstiegsregelung sogar noch ausgebaut werden. Grundsätzlich sollte allen potentiellen Marktteilnehmern die Möglichkeit offen stehen, auf den Märkten zu agieren. Die verstärkte Durchlässigkeit der Marktzutrittsschranken kann dann auch mit der Schaffung neuer Einnahmequellen für die Vereine oder Klubs verbunden werden. So wäre z. B. denkbar, dass man in der deutschen Bundesliga den Auf- und Abstieg von drei Mannschaften durch ein weiteres Relegationsturnier zwischen zwei weiteren Mannschaften erhöht. Der 14. und 15. der deutschen Bundesliga beispielsweise würde dann nach Ablauf der regulären Saison ein Turnier mit dem 4. und 5. der abgelaufenen Saison in der 2. Bundesliga ausspielen. Gleichzeitig kann die Marktmacht der Vereine der sich immer stärker herausbildenden Europaliga (d. h. der sogenannten *Champions League*) dadurch eingeschränkt bleiben, dass eine sportliche Qualifikation für diesen Wettbewerb weiterhin notwendig bleibt. Eine Konstellation, wie sie bei der Schaffung einer Europaliga durch verschiedene Fernsehsender im Gespräch war, bei der nämlich eine Reihe von Vereinen über Jahre hinaus gesetzt wäre[154], würden diesen Vereinen Marktmacht verschaffen, weil sie durch die Errichtung von Marktzutrittsschranken geschützt wären. Durch ausgeweitete Relegationsregeln wäre nicht nur das Ziel der Marktmachtbeschränkung erreicht, sondern man hätte

[152] Vgl. Kipker, I./ Parensen, A, (1999), S. 137 oder Zorn, R. (2000).
[153] Vgl. Quirk, J./ Fort, R. (1999), S. 171 ff.
[154] Vgl. Kipker, I,/ Parensen, A. (1999), S. 137.

darüber hinaus ein ökonomisches Instrument in die Hand bekommen, um die Beibehaltung der nationalen Ligen zu begründen und deren Bedeutung zu erhalten. Eine ähnliche Lösung, bei der eine weitere Marktöffnung angestrebt wird, ist durchaus auch für Nordamerika denkbar, indem dort ein Wechsel aufgrund sportlicher Qualifikation der Mannschaften zwischen den *Major Leagues* und den *Minor Leagues* eingeführt wird. Zusätzlich kann die Anzahl der Wettbewerbe wo möglich über einen hinaus erhöht werden. Im europäischen Fußball ist diese Situation schon präsent, da es neben der *Champions League* den UEFA-Pokal gibt, bis 1999 existierte mit dem Europapokal der Pokalsieger sogar noch ein weiterer Wettbewerb. Zwar war unbestritten der Europapokal der Landesmeister (oder die heutige *Champions League*) der sportlich wertvollste Wettbewerb, doch haben die anderen Wettbewerbe stets ihre eigene Bedeutung gehabt. Zudem eröffnen diese Wettbewerbe einer größeren Anzahl von Vereinen zusätzliche Einnahmemöglichkeiten, was zu einer größeren finanziellen Ausgeglichenheit innerhalb der Liga führt. Dem Wettbewerb als Entdeckungsverfahren könnte Rechnung getragen werden, indem den nationalen Verbänden größere Spielräume bei Regeländerungen zugestanden werden. Dies würde es den Verbänden erlauben, mit leichten Modifikationen zu experimentieren und dem Regelsystem im Fußball die Möglichkeit zu mehr Dynamik verschaffen. Zudem könnte überlegt werden, die beiden europäischen Wettbewerbe in die Hände von verschiedenen Veranstaltern zu legen, ohne dabei Qualifikationskriterien außer acht zu lassen.

Weitere Probleme in der wettbewerbsrechtlichen Behandlung von Sportligen können sich im Hinblick auf die mit den Ligen in wirtschaftlicher Beziehung stehenden Sektoren ergeben. Insbesondere die Schaffung von wettbewerblichen Ausnahmebereichen in Bezug auf die zentrale Vermarktung der Fernsehrechte kann dazu führen, dass einige Fernsehsender von der Übertragung der Spiele ausgeschlossen werden, was wiederum für die zum Zuge gekommenen Fernsehsender eine Verbesserung ihrer Marktposition bedeuten würde. Es wäre folglich denkbar, dass eine kartellrechtliche Freistellung der Sportligen zu Wettbewerbsproblemen auf dem Medienmarkt in Form von Medienkonzentration führen würde.[155] Selbst wenn - unabhängig von der theoretischen Analyse einer solchen Freistellung - die wettbewerbsrechtliche Sonderbehandlung positive Auswirkungen auf die sportliche Ausgeglichenheit, die Subventionierung kleinerer Vereine oder die Förderung des Jugend- und Amateursports hätte, müssten diese mit den Auswirkungen auf den Medienmarkt abgewogen werden. Zudem ist die Schaffung von wettbewerblichen Ausnahmebereichen in einer Zeit, in der gerade diese zunehmend abgeschafft werden, ordnungspolitisch problematisch. Insgesamt erscheint unter Beachtung der spezifischen Marktstruktur im

[155] Vgl. auch Weizsäcker, C. C. von (1998), S. 17.

Sport sowie der Beziehung zu anderen Wirtschaftssektoren eine diskretionäre Vorgehensweise in der Marktmacht- und Kartellproblematik der Sportligen und der darin agierenden Klubs vorteilhafter als eine Behandlung unter fest vorgegebenen Regeln.

4. AUSGLEICHSINSTRUMENTE

4.1. ALLGEMEIN

In Kapitel 3.1.2.1 wurde dargestellt, dass sportliche Wettbewerbe ihre Attraktivität aus der Spannung und mithin aus einer zumindest ausreichenden Ausgeglichenheit und einem zufriedenstellenden Ausmaß an Ungewissheit des Ausgangs ziehen. Während man davon ausgehen muss, dass eine vollständige Ausgeglichenheit weder erreicht werden kann noch erreicht werden soll, soll hier das Interesse der Ligen, die Ungewissheit des Ausgangs einzelner Spiele und ganzer Meisterschaften zu bewahren oder sogar zu fördern, als legitim betrachtet werden. Auch eine langfristige Dominanz einzelner Mannschaften über Jahre hinweg kann das Interesse an einer Liga reduzieren. Hier muss allerdings bedacht werden, dass langfristig erfolgreiche Mannschaften dann das Zuschauerinteresse fördern können, wenn ihnen stets neue Rivalen erwachsen, so dass der Ausgang der Spiele und Meisterschaften weiterhin ungewiss bleibt.[156]

Die Heimatstädte der Mitglieder einer Liga repräsentieren häufig sehr unterschiedliche Ertragspotentiale für die Vereine und Klubs. Das Ertragspotential hängt von verschiedenen Einflussfaktoren ab. Zunächst einmal ist die Stadionkapazität zu nennen, da sie die Möglichkeit zur Erzielung direkter Zuschauereinnahmen schafft. Die Stadionkapazität stellt indes nur in wenigen Fällen einen Engpassfaktor dar, weil die zur Verfügung stehenden Plätze häufig nicht ausverkauft sind. Von Bedeutung ist außerdem die Beschaffenheit des Stadions, z. B. die Ausstattung mit Sitzplätzen oder teuren Logen, die Überdachung der Zuschauerplätze usw. Neben der Stadionkapazität stellt die Bevölkerungsgröße und -dichte der Stadt und ihres Einzugsgebietes einen Nachfragefaktor dar. Vereine in größeren Städten haben ein größeres Zuschauerpotential als Vereine in kleineren Städten. Gleichzeitig spielt die Konzentration anderer Vereine in der näheren Umgebung eine Rolle für die Größe des Zuschauerpotentials. Begünstigt werden kann die Aktivierung des Zuschauerpotentials durch die das Stadion umgebende Infrastruktur, d. h. eine gute Anbindung an das Verkehrsnetz, eine ausreichende Anzahl von Parkplätzen etc. Bevölkerungsgröße und –dichte sind aber nicht alleine bestimmend für Marktgröße und Ertragspotential, sondern die Präferenzen der Bevölkerung wirken auf die Marktgröße für die Klubs genauso ein. So sind beispielsweise Toronto und Berlin Städte von vergleichbarer Bevölkerungsgröße und Wirtschaftskraft. Während Toronto aber einen riesigen Markt für Eishockey und zudem einen großen Markt für Baseball besitzt, hat Berlin nur ein vergleichbar geringes Potential für Eishockey und ein nicht erwähnenswertes für Baseball. Dafür muss der Markt für professionellen Fußball als einer der größten in Deutschland wenn nicht in Europa bezeichnet werden. Dagegen ist Fußball in Toronto nur eine Randerscheinung.

[156] Als Beispiel kann hier der FC Bayern München in der deutschen Bundesliga dienen.

Neben diesen lokalen Standortbedingungen haben seit dem Auftritt privater Fernsehsender auf dem Markt für Ligasport (in Deutschland ab 1988) überregionale Faktoren eine zunehmende Bedeutung gewonnen. Die Nachfrage nach Spielen hängt dabei insbesondere von der Spielstärke, aber auch von den Präferenzen der Anhänger der Klubs ab. Je stärker, bekannter und beliebter eine Mannschaft ist, desto eher wird sie Nachfrage nach ihren Spielen generieren können. Von großer Bedeutung dürfte es hierbei für die Vereine sein, den Vereinsnamen als Markennamen aufzubauen.[157] Dadurch würden die Klubs Reputation bzw. einen Goodwill oder Firmenwert aufbauen, was im Mannschaftssport häufig durch die Bezeichnung „Traditionsverein" zum Ausdruck kommt.

Ist es einem Verein erst einmal gelungen, eine gegenüber anderen Vereinen verstärkte Nachfrage zu schaffen, kann es zu dem sogenannten *Scale-of-Operations*-Effekt[158] kommen. Damit ist gemeint, dass ein Verein, der sich zunächst als einer der stärkeren etabliert hat und daher bekannter und beliebter als andere ist, also eine gute Reputation aufgebaut hat, verbesserten Zugang zu weiteren Einkommensquellen hat: seine Spiele werden von mehr Zuschauern besucht, er kann mehr Spiele im Fernsehen übertragen lassen, dadurch mehr Werbe- und Sponsorengelder einnehmen, höhere Antrittsgelder für Freundschafts- und Exhibitionsspiele verlangen, gleichzeitig den Absatz seiner Merchandisingprodukte beleben und wiederum seine Beliebtheit, Bekanntheit und Reputation steigern. Der Aufbau eines Markennamens kann die Nachfrage nach den Produkten eines Klubs weltweit beleben. Der Klub erhöht dadurch seine Finanzkraft und kann erneut seine Leistung steigern und Reputation aufbauen. Dieser Effekt tritt nicht nur bei den Vereinen selbst, sondern auch bei seinen Spielern auf. Die Spieler, die bei den großen Vereinen ohnehin schon ein höheres Einkommen erzielen, können ihre Bekanntheit weiter steigern und dadurch mehr Werbeverträge abschließen. Dies wiederum erhöht die Attraktivität der großen Vereine für talentierte und überdurchschnittlich begabte Spieler und kann so die Dominanz dieser Vereine weiter verstärken. Verstärkt wird dieser *Scale-of-Operations*-Effekt noch, wenn die erfolgreichen Vereine sich durch ihren Erfolg für weitere Wettbewerbe und damit für zusätzliche Einnahmequellen qualifizieren, z. B. einen Wettbewerb auf europäischer Ebene, *Playoffs* oder lukrative Hallen- oder „Superwettbewerbe".

Die Vermutung liegt nahe, dass die unterschiedlichen Ertragspotentiale zu unausgeglichenen Spiel- und Meisterschaftsausgängen führen. Da sich die Ertragspotentiale in den letzten Jahren anscheinend auseinanderentwickelt haben,

---

[157] Vgl. z. B. auch WGZ-Bank (Hrsg.) (1999), S. 38 und 62 sowie Sir Norman Chester Centre for Football Research (Hrsg.) (1998), S. 9.

[158] Vgl. Blümle, G. (1975), S. 55 f.

dürfte sich diese Problematik verschärft haben.[159] Der Versuch, die Ausgeglichenheit innerhalb einer Liga zu bewahren, stellt somit ein verständliches und legitimes Interesse der Vereine und der Ligaführung dar, damit die Attraktivität der Liga gewahrt bleibt. Dem gemäß werden eine Reihe von Maßnahmen und Instrumenten im professionellen Ligensport damit begründet, dass sie die Ausgeglichenheit der Liga und damit die Existenz der Liga überhaupt sichern.

Im folgenden soll daher versucht werden, die allokative Wirkung der verschiedenen Instrumente hinsichtlich ausgeglichener Spielstärkenverteilung zu untersuchen. Grundlage der Untersuchung ist ein mikroökonomisches Modell, das in der Literatur von FORT/QUIRK[160] auf Basis der richtungweisenden Überlegungen von ROTTENBERG[161] entwickelt wurde. Nach der Darstellung des Modells soll das Modell dahingehend erweitert werden, dass die Wirkung zusätzlicher Einnahmen, die einige Mannschaften realisieren können, während andere keinen Zugang zu diesen Einnahmequellen haben, dargestellt wird. Die theoretische Darstellung der einzelnen Umverteilungsinstrumente folgt dabei der Beschreibung, Entstehung und Entwicklung dieser Instrumente in den verschiedenen Ligen.

Grundsätzlich kann natürlich auch die Frage gestellt werden, welchen Einfluss monetäre Größen und finanzielle Kraft überhaupt auf die sportliche Leistung eines Vereins und seiner Mannschaft haben. Gerade im Sport scheint die Qualität der Leistungserstellung von vielerlei Faktoren, die nicht direkt monetär zu erfassen sind, abzuhängen: Motivation, Tagesform, Zufall, Glück, Teamgeist und Zuschauerunterstützung seien hier nur als Faktoren aufgeführt, ohne dabei Anspruch auf Vollständigkeit erheben zu wollen. Beispiele, in denen sportlicher Erfolg scheinbar ohne breite finanzielle Basis erreicht wurde, sind in größerer Zahl vorhanden. In anderen Fällen blieb der sportliche Erfolg trotz stärkster finanzieller (und erfolgversprechender!) Anstrengungen aus. Andererseits lassen sich aber auch eine Reihe von Beispielen finden, in denen sich Vereine offensichtlich Erfolg „kaufen“ konnten. In empirischen Untersuchungen wird der Finanzkraft aber eine zentrale Rolle zugestanden.[162]

In diesem Zusammenhang sei auf einen weiteren Umstand hingewiesen, der als kritischer Erfolgsfaktor eine große und oftmals übersehene Rolle spielt: ein effizientes Vereins- und Klubmanagement. Der Erfolg vieler Vereine ist sicherlich nicht nur auf die besseren Rahmenbedingungen und Standortvorteile, sondern auch (und vielleicht in besonderem Maße) auf die Leistung der Vereins-

---

159 Vgl. auch Schnupp, R. (1999), S. 20.
160 Vgl. Quirk, J/ Fort, R. (1992), S. 271 ff. und Fort, R./ Quirk, J. (1995), S. 1265-1299.
161 Vgl. Rottenberg, S. (1956), S. 247 ff.
162 Vgl. Lehmann, E./ Weigand, J. (1997), S. 402.

führung zurückzuführen. Hier spielen Entscheidungen über die Mannschaftszusammensetzung und -führung (Trainer), die Entwicklung oder Sicherung neuer Einnahmequellen, die strategische Ausrichtung des Vereins und gekonnte Verhandlungsführung eine Rolle. Erst durch eine gute Vereinsführung können alle Nachfragepotentiale nach Produkten des Klubs langfristig ausgeschöpft werden. Ein leistungsfähiges Management kann aber genauso auch das Ertragspotential eines Klubs erhöhen, z. B. indem es nach zusätzlichen Einnahmemöglichkeiten Ausschau hält oder das Image bzw. die Reputation eines Klubs verbessert.

4.2. Regulierungen auf dem Arbeitsmarkt

4.2.1. Reservierungsregeln

4.2.1.1. Die *reserve clause*: Beschreibung, Entstehung und Entwicklung[163]

Die älteste noch existierende professionelle Sportliga ist die *National League* im amerikanischen Baseball. Als sie 1876 ihre erste Spielzeit begann, gab es keine die Vertragsfreiheit auf dem Arbeitsmarkt beschränkenden Regelungen, doch schon 1878 wurde den Spielern verboten, während der laufenden Spielzeit Verträge mit anderen Vereinen abzuschließen. Angesichts steigender Kosten, insbesondere durch explodierende Gehälter für die besten Spieler verursacht, einigten sich die Eigentümer der Klubs der *National League* 1879 auf die sogenannte *reserve clause*. Die Regelung sah vor, daß jeder Klub der *National League* fünf seiner Spieler reservieren konnte, so dass die übrigen Klubs nicht mit ihm über einen Vertrag verhandeln durften. Sollte doch ein Klub einen reservierten Spieler unter Vertrag nehmen, verpflichteten sich die anderen Klubs, nicht gegen diesen zu spielen. Folge dieser exklusiven Vertragsrechte für einige Spieler waren zurückgehende Spielergehälter und erstmals Gewinne für die Klubeigentümer.

Die *reserve clause* stellt eine Reservierung einiger Spieler durch den Klubeigentümer dar, die es den Eigentümern erlaubt, die betreffenden Spieler für die Laufzeit seiner sportlichen Karriere vertraglich zu kontrollieren, indem ihnen eine einseitige Option auf Vertragsverlängerung eingeräumt wird. Wechselwillige Spieler haben demnach keine Möglichkeit, den Klub ohne Zustimmung des Klubeigentümers in Richtung eines anderen Klubs zu verlassen. Sollte doch ein Wechsel zustande kommen, waren Kompensationen für den abgebenden Verein fällig.

In den 1880er Jahren wurde das Reservierungssystem durch die Klubs weiterentwickelt und alle Spieler in das System miteinbezogen. Die Klubeigentümer

---

[163] Die nachfolgenden Ausführungen beruhen auf Quirk, J./ Fort, R. (1992), S. 179.

interpretierten die *reserve clause* so, dass sie die Vertragsrechte für die gesamte sportliche Karriere des jeweiligen Spielers besaßen (sofern die sportliche Karriere auf eine Sportart beschränkt war). Unterstützt wurde diese Auffassung durch die Abmachung der Klubbesitzer, reservierte Spieler nicht zu verpflichten. Das Inerscheinungtreten der *American League* 1903 als rivalisierender Liga hebelte die *reserve clause* nur kurz aus, nach der Fusion der *American* und der *National League* wurde die *reserve clause* wieder als Mittel zur karrierelangen Bindung der Spieler an einen Verein genutzt.

Um 1920 führten auch die NFL und die NHL Regeln ein, die sich am Beispiel des Baseballs orientierten, unter anderem die *reserve clause*. Die Regeln hatten sich als zweckmäßig für die Reduktion der Kosten, die Erhaltung der Profitabilität und damit die Erhaltung der Liga erwiesen. Allerdings war die *reserve clause* im Eishockey und im amerikanischen Football etwas moderater als die Regelungen im Baseball.

Nach einer Reihe von Gerichtsentscheidungen musste die NFL die *reserve clause* in eine jeweils einjährige Optionsregel abmildern. In Folge des Bruchs einer Kartellabsprache der Klubeigentümer, frei verhandelnde Spieler („*Free Agents*") nicht zu verpflichten, führte die NFL 1963 eine Kompensationsregel („*Rozelle rule*" nach dem damaligen *Commissioner* der NFL, PETE ROZELLE) ein. Danach sollte bei einem Wechsel eines frei verhandelnden Spielers der abgebende durch den aufnehmenden Klub kompensiert werden, wobei die Höhe der Kompensation durch PETE ROZELLE festgelegt wurde. Faktisch wirkte diese Kompensationsregel so, dass kaum Spieler ihre Option auf einen Klubwechsel wahrnehmen konnten.

Im Jahre 1977 änderte die NFL ihre Kompensationsregel, indem sie die Kompensationszahlungen an die Gehälter der jeweiligen Spieler in der Vorsaison knüpfte. Der Streik der NFL-Spielergewerkschaft während der Saison 1982 änderte nichts an der Kompensation für wechselwillige Spieler, die sich hier als so restriktiv erwies, dass kaum Spieler aufgrund ihres Optionsrechtes wechselten.

In der Folgezeit kam es zu weiteren gerichtlichen Auseinandersetzungen über die Reservierungsregeln, und im Jahre 1972 kam es zu einem Spielerstreik im Baseball wegen der *reserve clause*. Zunächst kam es zu einer Einigung, die zwar die Verhandlungsposition der Spieler stärkte, die *reserve clause* aber ansonsten unverändert beließ. Erst nach einem weiteren Arbeitskampf im Baseball wurden die Reservierungsregeln 1976 dahingehend aufgeweicht, dass jeder Spieler spätestens nach sechs Jahren in der MLB von der *reserve clause* ausgenommen war.[164] Interessant an dieser Regelung ist, dass sie, obwohl die Spieler teilweise reserviert bleiben, die Gehälter einiger Spieler ansteigen lässt. Denn die teilweise Reservierung einiger Spieler führt dazu, dass alljährlich einige Spieler nicht zu *Free Agents* werden. Folge ist, dass das Angebot von Arbeitskraft durch die Spieler jedes Jahr reduziert wird, so dass die Klubs mit höheren Gehaltsangeboten um die Dienste der *Free Agents* konkurrieren.

Während die NHL ihre *reserve clause* traditionell eng als dauernde Bindung der Spieler an die Klubs interpretierte, musste sie angesichts einer Wettbewerbsklage der konkurrierenden WHA ihre offizielle Interpretation 1972 dahingehend ändern, dass sie die Spieler nur noch für drei Jahre an die Klubs gebunden sah. Diese Interpretation wurde durch eine Abmachung zwischen NHL-Spielergewerkschaft und NHL im Jahre 1975 bestätigt, die aber gleichzeitig eine Kompensation für Klubs vorsah, die Spieler an andere Klubs abgaben. Ab dem Jahr 1984 orientierte auch die NHL ihre Kompensationszahlungen bei Spielertransfers an den Gehältern der wechselwilligen Spieler aus dem Vorjahr.

Zum Ende der 1970er Jahre wurde die Reservierung von Spielern der NBA gelockert und zwischen 1980 und 1983 erreichte die Spielergewerkschaft ein fast vollständiges Ausmaß an *Free Agency*, allerdings nur gegen Akzeptierung eines *Salary Caps*.[165]

1981 konnten auch die Eigentümer der MLB-Klubs gegen die Spielergewerkschaften durchsetzen, dass bei einem Spielerwechsel eine begrenzte Kompensation in Form eines Spielertauschs durchgeführt wurde. Vier Jahre später wurde diese Regelung durch die Abgabe von *Drafting*-Rechten als Kompensation modifiziert. In der Folge dieser Vereinbarung von 1985 wurde nicht ein einziger frei verhandelnder Spieler von einem anderen als seinem letzten Klub unter Vertrag genommen. Offensichtlich hatten sich die Klubeigentümer erneut gegen die vertragsfreien Spieler kartelliert.[166] In einer Schlichtung wurde den Spielern US$ 280 Millionen als Schadenersatz von den Klubeigentümern zugesprochen. 1990 vereinbarten Klubeigentümer und Spielergewerkschaft, dass den Spielern noch höherer Schadenersatz zugesprochen wird, wenn den Eigentümern noch einmal eine Kartellierung gegen die Spieler nachgewiesen werden könne.

---

[164] Vgl. auch Kapitel 2.3.1.

[165] Vgl. auch Scully, G. W. (1995), S. 36.

[166] Eine andere bekannte Kollusion unter den Besitzern von Klubs der MLB war die bis 1947 (als JACKIE ROBINSON seinen ersten Einsatz in der obersten amerikanischen Baseballliga hatte) wirkende Vereinbarung der Eigentümer, keine dunkelhäutigen Spieler in der MLB einzusetzen.

Im Jahre 1993 einigten sich die NFL und deren Spielergewerkschaft mit dem *Collective Bargaining Agreement* darauf, dass die Spieler nach vier Jahren Aktivität in der NFL vollkommen frei Wechseln können. Im Gegenzug stimmte die Gewerkschaft einem Gesamtlohnlimit (*Salary Cap*) zu.

Insgesamt lässt sich somit festhalten, dass die *reserve clause* seit Mitte der 1970er Jahre eine Aufweichung erfuhr, allerdings in den einzelnen Ligen in unterschiedlichem Ausmaß. Heute können die Reservierungsregeln in der NBA als vergleichsweise freizügig betrachtet werden, während die NHL noch immer eine relativ strikte Reservierung der Spieler praktiziert.[167]

4.2.1.2. Transferentschädigungen: Beschreibung, Entstehung und Entwicklung

Die Transferentschädigung war bis 1995 das im europäischen Fußball gebräuchliche Mittel der Spielerbindung. Das Besondere an der Praxis der Transferentschädigung war, dass sie nicht nur zu zahlen war, wenn ein Spieler noch in einem Vertragsverhältnis mit einem Verein stand, sondern auch wenn ein Vertrag bereits abgelaufen war. Der Verein, zu dem ein Spieler dann wechseln wollte, war verpflichtet, dem Verein, bei dem jener Spieler zuvor unter Vertrag gestanden hatte, eine Ablösesumme zu zahlen.

Gegen diese Praxis wurde vor dem Europäischen Gerichtshof durch den ehemaligen Profifußballer JEAN-MARC BOSMAN geklagt. Mit dem sogenannten „*Bosman*-Urteil" vom 15. Dezember 1995 entschied der Gerichtshof, dass es nicht mit der Freizügigkeit der Arbeitnehmer in der Europäischen Union vereinbar sei, wenn der neue Verein „dem bisherigen Verein eine Transfer-, Ausbildungs- oder Förderungsentschädigung"[168] zu zahlen hat. Zudem untersagte der Europäische Gerichtshof die bis dahin geltende Regelung, wonach die Anzahl von Spielern aus anderen Mitgliedsstaaten der Europäischen Union begrenzt war.

Die Transferentschädigungen wurden bei Gründung der Bundesliga 1963 auf zunächst maximal TDM 50 festgeschrieben.[169] Als Folge des Bundesligaskandals von 1971 wurden die Ablösezahlungen freigegeben. Konnten zwei Vereine sich nicht über die Transferentschädigung einigen, wurde diese über ein Schiedsverfahren festgelegt, wobei dann das Gehalt des betreffenden Spielers die Grundlage für die Festlegung der Höhe bildete. Für Zahlungen bei Verpflichtung eines Spielers, dessen Vertrag bereits abgelaufen war, waren bestimmte Beträge durch den DFB bzw. die UEFA festgelegt worden.

---

[167] Vgl. dazu auch Kapitel 2.3 oder Franck, E. (1995), S. 86 f.
[168] Vgl. z. B. Büch, M.-P. (1998), S. 284.
[169] Vgl. Franzke, R. (1999), S. 399.

4.2.1.3. Das *Drafting*-System: Beschreibung, Entstehung und Entwicklung

Bis in die 1930er Jahre war es allen Klubs in den nordamerikanischen Profiligen erlaubt, mit allen Spielern, die neu in einer großen Liga spielen wollten, frei über einen Vertrag zu verhandeln. Als es aber im Jahre 1934 zu einem Wettbewerb um die Dienste eines College-Spielers zwischen den NFL-Teams Brooklyn Dodgers und Philadelphia Eagles kam, und eine Gehaltsexplosion der Spieler die Folge war, wurde der sogenannte *Draft* von der NFL eingeführt.

Inhalt dieses *Drafts* ist es, dass Spieler, die in den großen Ligen spielen wollen, nicht direkt unter Vertrag genommen werden können, sondern gemeinsam mit allen anderen neuen Spielern (in Form eines Spielerpools) den neuen Klubs zu Beginn der Saison auf dem Arbeitsmarkt angeboten werden. Den Zugriff auf diese im *Draft* gemeinsam angebotenen Spieler haben die Klubs in umgekehrter Reihenfolge ihrer Platzierungen aus der Vorsaison. Mit anderen Worten hat das am schlechtesten platzierte Team der Vorsaison bei dem *Draft* vor der neuen Spielzeit als erstes das Recht, sich einen Spieler auszusuchen. Haben sich alle Klubs einen neuen Spieler ausgesucht, beginnt die Prozedur von vorne, solange, bis alle neuen Spieler einem neuen Klub zur Vertragsverhandlungen zugeordnet wurden.

Wiederum war originärer Zweck bei der Einführung des *Drafts* die Reduktion der Spielergehälter, insbesondere der Gehälter der sogenannten *Rookies*, also der Spieler, die ihre erste Spielzeit in einer der großen Ligen absolvieren. Da der Wettbewerb um die Dienste dieser Spieler reglementiert wird, konnte dieses Ziel auch erreicht werden. Daneben wird dem *Draft* aber die Wirkung zugesprochen, zu einem Ausgleich der Spielerstärken zwischen reichen und weniger finanzkräftigen Klubs innerhalb einer Liga zu führen, weil die ärmeren Klubs so in die Lage versetzt würden, überdurchschnittlich talentierte Spieler zu verpflichten, statt dass diese nur zu den finanzstarken Klubs gehen.

In den 1950er Jahren wechselte die NBA, die anfangs einen territorialen *Draft* eingeführt hatte, zu einem an die NFL angelehnten *Draft* mit Zugriffsrechten in umgekehrter Reihenfolge der Platzierungen aus der Vorsaison. 1965 folgte die MLB, nachdem die NHL bereits 1962 einen *Draft* für College-Spieler eingeführt hatte. Die NHL hatte - wie schon zuvor die NFL - ihren *Draft* eingeführt, weil mehrere Vereine um die Dienste eines Spielers geworben und so dessen Gehalt nach oben getrieben hatten.[170]

---

[170] Vgl. Jones, J. C. H. (1969), S. 8 f.

4.2.2. Theoretische Analyse der Reservierungsregeln

4.2.2.1. Grundmodell

QUIRK/FORT haben ein mikroökonomisches Modell eingeführt, um die Wirkungen der verschiedenen Ausgleichsmechanismen theoretisch analysieren zu können. Dieses Modell inklusive seiner Annahmen soll zunächst vorgestellt werden. Die theoretische Analyse der übrigen Instrumente basiert ebenso auf diesem Modell.

In diesem Modell wird von einer aus zwei Mannschaften bestehenden Liga ausgegangen, wobei die eine Mannschaft bessere Ertragsmöglichkeiten hat als die andere. Beide Mannschaften sollen annahmegemäß Gewinnmaximierer sein. Die Spieler versuchen ihre Einkommen zu maximieren. Die Kosten werden als Kosten pro Einheit Spielstärke verstanden und sollen für beide Mannschaften gleich sowie konstant sein. Der Ertrag möge für beide Mannschaften mit jedem gewonnenen Punkt ansteigen, jedoch mit abnehmenden Zuwächsen. Die Ertragsfunktionen sehen dann wie in Abbildung 1 dargestellt aus:

Abbildung 1: Ertragskurven zweier Mannschaften

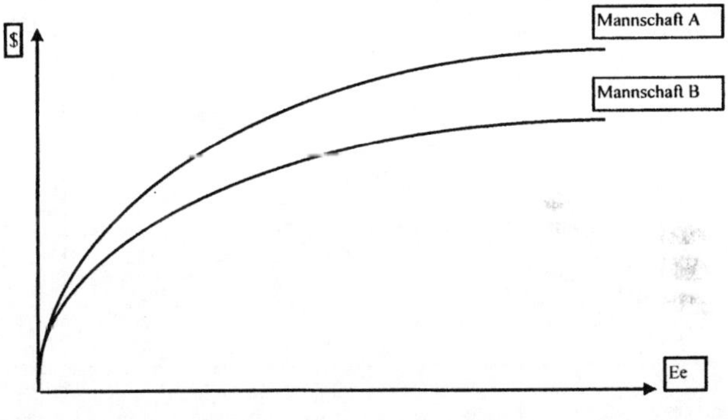

Aus der Ertragsfunktion wird die Grenzertragsfunktion beider Mannschaften abgeleitet (Abbildung 2). Die Grenzertragskurven geben an, wie viel die Mannschaft mit jedem weiteren Einheit Erfolg (Ee), die sich z. B. in Punkten ausdrücken lässt, hinzuverdient. Sie sind abwärts geneigt, weil die Ertragszuwächse mit jeder weiteren Erfolgseinheit abnehmen. Die Grenzertragskurve der einen Mannschaft liegt wiederum über der der anderen Mannschaft, was bedeutet, dass eine weitere Erfolgseinheit mehr zusätzlichen Ertrag für Mannschaft A als für Mannschaft B hinzufügt.

Abbildung 2: Grenzertragskurven zweier Mannschaften

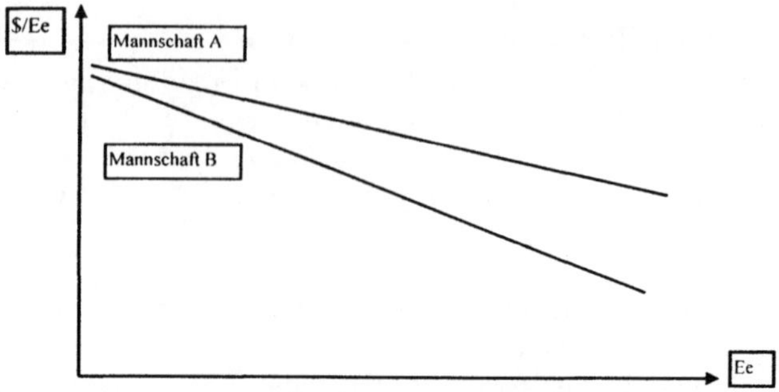

Die Grenzertragskurven werden nachfolgend gegenläufig dargestellt, so dass von links nach rechts die Erfolgseinheiten (Ee) für Mannschaft A, von rechts nach links die für Mannschaft B abgelesen werden können.

Abbildung 3: Grenzertragskurven mit Gleichgewichtspunkt

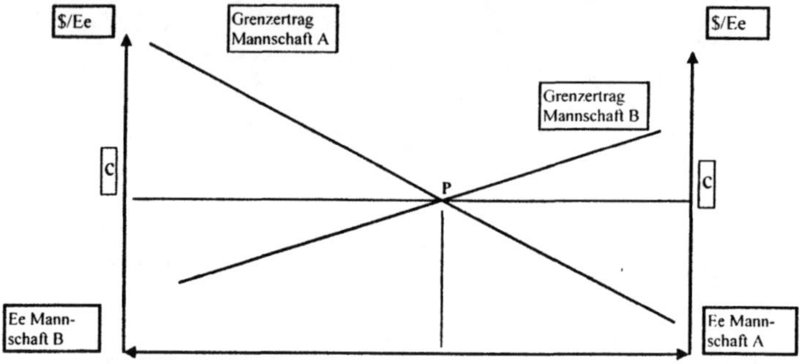

Solange keine regulierenden Eingriffe in den Marktmechanismus stattfinden, stellt c. p. der Schnittpunkt P zwischen den beiden Grenzertragskurven ein Marktgleichgewicht zwischen den beiden Mannschaften dar. Dieser Punkt determiniert auch die Kosten c für den Inputfaktor Arbeit. Die Vereine werden jeweils so lange Angebote an die Spieler abgeben, wie der Grenzertrag, den ein zusätzlicher Spieler erbringt, über seinen Kosten liegt. Unter der Gewinn- und Einkommensmaximierungshypothese werden beide Mannschaften bei gleich hohen Grenzerträgen und gleich hohen Kosten enden.

Dieses Modell zeigt, dass bei unterschiedlichen Ertrags- und Grenzertragskurven c. p. das Marktgleichgewicht unterschiedlich viele Erfolgseinheiten, d. h. in der Regel Punkte, für beide Mannschaften in einer Meisterschaftsliga impliziert, da der Schnittpunkt P (in diesem Fall) rechts von der Mitte der Erfolgseinheitenlinien liegt. Läge der Punkt in der Mitte, würden die zu vergebenden Erfolgseinheiten auf beide Mannschaften gleich aufgeteilt. Folglich kommt es bei unterschiedlichen Ertragspotentialen zu einer kompetitiven Ungleichheit, die je nach Größe die spannungserzeugende Unsicherheit des Ausgangs beeinträchtigen kann. Dabei hängt die Lage des Gleichgewichtspunktes nicht nur von der Höhe der Grenzertragskurve, sondern auch von ihrer Neigung ab. Das Modell impliziert zudem, dass Gewinnanreize zu einer Selbstregulierung einer Liga führen, da finanzstärkere Klubs von einem bestimmten Punkt an wegen der Annahme fallender Grenzerträge kein Interesse an zusätzlichen Einheiten Spielstärke haben.

4.2.2.2. Einführung von Reservierungsregeln

In das oben beschriebene Modell wird nun eine eingeführte Reservierungsregel berücksichtigt, d. h. Vereine oder Klubeigentümer können Spieler durch Reservierungs- oder Kompensationsregelungen mehr oder weniger stark an sich binden. Die Klubs haben also entweder die Möglichkeit, die Spieler in ihrem Klub zu halten oder ihn gegen eine Ausgleichszahlung zu einem anderem Klub wechseln zu lassen.

Die *reserve clause*, ursprünglich eingeführt, um Spielergehälter zu kontrollieren, wurde im nachhinein immer wieder mit dem Argument verteidigt, sie nütze der Ausgeglichenheit innerhalb einer Liga und auf diese Weise nicht nur den Eigentümern, sondern auch der Liga insgesamt inklusive ihrer Spieler. Ähnliches gilt für die in Europa bis 1995 gezahlten Transferentschädigungen bei Spielerwechseln.[171]

Das hier benutzte Modell soll zeigen, dass eine Reservierungsregel zwar tatsächlich zur Reduktion der Spielergehälter führt, aber gemäß einer Anwendung des Coase-Theorems nichts an der Allokation und folglich an der Verteilung der Spielerstärken innerhalb der Liga ändert. Das Coase-Theorem besagt, dass es bei eindeutig zurechenbaren Eigentumsrechten, sich entsprechenden Machtpositionen und der Abwesenheit von Transaktionskosten auf dem Verhandlungswege zur optimalen Faktorallokation kommt, unabhängig von der ursprünglichen Verteilung der Eigentumsrechte.[172]

---

[171] Vgl. Franzke, R. (1999a), S. 399.

[172] Vgl. Coase, R. (1960). Zur Kritik an der Gültigkeit des Theorems in diesem Zusammenhang vgl. Franck, E. (1995), S. 153 f. Dazu auch die Fußnote bei Büch M.-P./ Frick, B. (1999), S. 117.

In Abbildung 4 ist das Grundmodell mit eingeführter Reservierungsregel dargestellt:

Abbildung 4: Wirkung von Reservierungsregeln

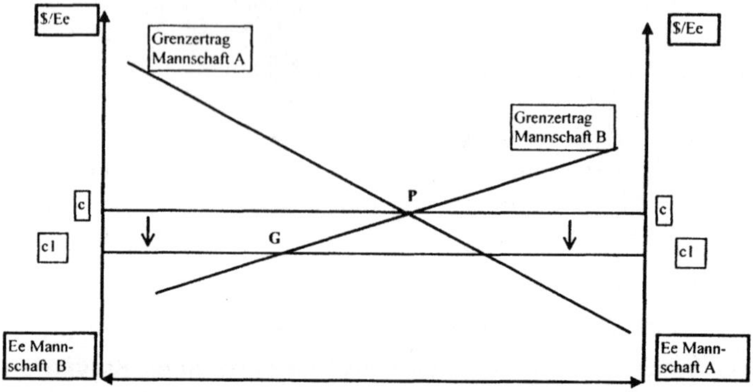

Weil Reservierungsregeln den Wettbewerb der Klubs und Vereine um die Dienste der Spieler einschränken, sind deren Gehälter niedriger und somit die Kosten für Klubs und Vereine niedriger, die Grenzkosten sinken von c auf c1.

Geht man nun von einer ursprünglichen Gleichverteilung der Spielstärken und c. p. der Erfolgseinheiten aus, wäre der Grenzertrag der Mannschaft A durch jede weitere Erfolgseinheit größer als für Mannschaft B (in der Zeichnung Punkt G). Damit wäre sowohl eine zusätzlich gewonnene Erfolgseinheit als auch eine weitere hinzugefügte Einheit Spielstärke für Mannschaft A wertvoller als für Mannschaft B, so dass Mannschaft A willens wäre, Mannschaft B zusätzliche Einheiten Spielstärke abzukaufen, und zwar so lange, bis die zusätzlichen Einheiten an Spielstärke genauso viel kosten, wie die zusätzlichen Erfolgseinheiten zusätzlichen Ertrag versprechen. Gleichzeitig ist Mannschaft B unter der Annahme der Gewinnmaximierung bereit, Spielstärken zu verkaufen, weil der Grenzertrag aus dem Verkauf den aus den weiteren gewonnenen Erfolgseinheiten übersteigt. Im Ergebnis wird die ursprüngliche Verteilung der erzielten Erfolgseinheiten im Schnittpunkt P erreicht, weil beide Mannschaften ihre Profitmöglichkeiten voll ausschöpfen.

Durch ein Zahlenbeispiel soll die Situation verdeutlicht werden: Bei einer bestimmten Punkteverteilung könnte eine Mannschaft (A) durch einen zusätzlichen Punkt DM 500 hinzuverdienen. Bei der gleichen Punkteverteilung verlöre die andere Mannschaft (B) mit einem Punkt DM 200. In dieser Ausgangslage ist die erste Mannschaft (A) bereit, bis zu DM 500 für die Einheit Spielstärke zu investieren, die einen zusätzlichen Punkt verspricht. Gleichzeitig wäre die zweite Mannschaft (B) bereit, diese Einheit Spielstärke abzugeben, wenn sie dafür mit mindestens DM 200 kompensiert würde. So lange ein Spielerwechsel grundsätzlich möglich bleibt und nicht an sich verboten wird, werden sich beide Mannschaften darauf einigen, die Einheit Spielstärke für einen Preis zwischen DM 200 und DM 500 zu handeln. Dieser Mechanismus findet so lange statt, bis kein Verhandlungsspielraum mehr zur Verfügung steht, d. h. in der Ausgangssituation.

Dem gemäß hat die Einführung einer Reservierungsregel keine Auswirkungen auf die Verteilung der Spielstärken innerhalb einer Liga; die Allokation und somit die Verteilung der Erfolgseinheiten (Punkte) wird weiterhin der ursprünglichen entsprechen. Weil auf diese Weise aber Gelder von den reicheren Klubs zu den finanziell schwächeren transferiert werden, stellen die Reservierungsregeln eine Subventionierung der kleineren und finanzschwächeren Vereine dar, ohne dabei die Spielstärken der Klubs zu beeinflussen. Neben dieser Subventionierung führt die Einführung von Reservierungsregeln zu einer weiteren Verteilungswirkung, indem sie Einkommen von den Spielern zu den Klubs transferiert.[173]

Die theoretische Analyse des *Drafting*-Systems unterscheidet sich nicht wesentlich von der Analyse der übrigen Reservierungsregeln. Sollte der *Draft* zunächst tatsächlich zu einer Angleichung der Spielstärken zwischen den Mannschaften führen, bestünden gemäß der unterschiedlichen Grenzerträge für die beteiligten Mannschaften Gewinnerzielungsmöglichkeiten, sofern die Verträge mit den Spielern frei verkäuflich sind. Im Effekt bleibt die Allokation der Spielstärken unberührt.

Dem gemäß hätte ein *Drafting*-System genauso wenig Auswirkungen auf den Ausgleich der Spielstärken unter den Mannschaften wie die übrigen Reservierungsregeln, sondern führt wiederum nur zu einer Kontrolle der Spielergehälter. Einen Vorteil hätte der *Draft* für die Klubs mit bevorzugter Auswahl aber dennoch: Wenn die Gehälter neu beginnender Spieler durch das *Drafting*-System gesenkt würden, dann dürfte davon besonders die Gewinnsituation der zuerst wählenden Klubs begünstigt werden. Während der *Draft* somit keine Auswirkungen auf den Ausgleich der Spielstärken hätte, würde er doch zu einer Subventionierung der ärmeren Klubs führen und so deren Existenz sichern helfen.

Auf ein weiteres Problem des *Drafting*-Systems, das den sportlichen Wettbewerb betrifft, soll an dieser Stelle hingewiesen werden. Alle Ligen haben durch

---

[173] Eine Wirkung, die durch die Entwicklung nach dem sogenannten *Bosman*-Urteil bestätigt wurde (vgl. dazu z. B. auch Lemke, W. (1999), S. 113 ff).

das Punktesystem zum Saisonende hin ein Problem mit Mannschaften, für die keine erstrebenswerten Ziele mehr erreichbar sind. So könnte eine Mannschaft, die frühzeitig die Meisterschaft gewinnt, ihre Ligaspiele unter reduziertem Krafteinsatz absolvieren, um sich für andere Wettbewerbe (z. B. den Europapokal, den nationalen Pokal oder auch die *Playoffs*) zu schonen. Gleiche Motivationsprobleme könnten Mannschaften im Mittelfeld oder am abgeschlagenen Ende einer Liga bekommen. In einem solchen Fall wären die Ausgangsvoraussetzungen für konkurrierende Mannschaften unterschiedlich, was hier als sportliche Wettbewerbsverzerrung bezeichnet werden soll. Während alle Ligen, die ihre Platzierungen über die Vergabe von Punkten pro Spiel bestimmen, dieses Problem in mehr oder weniger ausgeprägter Form haben, stellt das *Drafting*-System geradezu einen Anreiz dar, am Saisonende für die oben beschriebenen sportlichen Wettbewerbsverzerrungen zu sorgen. Abgeschlagene Mannschaften könnten sich einen wahren Wettlauf um einen *schlechteren* Platz in der Meisterschaft liefern, weil dieser zu einem bevorzugten Zugriff beim *Draft* berechtigt.

Andere Autoren sehen die eigentliche ökonomische Wirkung der Transferentschädigungen, wie sie im europäischen Fußball üblich waren, in der Entlohnung für Ausbildungsaufwendungen der Vereine und der Aufteilung von Ausbildungskosten zwischen erfolgreichen und erfolglosen Spielern.[174] Allerdings schließen sie die Entwicklung alternativer institutioneller Lösungen nicht aus.[175] Dass die Transferentschädigung keine Auswirkung auf die Allokation der Spielstärken hat, wird indes auch von ihnen nicht abgestritten.

174 Vgl. z. B. Schellhaaß, H. M. (1984), S. 220 f. und Büch, M.-P. (1998), S. 287 ff.
175 Vgl. Büch, M.-P. (1998), S.292 f.

4.2.3. Gesamtlohnlimits

4.2.3.1. Beschreibung, Entstehung und Entwicklung

In den 1970er Jahren kam die NBA in finanzielle Schwierigkeiten, von denen besonders die Klubs in kleineren Städten betroffen waren. Diese wollten daher eine Vereinbarung erreichen, die die Teilung von Einnahmen unter den Vereinen zum Ziel hatte, konnten sich mit den Eigentümern der größeren Vereine aber nicht einigen. Zur Lösung der finanziellen Probleme der Liga schlug der damalige *Commissioner* der NBA, DAVID STERN, den sogenannten *Salary Cap*, eine Deckelung der gesamten Ausgaben für Spielergehälter eines Vereins, vor.

Erneut war die Gewinnsituation der Vereine die eigentliche Ursache für die Einführung einer restriktiven Arbeitsmarktregelung, und wiederum wird ihr die Wirkung zugesprochen, einen Ausgleich zwischen großen und kleinen, armen und reichen Klubs herzustellen. Die dahinter stehende Idee ist, die finanziellen Anreize für Spieler, den Verein zu wechseln und somit die Konzentration der Spielstärken auf einen oder wenige Klubs zu verhindern.

Die ursprüngliche Vereinbarung zu einem Gesamtlohnlimit in der NBA sah vor, dass den Spielern 53 % der Bruttoeinnahmen der Liga als Gehalt zugesichert werden. Den Klubs wurde gleichzeitig eine Deckelung der eigenen Gehaltszahlungen auf 53 % der Bruttoeinnahmen der Liga dividiert durch die Zahl der Klubs vorgeschrieben. Eine Untergrenze (*Salary Floor*) der Gehaltszahlungen wurde bei etwa 90 % des *Salary Caps* festgelegt, so dass ein Korridor für die Gehaltszahlungen eines Vereins entstand. Für die großen Vereine galten zunächst einige Ausnahmeregelungen.

Seit 1993 sind auch die Gehälter in der NFL gedeckelt, während sich die Profis der NHL und der MLB in Arbeitskämpfen (1994) gegen die Einführung einer Gehaltsdeckelung erfolgreich zur Wehr setzen. In der NHL war die Spielzeit 1994/95 aufgrund des Arbeitskampfes verkürzt worden, so dass statt der üblichen 82 Spiele jede Mannschaft nur 48 Spiele bestritt. In der MLB konnte zum ersten Mal kein Meister ermittelt werden, weil es nicht zu einer Einigung zwischen Ligaleitung und Spielergewerkschaft kam und die Saison abgebrochen wurde. Später einigte man sich auf eine Steuerlösung, wonach Mannschaften mit hohen Spielergehältern Abgaben an die kleineren Klubs zu leisten haben.[176] Die Regelung in der NFL sieht vor, dass die Spielergehälter nicht mehr als 64 % der gesamten Einnahmen der Liga betragen dürfen.

---

[176] Vgl. Kalwa, J. (1998), S. 32.

Während das komplexe System des Gesamtlohlimits in der NBA eine Innovation für den nordamerikanischen Sport darstellte, waren Gehaltsobergrenzen für den europäischen Sport so neu nicht, denn Beschränkungen der Spielerbezüge hatte es in Europa stets gegeben. Das lange Festhalten z. B. des DFB am Amateurprinzip kann als Gehaltsdeckelung auf Nullniveau betrachtet werden. Erst 1949 erlaubte der DFB den sogenannten Vertragsspielern ein Monatsgehalt von maximal DM 320, was eine Gehaltsdeckelung allerdings bezogen auf einzelne Spieler darstellt. Mit Beginn der Bundesliga im Jahre 1963 wurden die Gehaltsobergrenzen zwar aufgeweicht, aber noch nicht endgültig abgeschafft.

4.2.3.2. Theoretische Wirkung eines Gesamtlohnlimits

Die theoretische Wirkung des *Salary Caps* lässt sich erneut im Grundmodell analysieren. Der Wettbewerb um Spieler wird wiederum eingeschränkt und es kommt zu einer Senkung der Spielerkosten. Wenn alle Klubs nahezu die gleichen Ausgaben für Spielergehälter haben, dann besteht die Annahme, dass die Einheiten Spielstärken nicht mehr gemäß ihrem Grenzertrag zugekauft werden.[177] Insofern sollte die Einführung eines *Salary Caps* zu einer verstärkten Ausgeglichenheit der Liga führen, solange die Anreize entfallen, gemäß den Grenzerträgen zu anderen Vereinen zu wechseln (Punkt G in Abbildung 5). Ob dieser Anreiz durch die Einführung eines *Salary Caps* aber tatsächlich entfällt, ist zweifelhaft. Da ein *Salary Cap* eine Begrenzung der Gesamtlohnzahlungen der Klubs darstellt[178], könnte ein Klub so auf dessen Einführung reagieren, dass er Spieler der zweiten oder dritten Reihe nicht mehr auf seiner Gehaltsliste führt und stattdessen die ihm zur Verfügung stehende Summe nur noch auf wenige Starspieler konzentriert. Als Folge könnte ein *Salary Cap* nicht wie angenommen zu einer Angleichung der Spielstärken führen, sondern im Gegenteil sogar Anreize bieten, nur noch Starspieler einzukaufen. Auf Ersatzspieler könnte ein Klub dann verzichten, um sein Gehaltsbudget zu schonen. Im Ergebnis kann es dann sogar zu einer größeren Ungleichverteilung der Spielstärken als Folge eines eingeführten *Salary Caps* kommen. In der Tat hat die Einführung des *Salary Caps* in der NBA nicht zu einer Angleichung der Ausgaben für Spielergehälter geführt.[179]

---

[177] Vgl. Fort, R./ Quirk, J. (1995) S. 1278.
[178] Vrooman, J. (1995) spricht daher auch von einem *payroll cap.*
[179] Vgl. Quirk, J./ Fort, R. (1999), S. 66.

Abbildung 5: Einführung eines *Salary Caps*

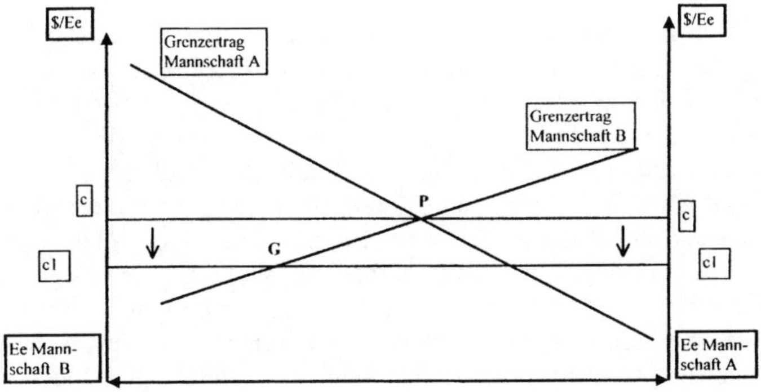

VROOMAN[180] führt einen weiteren Einwand vor: Er geht davon aus, dass die Klubs in großen Städten bei der Entlohnung ihrer Spieler Größen*nachteile* haben könnten, folglich die Grenzkosten einer Einheit Spielstärke zunehmen. Grundsätzlich würde das zu einer Angleichung der Spielstärken führen, indem es zu einem (partiellen) Ausgleich der Vorteile von Klubs in großen Städten in Form besserer Ertragspotentiale führt. Die Einführung eines *Salary Caps* könnte diesen eventuellen Vorteil von Klubs aus Städten mit geringeren Ertragsmöglichkeiten zunichte machen und so dem Ausgleich der Spielstärken entgegenwirken.

Da trotz der Einführung eines *Salary Caps* weiterhin Gewinnanreize für die Klubs bestehen, Spieler zu ihren höchsten Grenzerträgen wechseln zu lassen, führt die Gehaltsdeckelung zu einem Problem bezüglich ihrer Durchsetzung. Der Phantasie der Klubs, das Lohnlimit unbemerkt zu überschreiten, scheinen kaum Grenzen gesetzt zu sein. So könnte die Deckelung z. B. durch „kreative Buchhaltung" umgangen werden. Zudem besteht die Möglichkeit, begehrten Spielern derart langfristige Verträge anzubieten, dass sie faktisch über ihr Karriereende hinaus entlohnt werden, was einer höheren jährlichen Gehaltszahlung entspricht. Nicht-monetäre Leistungen können dazu genutzt werden, Spieler an einen Klub zu binden, eine Maßnahme, die in den frühen Jahren der Bundesliga üblich war, um die Lohnlimits zu umgehen (z. B. Hilfe beim Aufbau einer „bürgerlichen Existenz").

180 Vgl. Vrooman, J. (1995), S. 976 und S. 980.

4.2.4. Einnahmenteilungen

Neben den Regulierungen des Arbeitsmarktes werden Kartellregeln, die die Aufteilung der Einnahmen der Ligamitglieder betreffen, mit der Sicherung der Ausgeglichenheit einer Liga begründet. Insbesondere die Aufteilung der Fernseheinnahmen ist dabei in Deutschland ins Blickfeld geraten, da sie Gegenstand des jüngsten Verteilungskampfes in der Bundesliga sind. In der Bundesliga wurden die Rechte für Fernseh- und Rundfunkübertragungen zentral vom DFB an die Fernseh- und Radiosender vergeben und dann über einen Verteilungsschlüssel an alle Vereine der beiden Bundesligen verteilt. Diese Regelung geriet aufgrund des Verbots der zentralen Vermarktung der UEFA-Pokalspiele in die Kritik. Daraufhin führte der Gesetzgeber einen Freistellungsparagraphen für den Sport ein. In den nordamerikanischen Ligen sind Einnahmeteilungen in unterschiedlichem Umfang üblich[181].

Bei einer angenommenen Aufteilung der Einnahmen ergeben sich folgende Ertragsfunktionen für die Mannschaften A und B:[182]

$$Eg^A = \alpha\,(E^A) + (1\text{-}\alpha)\,(E^B)$$
$$Eg^B = \alpha\,(E^B) + (1\text{-}\alpha)\,(E^A)$$

wobei α (mit $0 < \Delta < 1$) der Aufteilungssatz, E die jeweiligen Einnahmen der Vereine und Eg die jeweiligen Gesamteinnahmen sind.

Die Grenzerträge für beide Mannschaften sind dann:

$$Eg'^A = \Delta\,(E'^A) - (1\text{-}\Delta)\,(E'^B)$$
$$Eg'^B = \Delta\,(E'^B) - (1\text{-}\Delta)\,(E'^A)$$

VROOMAN[183] weist darauf hin, dass eine Teilung von Einnahmen, die stark von der Anzahl der Siege bzw. der Punkte einer Mannschaft abhängen, die Anreize zu gewinnen für diese Mannschaften schmälern können. Er unterscheidet zwischen der Teilung gewinnelastischer und gewinnunelastischer Einnahmen.[184]

Wenn die Aufteilung von Einnahmen gemäß der oben aufgeführten formalen Ableitung nur zu einer gleichmäßigen Senkung der Grenzerträge führt, dann folgt daraus, dass es zu keiner allokativen Wirkung hinsichtlich der Spielstär-

---

[181] Vgl. Vrooman, J. (1995), S. 981.

[182] Der nachfolgende Abschnitt basiert auf Quirk, J./ Fort. R. (1992), S. 274.

[183] Vgl. Vrooman, J. (1995), S. 978 f. und S. 985.

[184] Demnach könnte der einseitige Transfer gewinnunelastischer Einnahmen (und nur dieser) zu einer Angleichung der Spielstärken führen.

kenverteilung kommt (in Abbildung 6 Bewegung von P nach P1). Stattdessen sinken die Kosten (dargestellt durch die Bewegung c nach c1) für die Klubs auch durch dieses Instrument der Ligen.

Abbildung 6: Wirkung einer Einnahmenteilung

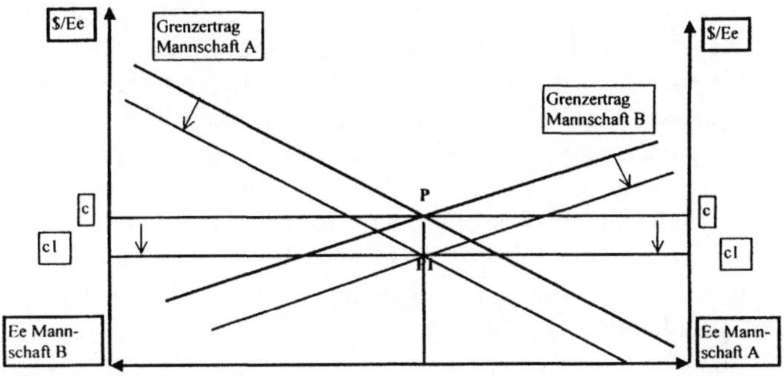

Voraussetzung dafür, dass eine Einnahmenteilung keine allokative Wirkung bezüglich der Verteilung der Spielstärken hat, ist, dass diese keine Auswirkung auf die Neigung der Grenzertragkurven hat.

4.2.5. Die Bedeutung zusätzlicher Wettbewerbe

4.2.5.1. Quantitative Bedeutung

Bis hierhin basiert die theoretische Analyse im wesentlichen auf dem von QUIRK/ FORT entwickelten Modell. Bei dieser Betrachtung blieb bisher unberücksichtigt, dass in allen Ligen nach Abschluss der regulären Spielzeit zusätzliche Wettbewerbe stattfinden, für die man sich im Rahmen der regulären Spielzeit qualifizieren muss. In den nordamerikanischen Ligen dient die reguläre Saison sogar vornehmlich der Qualifikation für die sogenannten *Playoffs*. Diese *Playoffs* dienen u. a. auch der Erhaltung der Spannung einer Liga. Ohne *Playoffs* würde sich für einige Mannschaften recht schnell abzeichnen, dass in bestimmten Spielzeiten die Meisterschaftsfrage ohne sie entschieden wird, die Spannung wäre aus dieser Spielzeit für die betreffenden Mannschaften heraus. Besteht jedoch insbesondere für die Mannschaften, die zwar wenig Chancen auf die Meisterschaft haben, aber dennoch besser sind als eine Reihe der übrigen Mannschaften, die Möglichkeit, die *Playoffs* zu erreichen, dann wäre ihnen somit ein weiteres sportliches Ziel vorgegeben, die damit verbundene Spannung steigert die Nachfrage nach den Spielen dieser Mannschaften. Ähnlich verhält es sich mit der Qualifikation für die europäischen Wettbewerbe in den europäischen Fußballligen. Zum Ende einer Saison, insbesondere wenn sich für die Meisterschaft bereits eine Entscheidung anbahnt, fokussiert sich das Interesse darauf, welche Mannschaften die Qualifikation für die europäischen Wettbewerbe schaffen. Die stärkere Differenzierung, die in den letzten Jahren in den Qualifikationsnormen vorgenommen wurde, dient der Erhöhung dieser Spannung. Wichtig ist nicht mehr allein, wer die Meisterschaft gewinnt, sondern daneben auch, wer den zweiten sicheren Platz in der *Champions League* erhält und wer sich für die Qualifikation zur *Champions League* qualifizieren (*sic!*) kann. Daneben fallen noch weitere Entscheidungen am Ende einer Saison: Wer nimmt am UEFA-Pokal teil? Wer erhält das Recht, sich an einer weiteren Qualifikation für diesen UEFA-Pokal (dem UEFA-Intertoto-Cup) zu beteiligen? Wer wird für die nächste Saison disqualifiziert und wer qualifiziert sich für ein weiteres Jahr in der entsprechenden Spielklasse (also die Auf- und Abstiegsfrage)? Derartige Maßnahmen versuchen, die Spannung in einer Liga zu erhalten und zu erhöhen, um sie also für die Zuschauer interessant und attraktiv zu erhalten, auch wenn die eigentliche Entscheidung, nämlich die über die Meisterschaft, schon gefallen ist.

Die Bedeutung dieser Zusatzwettbewerbe wird von Liga zu Liga unterschiedlich ausfallen, je nachdem, wie groß der sportliche Wert oder der ökonomische Nutzen der Wettbewerbe für die Teilnehmer ist. Der sportliche Wert wird besonders hoch in den Wettbewerben sein, in denen erst die eigentliche Entscheidung fällt, also in den *Playoffs* der nordamerikanischen Ligen. Von eher geringer Bedeutung sind umgekehrt die Wettbewerbe, die lediglich eine Qualifikation für die nachgeordneten Entscheidungen darstellen, z. B. der UEFA-Intertoto-Cup oder die reguläre Saison in Nordamerika. Über den ökonomischen Nutzen lassen sich schwerer Aussagen treffen, weil Ligen, Klubs und Vereine in der öffentlichen Bekanntgabe ihrer finanziellen Ergebnisse doch zum Teil sehr zurückhaltend sind. Da es aber in den letzten Jahren mehr und mehr börsennotierte Sport-Aktiengesellschaften, z. B. Boston Celtics LP, gibt, können deren veröffentlichungspflichtige Zahlen (also deren Bilanzen) dazu herangezogen werden, um eine Schätzung der finanziellen Bedeutung der Zusatzwettbewerbe vorzunehmen.

Als die Boston Celtics beispielsweise mit Ablauf der NBA-Saison 1994/95 die NBA-*Playoffs* erreichten, bedeutete das für sie zusätzliche Umsätze aus den *Playoffs* in Höhe von knapp US$ zwei Millionen.[185] Gleichzeitig werden in der Gewinn- und Verlustrechnung nur knapp siebenhunderttausend US$ als Aufwand für die *Playoffs* ausgewiesen, so dass ein Reinertrag von cirka US$ 1,3 Millionen aus den *Playoffs* für die Boston Celtics verbleibt. Dieser Reinertrag aus den *Playoffs* entspricht 7,5 % des für das Geschäftsjahr 1994/95 ausgewiesenen Gewinns. Anderen Quellen[186] zufolge hatten die San Antonio Spurs in der

[185] Zu den Bilanzzahlen vgl. Boston Celtics LP (1996).
[186] Vgl. Quirk, J./ Fort, R. (1999), S. 210 f.

gleichen Saison operative Nettoerlöse (vor Abschreibungen) aus der regulären Spielzeit von US$ 154.191, während sie aus den *Playoffs* (aus acht Heimspielen) US$ 4,4 Millionen operative Nettoerlöse erzielten. In der Folgesaison steht einem Verlust aus der regulären Saison von US$ 2,6 Millionen aus der regulären Spielzeit ein Gewinn von US$ 2,3 Millionen aus den *Playoffs* (bei fünf Heimspielen) gegenüber. In der Spielzeit 1997/98 erreichte der BV Borussia Dortmund als Titelverteidiger die europäische *Champions League* und schaffte es bis ins Halbfinale dieses Wettbewerbs. Daraus erzielten die Borussen Umsatzerlöse von cirka DM 36 Millionen,[187] was etwa 26 % der gesamten Umsatzerlöse in diesem Geschäftsjahr entspricht. Im darauffolgenden Geschäftsjahr hatte die Borussia wegen mangelnder Qualifikation keine, im Geschäftsjahr 1999/2000 wieder DM 35 Millionen (entspricht 18 % der gesamten Umsatzerlöse des Geschäftsjahres) Erlöse aus internationalen Wettbewerben. Zusätzlich sind auch noch die Erlöse aus Werbung und Sponsoring durch die Teilnahme an den internationalen Wettbewerben beeinflusst, da die Verträge eine vom sportlichen Erfolg abhängige Staffelung enthalten.[188] Obwohl sich aus den Quellen nicht ermitteln lässt, wie die Teilnahme an internationalen Wettbewerben die Aufwandssituation beim BV Borussia Dortmund beeinflusst hat, lässt sich leicht abschätzen, dass ohne die Teilnahme am Europapokal die Gewinnsituation deutlich schlechter ausgesehen hätte.[189]

Die Zahlen verdeutlichen die Bedeutung, die das Erreichen zusätzlicher Turniere für Klubs und Vereine hat. Es kann zu einer zentralen Einnahmequelle für die Mannschaften werden. Die Boston Celtics waren beispielsweise in der Spielzeit 1994/95 bereits in der ersten Runde der NBA-*Playoffs* gegen Orlando Magic ausgeschieden. Sie haben damals nur an vier Spielen in den *Playoffs* teilgenommen, davon zwei Heimspiele! Man kann sich leicht vorstellen, wie viel an Mehreinnahmen durch die *Playoffs* für die Mannschaften resultiert, die es bis in die Finals schaffen.

---

[187] Diese Umsatzerlöse setzen sich aus DM 21 Millionen aus dem Spielbetrieb und DM 15 Millionen aus Rundfunkerlösen zusammen. Vgl. für diese sowie die nachfolgenden Zahlen: Borussia Dortmund (2000).

[188] Vgl. Borussia Dortmund (2000), S. 111.

[189] Auf die finanzielle Bedeutung der Europapokalwettbewerbe im Fußball vergleiche Kapitel 2.2 Auch in der Literatur wird zum Teil auf die Bedeutung dieser Wettbewerbe für die Finanzsituation der Vereine hingewiesen; vgl. z. B. Littkemann, J./ Sunderdiek, B. (1998), S. 466 und S. 470.

4.2.5.2. Auswirkung auf die Ausgeglichenheit einer Liga

4.2.5.2.1. Auswirkung auf die Verteilung der Titelgewinne

Die Ermittlung eines Meisters im K.-o-System, wie es in den *Playoffs*, den europäischen und nationalen Pokalwettbewerben geschieht, sollte dazu führen, dass die Verteilung der Meisterschaftsgewinne gleichmäßiger, also auf mehrere Mannschaften, ausfällt. Bei einem K.-o.-System können Glück und Zufall, über einen längeren Zeitraum relativ gleich auf alle Mannschaften verteilt, eine größere Rolle spielen und so auch Mannschaften mit geringerer Spielstärke beim Gewinn der Meisterschaft helfen. Die Empirie bestätigt diese These. Den im K.o.-System ausgespielten DFB-Pokal konnten z. B. seit dem Start der Bundesliga im Jahre 1963 16 verschiedene Mannschaften gewinnen, darunter mit Kickers Offenbach (1970) und Hannover 96 (1992) zwei Mannschaften aus der 2. Bundesliga sowie mit dem 1. FC Kaiserslautern ein Absteiger aus der Bundesliga (1996). Im Vergleich zum Meisterschaftsgewinn in der Bundesliga sind das fünf Titelträger mehr. Der als Konzentrationsindex gebräuchliche Gini-Koeffizient nimmt für die Verteilung der deutschen Meisterschaften seit 1963 den Wert 0,593, für die Verteilung der Pokalsiege des DFB für den gleichen Zeitraum den Wert 0,358 an. Die sich daraus ergebende Lorenzkurve[190] liegt für die Konzentration der Meisterschaften stets unter der für die Konzentration der DFB-Pokalsiege.

Im unterschiedlichen Verlauf der Lorenzkurven kommt die größere Ausgeglichenheit der Titelverteilung in nach K.-o.-System ausgetragenen Wettbewerben zum Ausdruck. Die Kurve für den Pokalwettbewerb verläuft dichter an der Gleichverteilung als die Kurve für die Meisterschaften.

---

[190] Zum Konzept von Gini-Koeffizient und Lorenzkurve mehr in Kapitel 5.1.

Abbildung 7: Lorenzkurve für Konzentration von Meisterschaften und Pokalsiegen im DFB seit 1963

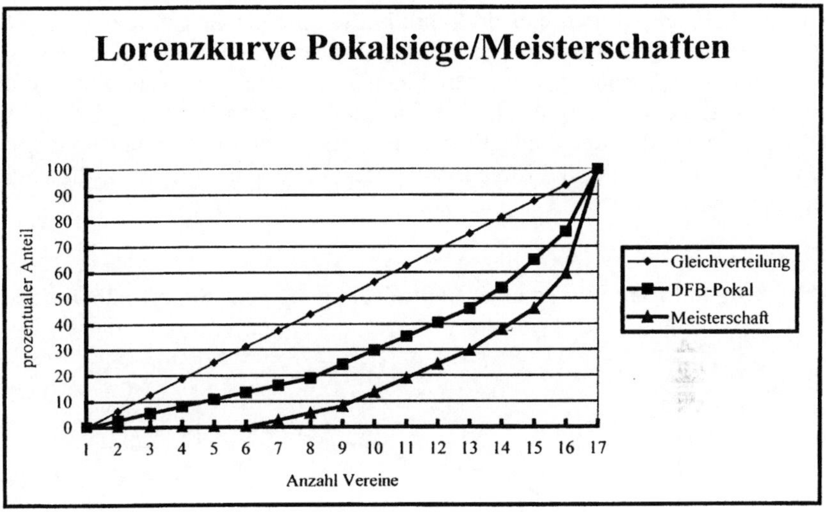

In diesem Sinne sind Meisterschaftsgewinne gleichmäßiger verteilt, wenn sie durch einen im K.-o.-System ausgetragenen Zusatzwettbewerb, z. B. *Playoffs*, vergeben werden, wie es in Nordamerika der Fall ist. In Europa werden die Meister dagegen in einem reinen Meisterschaftsmodus ausgetragen, was tendenziell zu einer stärkeren Konzentration von Meisterschaftsgewinnen auf weniger Klubs führt. Insofern führt ein „Superwettbewerb" in Form der *Playoffs* nach Saisonschluss zu einer größeren Ausgeglichenheit bezüglich der Verteilung der Meisterschaftsgewinne.

4.2.5.2.2. Auswirkung auf die Verteilung der Siege

Zusätzliche Wettbewerbe haben auf die ausgeglichene Verteilung der Siege bzw. Punkte auf die Mannschaften einer Liga eine negative Auswirkung. Während in einer Liga, deren Wettkämpfe nicht der Qualifikation für einen weiteren Wettbewerb dienen, die Gewinnanreize dafür sorgen, daß die Verteilung der Spielstärken sich selbst reguliert, ändert sich dieser Sachverhalt grundlegend, wenn die Mannschaften sich für weitere Wettbewerbe und damit für weitere Einnahmequellen qualifizieren können. Ohne Zusatzwettbewerbe dürften es die Vereine oder Klubs bevorzugen, zu gewinnen. Darüber hinaus dürften sie es bevorzugen, enge und damit spannende Spiele zu gewinnen, weil das mehr Zuschauer anzieht und somit die Gewinne der Klubs erhöht. Also werden die Klubs nur solange ihre Spielstärke durch den Erwerb weiterer Einheiten Spielstärke erhöhen, wie es ihren Gewinn erhöht. Sie würden keine weiteren Einheiten Spielstärke erwerben, wenn dadurch die Gewinne für den Klub sinken würden, was passieren würde, wenn die Mannschaften zu stark und dominierend würden. Folglich würden hier die Marktkräfte zu einer Selbstregulierung führen, indem sie einen Ausgleich der Spielstärken bewirken.[191] Durch die Berücksichtigung von Zusatzwettbewerben können sich die Gewinnanreize für die Vereine verlagern. Die Qualifikation für einen weiteren Wettbewerb kann für die Klubs eine derartige Bedeutung bekommen, dass die Gewinnanreize, die normalerweise für eine Selbstregulierung der Verteilung sorgen, in die entgegengesetzte Richtung wirken.

Abbildung 8: Ertragskurven unter Berücksichtigung von „Superwettbewerben"

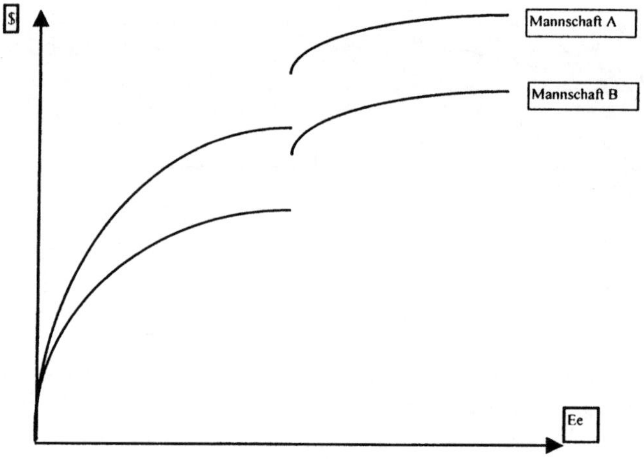

Im oben beschriebenen Grundmodell führt die Berücksichtigung von zusätzlichen Wettbewerben mit zusätzlichen Einnahmemöglichkeiten dazu, dass die Ertragskurven einen Sprung aufweisen. Zudem wird davon ausgegangen, dass die Ertragszuwächse bei den ersten Erfolgseinheiten nach dem Ertragssprung größer sind als bei den nachfolgenden Ertragseinheiten. Diese Annahme ist dann plausibel, wenn die ersten Erfolgseinheiten eine immer bessere Ausgangsposition für den qualifizierten Klub bedeuten. Die Ertragskurven weisen dann einen Verlauf auf, ähnlich wie er in Abbildung 8 dargestellt wird.

---

[191] Vgl. Rottenberg, S. (1956).

Durch den Sprung in den Ertragskurven weisen auch die Grenzertragskurven einen Sprung auf, so wie in Abbildung 9 dargestellt. Dieser Sprung bewirkt zweierlei bezüglich des Gleichgewichtes im Grundmodell. Zum einen ist das Gleichgewicht nicht mehr eindeutig bestimmbar, es wird multipel. Zum anderen deuten die möglichen Gleichgewichtspunkte auf eine Verschiebung der Spielstärkenallokation hin. Zwar ist es auch denkbar, dass sich das Gleichgewicht eher in Richtung einer ausgeglicheneren Verteilung der Spielstärken verschiebt (z. B. statt Punkt P Punkt A in Abbildung 9), doch deutet unter der Annahme, dass die Mannschaft mit dem größeren Ertragspotential eher den „Superwettbewerb" erreichen kann, alles darauf hin, dass sich das Gleichgewicht hin zu einer größeren Ungleichverteilung der Spielstärken verschiebt (Punkt S statt Punkt P in Abbildung 9). Zu einer größeren Ausgeglichenheit könnten die „Superwettbewerbe" dann führen, wenn sich nicht die Mannschaft mit dem größeren, sondern die Mannschaft mit dem geringern Ertragspotential für diesen Wettbewerb qualifiziert (Punkt A) und auf diese Weise den ursprünglich aus den unterschiedlichen Ertragskurven resultierenden Nachteil ausgleichen kann

Abbildung 9: Gleichgewichte unter Berücksichtigung von „Superwettbewerben"

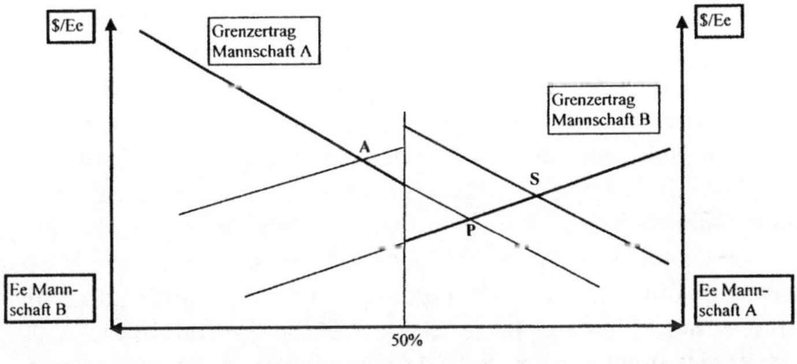

„Superwettbewerbe" können gemäß diesem Modell sowohl Ursache einer größeren Ungleichverteilung der Spielstärken als auch einer größeren Ausgeglichenheit unter den Mannschaften werden. Dabei sind die Auswirkungen der mit den „Superwettbewerben" verbundenen zusätzlichen Einnahmen komplizierter, wenn anders als im Modell die Liga nicht aus zwei sondern aus mehreren Mannschaften besteht. Dann wäre es möglich, dass eine Mannschaft durch die Qualifikation für einen „Superwettbewerb" auf der einen Seite zwar im Vergleich zu anderen Mannschaften, die bislang ein größeres Ertragspotential hatten, aufholt und die Spielstärken angleicht, auf der anderen Seite aber Spielstärkenvorteile gegenüber anderen Vereinen ausbauen kann.

Ein Beispiel für einen Verein, der eine Entwicklung gemäß diesem Modell durchgemacht hat, ist der BV Borussia Dortmund aus der 1. Bundesliga in Deutschland. Bis 1989 war der Verein einer unter vielen in der Bundesliga. Dann konnte die Borussia überraschend den DFB-Pokal gegen den SV Werder Bremen gewinnen. Der in den Folgejahren einsetzende Aufschwung beruhte auf drei Standbeinen: Der Verein verschaffte sich erstens durch gute Leistungen in den europäischen Wettbewerben regelmäßig zusätzliche Einnahmen. Zweitens war das Ausmaß dieser Einnahmen durch das Westfalen-Stadion sowie die steigenden Fernsehgelder beträchtlich. Und drittens wurde das Ertragspotential durch richtige Managemententscheidungen weitestgehend und gut ausgeschöpft. Höhepunkt dieser Entwicklung waren die Meisterschaftsgewinne in den Jahren 1995 und 1996 sowie der Gewinn der *Champions League* 1997. Dass Borussia Dortmund diese Position in den Folgejahren nicht verteidigen konnte, war, nachdem das Management zuvor zum Aufbau der starken Position beigetragen hatte, auf eine Reihe unglücklicher Managemententscheidungen, z. B. der Wahl eines falschen Trainers oder unvorteilhafter Investitionen in Spielstärke, zurückzuführen.

4.2.6. Einschränkungen zum Modell

Das oben beschriebene Modell versucht die Wirkungen von Ausgleichsinstrumenten in professionellen Sportligen mit den Mitteln der Mikroökonomie theoretisch zu erläutern. Dabei werden Annahmen getroffen, die die Realität nicht im vollen Maße abbilden können, sondern diese auf ein analysierbares Maß reduzieren. Die dem Modell zugrundegelegten Annahmen sind zum Teil recht stark. So würde eine Berücksichtigung von mehreren Mannschaften das Modell deutlich verkomplizieren, aber auch realitätsnäher machen. Andere Annahmen müssen der gleichen Kritik unterzogen werden, wie sie insgesamt für die mikroökonomische Theorie vorgebracht werden,[192] insbesondere die Verhaltensannahmen. Ist die Annahme der Gewinnmaximierung schon für „normale" Unternehmen nicht unproblematisch, so dürfte sie für Sportklubs beziehungsweise deren Eigentümer noch stärker sein, da hier nicht nur monetäre Ziele, sondern auch Faktoren wie Image, Ehrgeiz oder soziale Ziele eine Rolle spielen dürften. Gegebenenfalls könnte die Gewinnmaximierung sogar lediglich als ein Nebenziel bei Nutzenmaximierung betrachtet werden.[193] Es kann davon ausgegangen werden, dass die Sportunternehmen in Europa und Nordamerika unterschiedliche Schwerpunkte in ihren Zielsystemen setzen. Bei nutzenmaximierenden Klubs würde sich grundsätzlich das Problem der Unausgeglichenheit von Spielstärken verschärfen, da die Gewinnanreize, die zu einer Selbstregulierung der

---

[192] Vgl. Blümle, G. (1975), S. 120 ff.

[193] Zu den Zielen von Sportvereinen vgl. Sloane, P. J. (1971) und Heinemann, K. (1987), S. 239 ff. oder Cairns, J. e. a. (1986), S. 5 ff.

Liga führen, an Bedeutung verlören. Ob die Spieler reine Einkommensmaximierer sind, kann für viele Fälle als fraglich angesehen werden, da Spieler wohl auch Wert auf das Arbeits- und Mannschaftsklima, sportlichen Erfolg oder die Anzahl der Spieleinsätze legen. Daneben könnte die Existenz von Transaktionskosten dazu führen, dass Spielerwechsel nicht wie im oben geschilderten Modell stattfinden. Dann könnten die Ausgleichsinstrumente doch zu einer Angleichung von Spielstärken führen und eine allokative Wirkung haben, weil die Wanderung der Spieler gemäß ihrer Grenzerträge dadurch (zumindest z. T.) unterbunden würde. Zudem könnte die Annahme konstanter und für alle Vereine gleiche Kosten bezweifelt werden.[194]

[194] Vgl z. B. Vrooman, J. (1995), S. 976.

5. EMPIRISCHE ERGEBNISSE

5.1. Vorgehensweise

5.1.1. Einleitung

Vordergründig wird von den meisten Ligen die Schaffung einer ausreichenden Ausgeglichenheit der Ligen als Ziel der Einschränkung des Wettbewerbs auf dem Arbeits- und Produktmarkt angegeben. Die theoretische Analyse der verschiedenen Instrumente zeigt aber, dass dieses Ziel mit den vorhandenen Mitteln nicht unbedingt bzw. gar nicht erreicht werden kann. Jede Theorie muss sich aber an empirischen Ergebnissen messen lassen. Die Beantwortung dieser empirischen Frage ist wiederum nicht ohne weiteres möglich. Zunächst ist hier zu klären, worin sich überhaupt die Ausgeglichenheit einer Sportliga widerspiegelt. Denkbar wäre, dass die Ausgeglichenheit einer Liga an der Zahl der knapp oder nicht entschiedenen Spiele festgemacht wird, was Betonung auf die Ungewissheit des Spielausgangs legen würde. Bei dieser Vorgehensweise bliebe jedoch die Ausgeglichenheit der Liga über einen längeren Zeitraum unberücksichtigt. Daher wäre ein nächster Schritt, festzustellen wie ausgeglichen eine Liga über die gesamte Spielzeit ist, also eine Orientierung an der Ungewissheit über den Ausgang der Meisterschaften inklusive dem Abschneiden einzelner Mannschaften. Diese Vorgehensweise ist mit der Schwierigkeit verbunden, dass die Ausgeglichenheit einer Liga unterschiedlich definiert werden kann. So kann dies z. B. anhand der am Saisonende erzielten Punkte, aber auch anhand der Anzahl der Vereine, die über einen möglichst langen Zeitraum um die Meisterschaft mitspielen konnten, festgestellt werden. An der Dominanz einzelner Mannschaften wäre eine Vorgehensweise orientiert, die die Ausgeglichenheit über einen mehrere Spielzeiten umfassenden Zeitraum untersuchen wollte. Von Ausgeglichenheit könnte dann gesprochen werden, wenn sich die gewonnenen Meisterschaften auf eine möglichst große Zahl von Klubs verteilt.

In dieser Arbeit werden sowohl die Ungewissheit über den Ausgang einzelner Spiele als auch die Ungewissheit über den saisonalen Ausgang und die langfristige Dominanz von Mannschaften untersucht. Im Mittelpunkt soll jedoch die Ermittlung der Ausgeglichenheit verschiedener Ligen während einer Saison liegen. Der Vorteil der Konzentration auf die saisonale Ausgeglichenheit liegt darin, dass bei engen Wettbewerben in einer Saison gleichzeitig davon ausgegangen werden kann, dass die Spiele der Liga relativ ausgeglichen sind. Zudem sollten enge Meisterschaftsausgänge dazu führen, dass die Dominanz einzelner Mannschaften geringer ist, als wenn deutliche Meisterschaftsausgänge die Dominanz einer Mannschaft begründen.

Die statistische Analyse aller Ligen soll auf den Zeitraum, in dem die deutsche Fußball-Bundesliga existiert, also die Jahre 1963-2000, beschränkt werden, um die Aufmerksamkeit auf den Vergleich mit diesem Referenzpunkt zu lenken.

5.1.2. Ungewissheit über den Spielausgang

Die Ungewissheit über den Ausgang einzelner Spiele wird hier über einen einfachen Koeffizienten, der aus der Anzahl der deutlich entschiedenen Spiele und der Anzahl der unentschiedenen Spiele gebildet wird, ermittelt. Werden die unentschiedenen Spiele ins Verhältnis mit den deutlich entschiedenen Spielen gewichtet, ergibt sich ein Koeffizient, der um so kleiner ist, je mehr Spiele remis endeten, bzw. je weniger Ergebnisse deutlich ausgefallen sind. Ein relativ kleiner Koeffizient (er wird in dieser Arbeit „Remis-Koeffizient" genannt) soll in diesem Sinne als Hinweis für tendenziell ausgeglichene Spiele mit ungewissem Spielausgang in einer Liga gewertet werden, ein relativ großer Koeffizient deutet dagegen auf unausgeglichene und deutlich entschiedene Spiele hin.

Was ein „deutliches Ergebnis" ist, bleibt zunächst einmal unbestimmt und bedarf näherer Erläuterung bzw. der Festlegung einer Definition. Die hier benutzte Kennzahl für die Ungewissheit über den Spielausgang soll auf den europäischen Fußball beschränkt bleiben, weil die amerikanischen Sportligen ein Unentschieden wie im europäischen Fußball nicht zulassen. Außerdem würden sich weitere Schwierigkeiten bei der Festlegung eines „deutlichen Ergebnisses" ergeben. Vereinfachend soll daher für den europäischen Fußball dann von einem deutlichen Ergebnis ausgegangen werden, wenn die beiden beteiligten Mannschaften ein Ergebnis erzielt haben, bei dem eine Mannschaft drei Tore mehr erzielt hat als die andere. Ein 3:0 wäre nach dieser Festlegung ein deutliches Ergebnis, ein 5:3 nicht. Höhere Siege gelten selbstverständlich dann genauso als deutliches Ergebnis. Diese Festlegung ist mehr oder weniger willkürlich, soll jedoch als einfacher Indikator für die Überlegenheit einer Mannschaft dienen. Natürlich kann es dabei auch zu Fehleinschätzungen kommen. Z. B. wäre es denkbar, dass bei einem hart umkämpften und ausgeglichen geführten Spiel eine Mannschaft zum Ende „einbricht" und so doch noch ein deutlicher Sieg für die andere Mannschaft resultiert. Andererseits könnte eine deutlich überlegene Mannschaft nach einer frühen Führung mit zwei oder drei Toren ihre Anstrengungen für den Rest des Spiels einschränken, so dass es trotz deutlicher Überlegenheit zu einem relativ knappen Ergebnis kommt. Trotzdem erscheint ein Sieg mit drei oder mehr Toren Unterschied eine ausreichend große Ungleichheit der beiden Mannschaft zu indizieren, so dass in Verbindung mit der Zahl der Unentschieden eine aussagekräftige Kennzahl bezüglich des ungewissen Ausgangs einzelner Spiele gegeben ist. Bei der Interpretation dieser Kennzahl ist darüber hinaus zu beachten, dass sie ein Maß für die Spannung und damit die Attraktivität von Spielen darstellen soll. Im Gegensatz und scheinbaren Widerspruch dazu werden unentschiedene Spiele aber häufig als uninteressant und wenig attraktiv eingeschätzt, weshalb z. B. auch seit der Saison 1995/96 in allen der UEFA angeschlossenen Verbänden die sogenannte Drei-Punkte-Regelung gilt, nach der der Sieger eines Spieles drei Punkte erhält, während bei einem Unentschieden nur zwei Punkte auf die beteiligten Mannschaften verteilt werden, wodurch der Anreiz, einen unentschiedenen Spielstand zu verteidigen, verringert werden soll.

5.1.3. Ungewissheit über den Ausgang der Meisterschaft und über das Abschneiden einzelner Mannschaften in einer Saison

Die Ungewissheit über den Ausgang der Meisterschaft und über das Abschneiden einzelner Mannschaften ist schwieriger zu ermitteln als die Ungewissheit einzelner Spiele. Eine einfache Kennzahl, die auf der erreichten Punktzahl einer Saison aufbaut, wäre die Spannweite, also die Differenz zwischen den Punkten des Meisters und des Tabellenletzten. Dieses Streuungsmaß bietet den Vorteil, sehr anschaulich und einfach in der Berechnung zu sein, es ist jedoch bezüglich der Beurteilung der Ausgeglichenheit von Sportligen nicht besonders aussagekräftig. Zum einen berücksichtigt die Spannweite nur zwei Merkmalsträger, zum anderen nimmt sie größere Werte an, je mehr Spiele in einer Liga ausgetragen bzw. je mehr Punkte verteilt werden. Aus diesem Grunde eignet sich die Spannweite nicht, um einen Vergleich über verschiedene Ligen und einen Zeitraum hinweg anzustellen und wird nicht weiter verfolgt.

Die Ungewissheit über den Ausgang der Meisterschaft und über das Abschneiden einzelner Mannschaften lässt sich anhand der erreichten Punkte in einer Spielzeit auch mit anderen statistischen Maßen näherungsweise ermitteln. Dabei wird davon ausgegangen, dass eine Liga dann absolut ausgeglichen ist, wenn alle Mannschaften am Ende einer Spielzeit die gleiche Punktzahl erreicht haben. Unter dieser Annahme kann die Ausgeglichenheit in einer Liga während einer Saison durch die Standardabweichung, den Variationskoeffizienten oder den Gini-Koeffizienten ermittelt werden.

Das Streuungsmaß Standardabweichung ist definiert als die Quadratwurzel aus der Varianz, die sich wiederum aus der Summe der quadratischen Abweichungen vom arithmetischen Mittel dividiert durch die Anzahl der Messwerte ergibt. Sie bietet gegenüber der Spannweite den Vorteil, alle Merkmalswerte bei der Berechnung zu berücksichtigen. Je größer die Standardabweichung ist, desto ungleichmäßiger wären die Punkte in einer Liga verteilt. Nachteil der Standardabweichung ist, dass sie für die Vergleichbarkeit von Ligen mit unterschiedlichen Mittelwerten ungeeignet ist, da sie mit dem arithmetischen Mittel größer wird, so dass sie in dieser Arbeit als Maß für die Ausgeglichenheit von Ligen keine weitere Verwendung findet.

Der Variationskoeffizient ist ein Streuungsmaß, das im Gegensatz zur Standardabweichung den Vorteil bietet, unabhängig von proportionalen Änderungen der Merkmalswerte zu sein. Er ist der Quotient aus Standardabweichung und arithmetischem Mittel und ist zur Messung der Ausgeglichenheit von Ligen geeignet, da mit ihm die Streuung der Verteilungen mit unterschiedlichem arithmetischem Mittel verglichen werden kann. Die Mittelwerte der erzielten Punktzahlen unterscheiden sich sowohl zwischen den einzelnen Ligen als auch im Zeitablauf einzelner Ligen.[195]

Das andere Maß zur Ermittlung der Ausgeglichenheit einer Liga in einer Saison ist der sogenannte Gini-Koeffizient. Der Gini-Koeffizient ist ein relatives Konzentrationsmaß, das ursprünglich von CORRADO GINI zur Messung der Einkommensverteilungen entwickelt wurde. Er gibt das Verhältnis der kumulierten Unterschiede zur Gleichverteilung zu den kumulierten Gleichverteilungsanteilen an. Bei völliger Gleichverteilung nimmt der Gini-Koeffizient einen Wert von Null an, während er bei völliger Ungleichverteilung eins beträgt und vollkommene Konzentration anzeigt. Er bietet wiederum den Vorteil, gegenüber proportionalen Änderungen der Merkmalswerte unempfindlich zu sein, weil es die relativen Anteile an der Gesamtheit der verteilten Punkte berücksichtigt.

Bei der Interpretation sowohl des Gini- als auch des Variationskoeffizienten muss berücksichtigt werden, dass beide Werte für die Verteilung der Punkte innerhalb einer Liga nie den Wert eins annehmen können, der normalerweise auf völlige Ungleichverteilung hinweist. Die größte Unausgeglichenheit einer Liga würde dann vorliegen, wenn der Meister alle Spiele einer Saison gewinnt. Alle anderen Mannschaften gewinnen alle Spiele gegen Mannschaften, die in der Tabelle hinter ihnen liegen und verlieren gegen die vor ihnen positionierten Mannschaften. Der Tabellenzweite würde dann alle Spiele gewinnen außer die gegen den Meister, der Tabellenletzte hätte am Ende der Saison keine Spiele gewonnen, Unentschieden gibt es nicht unter der theoretischen Annahme der totalen Ungleichverteilung der Punkte. Der Gini-Koeffizient würde bei dieser Konstellation den Wert 0,33 annehmen. Auf einer Normierung des Koeffizienten soll hier verzichtet werden, weil der Koeffizient hier nur als Vergleichsmaßstab und nicht als absolute Zahl Aussagekraft besitzt. Ein weiterer Punkt, der bei der Interpretation der Maße auf Basis der erzielten Punkte berücksichtigt werden muss, ist, dass in den nordamerikanischen Ligen nicht eine möglichst große Punktzahl das Ziel der Klubs ist, sondern das Erreichen und zudem der

---

195 In Nordamerika werden im Grunde keine Punkte verteilt, sondern Siegprozente ermittelt.

Gewinn der *Playoffs*. Zwar erhält auch die Mannschaft mit den meisten Punkten während der „regulären Saison" (*regular season*) eine Auszeichnung, z. B. in der NHL der *President's Cup*, eigentliches Meisterschaftsziel ist aber der Gewinn der *NBA Finals*, der *Super Bowl* (NFL), des *Stanley Cups* (NHL) oder der *World Series* (MLB). Und nicht immer gewinnt die Mannschaft mit den meisten Punkten während der regulären Saison die Meisterschaft unbedingt diesen Titel; so hat in der NBA seit 1964 nur in etwa 51 % der Spielzeiten die Mannschaft mit der besten regulären Saison die Meisterschaft gewonnen. In der NHL liegt die Quote bei etwa 41 % und in der MLB trotz der vergleichsweise kurzen *Playoffs* mit relativ wenigen Mannschaften nur bei 31 %!

Eine weitere Möglichkeit, die Ungewissheit über den Ausgang der Meisterschaft zu messen, wäre es daher, die Zahl der Vereine, auf die sich die gewonnenen Meisterschaften verteilen, über verschiedene Ligen hinweg zu vergleichen. Will man nicht nur berücksichtigen, wie viele Mannschaften die Meisterschaft bisher gewonnen haben, sondern auch, ob eine dieser Mannschaften vergleichsweise häufig Titelträger wurde, dann ist erneut der Gini-Koeffizient ein geeignetes Maß. Die graphische Darstellung des Gini-Koeffizienten erfolgt durch die Lorenz-Kurve. Dabei ist an der Abzisse der prozentuale Anteil der Mannschaften abzulesen, der Ordinatenwert gibt den Anteil an Meisterschaften wieder, der von einem bestimmten Prozentwert von Mannschaften gewonnen werden konnte. So könnte man z. B. an einem bestimmten Verlauf der Lorenz-Kurve ablesen, daß 20% der Vereine bisher 10% der Meistertitel erringen konnten, während 50% der Vereine 60% der Meisterschaften auf sich vereinigen konnten. Bei völliger Gleichverteilung entspricht die Lorenz-Kurve der Diagonalen. Hat bisher nur ein Verein alle Meisterschaft gewonnen, liegt völlige Ungleichverteilung vor, und die Lorenz-Kurve besteht aus der Abzisse und der Senkrechten dazu am Skalenende. Die Lorenz-Kurve deutet folglich eine größere Konzentration und unausgeglichenere Verteilung an, je weiter sie außen von der Diagonalen weg verläuft.[196] Bei der Darstellung der Verteilung der Meisterschaftssiege durch Gini-Koeffizient und Lorenz-Kurve ist zu beachten, dass in den verschiedenen Ligen jeweils sowohl eine unterschiedliche Zahl von Mannschaften an der Meisterschaft teilgenommen als auch eine unterschiedliche Zahl von Mannschaften die Meisterschaft gewonnen hat. Gerade diese beiden Zahlen können jedoch auch schon als erster Hinweis auf Verteilung und Ausgeglichenheit in einer Liga gewertet werden.

Neben diesen Koeffizienten lässt sich die Ungewissheit des Abschneidens einzelner Mannschaften durch einen weiteres statistisches Maß, nämlich den

---

[196] Vgl. auch Blümle, G. (1975), S. 30 f. zur Lorenzkurve und S. 42 ff. zum Gini-Koeffizienten.

Rangkorrelationskoeffizienten, abbilden.[197] Dabei werden die Abschlusstabellenplätze der Klubs aus einer Spielzeit mit den Abschlusstabellenplätzen aus der Vorsaison verglichen. Ein Koeffizient von +1,0 würde dabei eine perfekte Korrelation bedeuten, der Platz in der Vorsaison aller Mannschaften entspräche dem in der betrachteten Saison. Niedrige oder sogar negative Rangkorrelationskoeffizienten deuten dagegen darauf hin, dass kaum ein bzw. ein umgekehrter Zusammenhang zwischen den erreichten Tabellenplätzen der Klubs besteht. Bei einem relativ niedrigen Rangkorrelationskoeffizienten wäre also kein bzw. nur ein niedrigerer Zusammenhang zwischen dem Abschneiden einer Mannschaft in zwei verschiedenen Spielzeiten gegeben. Und wenn kein Zusammenhang zwischen zwei Platzierungen in aufeinanderfolgenden Jahren besteht, dann kann eine gewisses Ausmaß von Ungewissheit des sportlichen Ausgangs angenommen werden.

Bei der Berechnung der Rangkorrelationskoeffizienten[198] tritt hier das Problem auf, dass durch Ab- und Aufstieg bzw. die Vergabe neuer Franchiseplätze Klubs neu in einer Liga auftreten oder nicht mehr mitspielen. Hier wurde mit diesen Klubs so verfahren, dass ihnen ein Rang zugeordnet wurde, der über dem schlechtesten an der jeweiligen Saison teilnehmenden Klub liegt. Bei den europäischen Ligen mit Relegationssystem wurde den Klubs der Rang des schlechtesten Vereins plus der Anzahl der Relegationsplätze, in Nordamerika die Anzahl der Franchiseplätze plus eins zugewiesen. Die erreichten Ränge in den nordamerikanischen Ligen wurden anhand der Punktezahlen am Ende der Saison ermittelt, so als ob die Mannschaften aus den verschiedenen Divisionen und Konferenzen in einer Liga gespielt hätten.

5.1.4. Langfristige Dominanz von Mannschaften

Soll die langfristige Dominanz von Mannschaften in einem statistischem Maß ausgedrückt werden, so kann dies durch den Rückgriff auf den Gini-Koeffizienten und die dazugehörige Lorenzkurve, wie sie im vorigen Kapitel für die Anzahl der Meisterschaftstitel beschrieben wurde, geschehen. Der so verstandene Gini-Koeffizient kann dann nicht nur als Ausdruck der Ungewissheit über den Ausgang der Meisterschaft, sondern auch als Kennzahl für die Dominanz einzelner Mannschaften über mehrere Jahre hinweg gewertet werden. Die Lorenzkurve veranschaulicht die Konzentration von Meisterschaften anschaulich.

---

[197] Diese Vorgehensweise geht auf Daly, G/ Moore, W. J. (1981) bzw. auf Klodt, H. (1998) zurück.

[198] Zur Berechnung des Rangkorrelationskoeffizienten vgl. Böcker, F. (1978), S. 380.

5.2. ERGEBNISSE

5.2.1. Ungewissheit über den Spielausgang: „Remis-Koeffizienten"

Die Ungewissheit über den Ausgang einzelner Spiele wird - wie oben bereits beschrieben - über einen Quotienten aus „deutlich entschiedenen" und unentschiedenen Spielen verglichen.[199]

5.2.1.1. Die Entwicklung in der deutschen Bundesliga

Die Bundesliga[200] weist mit einem Durchschnitt von 0,85 für den betrachteten Zeitraum im Vergleich zu den anderen europäischen Fußballligen den höchsten Wert für den „Remis-Koeffizienten"[201] auf. Tendenziell konnte die Bundesliga in den 1990er Jahren zu einer anhand dieses Kriteriums gemessenen größeren Ausgeglichenheit kommen.

Das tendenzielle Absinken des „Remis-Koeffizienten" kann jedoch auch auf andere Faktoren als ausgeglichenere Spielstärken zurückgeführt werden. So könnte eine Ursache darin gesehen werden, dass sich die taktischen Systeme im Fußball weiterentwickelt haben. Dies könnte dazu geführt haben, dass die Abwehrsysteme eine größere Anzahl von Gegentoren verhindern können. Zudem führt die Professionalisierung der Spieler dazu, dass die konditionelle Verfassung die Verhinderung von Gegentoren über das gesamte Spiel hinweg erleichtert. Daraus könnten engere Spielausgänge resultieren.

5.2.1.2. Bundesliga vs. englische *Premier League*

Im Vergleich zum englischen Fußball war der „Remis-Koeffizient" in den ersten Jahren der Bundesliga auf einem ähnlichen Niveau. In den Folgejahren wies die höchste englische Liga jedoch niedrigere Werte bezüglich dieses Koeffizienten auf, so dass der durchschnittliche Koeffizient für England mit 0,55 unter dem für die deutsche Bundesliga liegt. Außerdem fällt in der grafischen Darstellung auf, dass die Werte in der Bundesliga einer größeren Schwankung als in der *Premier League* unterliegen. Zum Ende des betrachteten Zeitraumes hin näherten sich die Koeffizienten für die beiden Ligen wieder an, was insbesondere auf das Absinken der „Remis-Koeffizienten" in der Bundesliga zurückzuführen ist.

---

[199] Diese Untersuchung bleibt wegen der Vergleichbarkeit auf europäische Ligen und wegen fehlender weiterer Daten auf die Spielzeiten von 1963/64 bis 1996/97 beschränkt.

[200] Numerisch sind die „Remis-Koeffizienten" im Anhang dieser Arbeit dargestellt.

[201] Datengrundlage für die „Remis-Koeffizienten": kicker Sportmagazin spezial und Nuttelann, U. (Hrsg.) (1997).

Abbildung 10: „Remis-Koeffizienten" in Bundesliga und *Premier League* grafisch

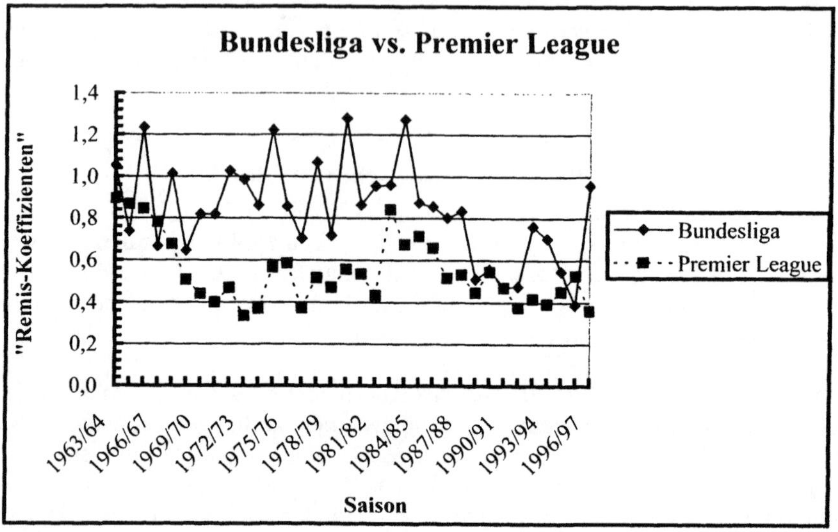

Ansonsten kann die Entwicklung ähnlich wie in der Bundesliga auf die Weiterentwicklung der Spielsysteme und die zunehmende Professionalisierung zurückgeführt werden.

5.2.1.3. Deutsche Bundesliga vs. italienische *Serie A*

Im Vergleich zur italienischen *Serie A* mit einem durchschnittlichen „Remis-Koeffizienten" von 0,30 weist die deutsche Bundesliga einen deutlich höheren „Remis-Koeffizienten" auf, hat also auf Grundlage dieses Koeffizienten deutlich weniger ausgeglichene und deutlich mehr unausgeglichene Spiele pro Saison. Lediglich in den Spielzeiten 1994/95 und 1995/96 konnte die Bundesliga geringere „Remis-Koeffizienten" aufweisen als die *Serie A*. Insgesamt ergibt sich der Eindruck, dass die Bundesliga seit dem Ende der 1980er Jahre sich in diesem Koeffizienten der *Serie A* annähern konnte und somit auf Grundlage dieser Kennzahl vergleichsweise ausgeglichener werden konnte. Diese Annäherung basierte auf einem niedriger werdenden Niveau des „Remis-Koeffizienten" in der Bundesliga, während gleichzeitig diese Kenzahl für die *Serie A* auf immer noch relativ niedrigem Niveau auf Werte um 0,50 anstieg. Wie schon im Vergleich zur Premier League weist die Bundesliga auch im Vergleich zur Serie A eine größere Streuung der Werte für den „Remis-Koeffizienten" auf.

In den niedrigen Werten für die italienische *Serie A* kommt aber nicht nur eine Ausgeglichenheit der einzelnen Spiele zum Ausdruck, ferner muss berücksichtigt werden, dass der italienische Fußball wie der aller anderen Länder einige „fußball- und spielkulturelle" Besonderheiten aufweist. So kann davon ausgegangen werden, dass die italienische Spielweise des *Catenaccio*, der extrem auf Torsicherung angelegte Sicherheitsfußball, tendenziell zu einer größeren Zahl von unentschiedenen Spielen führt. Zudem kommt es bei einer defensiven und risikoaversen Taktik wie dem *Catenaccio* zu weniger deutlichen Siegen, weil eine Mannschaft, hat sie erst einmal eine Führung herausgeschossen, auf die Verteidigung und nicht den Ausbau dieser Führung Wert legt. So ist es auch nicht erstaunlich, dass der „Remis-Koeffizient" in den 1990er Jahren, in denen der italienische Fußball verstärkt auf offensiven Fußball setzt, für die italienische Serie A ansteigt und erstmals Werte von 0,58 und 0,67 erreicht. Genauso wenig kann überraschen, dass der Koeffizient in den 1970er Jahren, als in Italien der *Catenaccio* seine stärkste Ausprägung erfuhr, mit Werten um 0,20 extrem niedrig war.

Abbildung 11: „Remis-Koeffizienten" in Bundesliga und *Serie A* grafisch

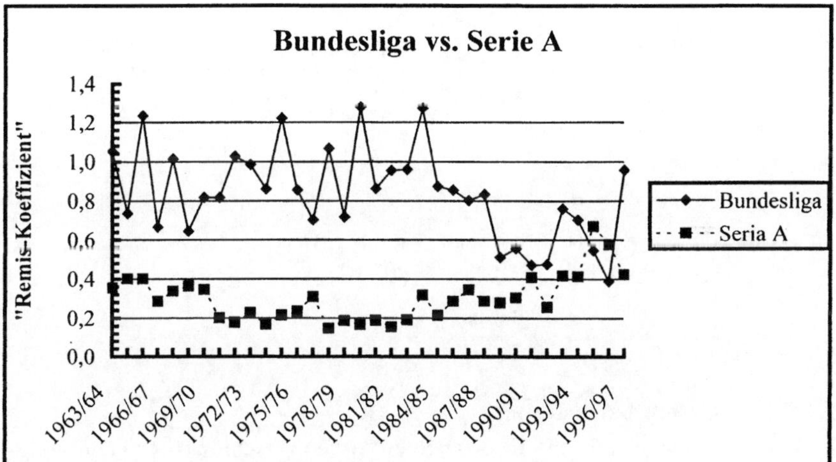

5.2.1.4. Deutsche Bundesliga vs. spanische *Primera Division*

Der „Remis-Koeffizient" in Spanien lag zu Beginn des betrachteten Zeitraumes auf einem ähnlich hohen Niveau wie in Deutschland oder England. In den Folgejahren wies jedoch auch die *Primera Division* niedrigere Werte auf als die Bundesliga. Lediglich um 1980 erreichten die spanischen Werte in einzelnen Spielzeiten die Höhe der deutschen Werte, bis die Bundesliga zum Ende des betrachteten Zeitraumes ähnliche Koeffizienten wie die Primera Division aufweisen konnte. Der durchschnittliche „Remis-Koeffizient" ist mit 0,63 der nach der Bundesliga höchste Wert.

Abbildung 12: „Remis-Koeffizienten" Bundesliga und *Primera Division* grafisch

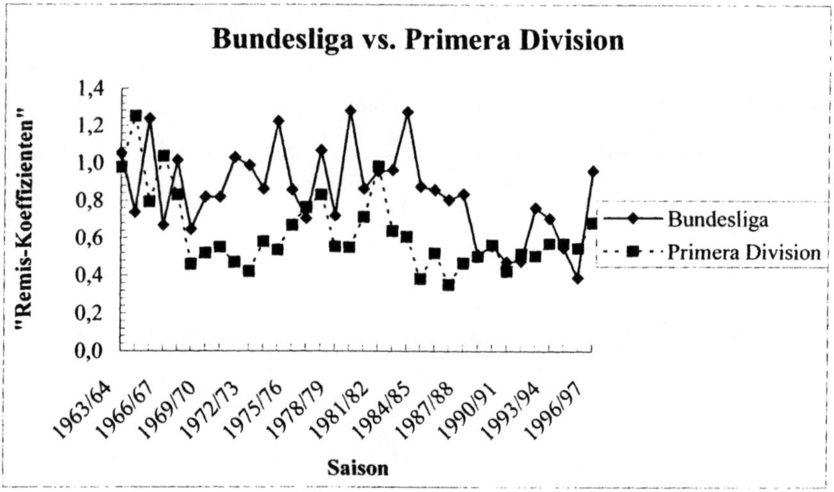

5.2.1.5. Gesamtbetrachtung

Die Aussagekraft des „Remis-Koeffizienten" ist eingeschränkt, er kann lediglich als ein relativ schwacher Hinweis auf die Ausgeglichenheit einzelner Spiele gewertet werden. Bei der Interpretation der Werte müssen jedoch eine Reihe weiterer Aspekte bedacht werden. So können gerade bei diesem Koeffizienten zufällige Einflüsse oder Änderung in Einstellung und Taktik Änderungen in die eine oder andere Richtung bewirken.

Dennoch bleibt festzuhalten, dass anhand dieses Koeffizienten gemessen die Bundesliga die unausgeglichenste und die italienische *Serie A* die ausgeglichenste Liga ist. Zudem fällt auf, dass alle Ligen zu Beginn der 1980er Jahre Spitzen aufweisen und es in den 1990er Jahren zu einer Angleichung der Werte für den „Remis-Koeffizienten" zwischen den vier betrachteten Ligen gekommen ist. Ursächlich hierfür könnte sein, dass sich die Spielweisen in den Ländern - nach dem sogenannten *Bosman*-Urteil arbeiten immer mehr Spieler aus anderen Nationen in den jeweiligen Ligen - nicht mehr wesentlich unterscheiden. Zudem könnte die Einführung der Drei-Punkte-Regelung dafür gesorgt haben, dass sich die Spielweisen in den verschiedenen Ligen angeglichen haben.

5.2.2. Ungewissheit über den Ausgang der Meisterschaft und das Abschneiden einzelner Mannschaften

Die Ausgeglichenheit einer Liga bezüglich der Ungewissheit über den Ausgang der Meisterschaft bzw. des Abschneidens einzelner Mannschaften soll hier anhand des Variations-, Gini- und Rangkorrelationskoeffizienten ermittelt werden.

5.2.2.1. Variations- und Gini-Koeffizienten

Da bei der Ermittlung von Variations- und Gini-Koeffizienten keine wesentlich abweichenden Ergebnisse auftreten, können beide Koeffizienten gemeinsam betrachtet werden.[202]

5.2.2.1.1. Variations- und Gini-Koeffizienten für die 1. Bundesliga

Für die Spielzeiten seit ihrer Gründung im Jahr 1963 weist die 1. Bundesliga einen durchschnittlichen Variationskoeffizienten von 0,230 und eine durchschnittlichen Gini-Koeffizienten von 0,121 auf.[203] Die in diesem Sinne unausgeglichenste Bundesligasaison war die Saison 1965/66 (Variationskoeffizient: 0,305; Gini-Koeffizient: 0,161), was insbesondere darauf zurückzuführen ist, dass mit Tasmania Berlin das einzige Mal ein Klub ohne sportliche Qualifikation in dieser Saison in der Bundesliga mitspielen durfte und deutlich abgeschlagen den letzten Platz belegte. Ansonsten aber waren die ersten sieben Jahre der Bundesliga anhand der hier betrachteten Kriterien die ausgeglichensten mit einem durchschnittlichen Variationskoeffizienten von 0,203 und einem durch-

---

[202] Auch die numerische Darstellung von Variations- und Gini-Koeffizienten erfolgt im Anhang dieser Arbeit.

[203] Datengrundlage zur Ermittlung von Variations-, Gini- und Rangkorrelationskoeffizienten für die europäischen Fußballligen: Nuttelmann, U. (1997), kicker sportmagazin spezial sowie kicker Sportmagazin: Sonderheft Bundesliga 1999/2000.

schnittlichen Gini-Koeffizienten von 0,106. In diese Zeit fallen die drei Spielzeiten mit den niedrigsten Werten für die Koeffizienten: 1964/65 (Variationskoeffizient: 0,177; Gini-Koeffizient: 0,094), 1966/67 (Variationskoeffizient: 0,146; Gini-Koeffizient: 0,078) und 1968/69 (Variationskoeffizient: 0,119; Gini-Koeffizient: 0,060). In all diesen Spielzeiten erreichte der Deutsche Meister nicht einmal doppelt so viel Punkte wie der jeweilige Tabellenletzte, wobei in der Saison 1968/69 eine Schwäche dieser Koeffizienten zum Ausdruck kommt: Dadurch, dass die Betrachtung über die gesamte Liga erfolgt, bleibt der Kampf um einzelne Plätze unbeachtet. So hatte der Meister dieser Saison acht Punkte mehr als der Tabellenzweite erreicht und somit einen ungewöhnlich deutlichen Meisterschaftssieg errungen. Dennoch weisen Variations- und Gini-Koeffizient die niedrigsten Werte auf. Der umgekehrte Fall lag in der Saison 1982/83 vor, als sich der Hamburger SV am letzten Spieltag nur aufgrund des besseren Torverhältnisses gegen den SV Werder Bremen die Meisterschaft sichern konnte. Trotzdem weisen sowohl Variations- (0,297) als Gini-Koeffizient (0,157) sehr hohe Werte auf.[204]

Abbildung 13: Variationskoeffizienten in Bundesliga und *Premier League* grafisch

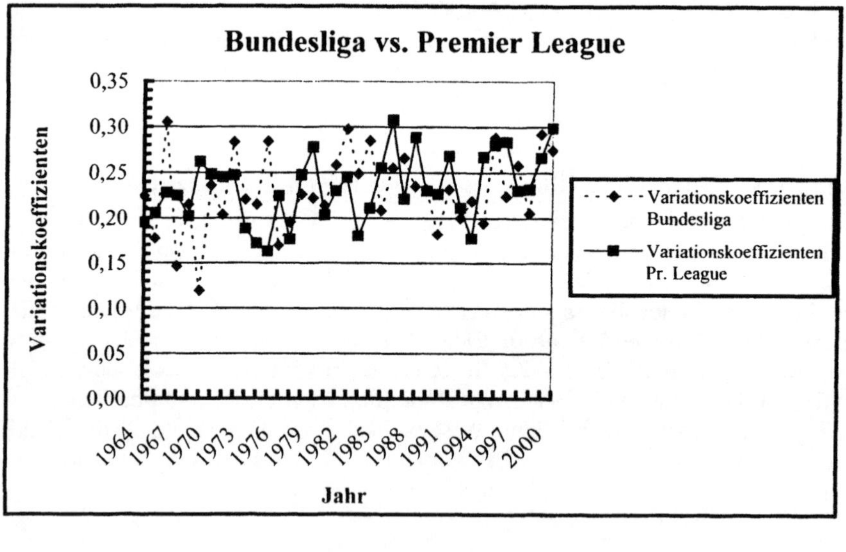

[204] Einen ähnlichen Fall gab es in der Saison 1994/95, als wiederum der SV Werder Bremen dieses Mal dem BV Borussia Dortmund am letzten Spieltag den Vortritt lassen musste und die Koeffizienten ähnlich hohe Werte aufwiesen.

Die durchschnittlichen Variations- und Gini-Koeffizienten in den nachfolgenden Dekaden steigen gegenüber den Werten für die ersten Jahre der Bundesliga an. In den 1970er Jahren ergibt sich ein durchschnittlicher Variationskoeffizient von 0,223 und ein durchschnittlicher Gini-Koeffizient von 0,117. Die durchschnittlichen Koeffizienten für die 1980er Jahre weisen mit 0,247 (Variationskoeffizient) und 0,130 (Gini-Koeffizient) die höchsten Werte auf, für die 1990er Jahre liegen sie mit 0,239 für den Variationskoeffizienten und 0,125 für den Gini-Koeffizienten leicht darunter. Insgesamt ist also eine leicht steigende Tendenz für beide Koeffizienten seit Beginn der Bundesliga festzustellen.

5.2.2.1.2. Bundesliga vs. englische *Premier League*

Die durchschnittlichen Variations- bzw. Gini-Koeffizienten der englischen Liga sind im Vergleich zur Bundesliga nicht wesentlich unterschiedlich. Dem durchschnittlichen Variationskoeffizienten der Bundesliga mit 0,230 steht ein durchschnittlicher Koeffizient von 0,233 für den englischen Fußball, dem durchschnittlichen Gini-Koeffizienten von 0,121 einer von 0,124 gegenüber. In der Entwicklung der Koeffizienten seit 1963 lässt sich feststellen, dass die Bundesliga in ihrer Anfangszeit etwas ausgeglichener war als die englische Liga, die für die Spielzeiten 1963/64 bis 1969/70 durchschnittliche Werte von 0,224 für den Variationskoeffizienten und 0,119 für den Gini-Koeffizienten aufweist. In den 1970er und 1980er Jahren unterscheiden sich die Koeffizienten im wesentlichen nur in Einzeljahren. Die Spielzeiten 1973/74 und 1974/75 sind gemessen am Variations- (0,172 und 0,163) bzw. am Gini-Koeffizienten (0,087 und 0,089) die ausgeglichensten Jahre in England für den Betrachtungszeitraum gewesen, wodurch die 1970er Jahre mit durchschnittlichen Werten von 0,215 (Variationskoeffizient) und 0,114 (Gini-Koeffizient) die Jahre mit der größten Ausgeglichenheit waren. Dagegen finden sich in den 1980er Jahren mit den Spielzeiten 1985/86 und 1987/88 zwei auffallende Spitzen, an die erst die Werte aus der letzten Dekade des betrachteten Zeitraumes wieder heranreichen. Im Vergleich zur Bundesliga ist der Trend zu einer größeren Unausgeglichenheit der Liga seit Gründung der *Premier League* stärker zu erkennen. Die durchschnittlichen Werte für die Spielzeiten in den 1990er Jahren betragen 0,252 für den Variationskoeffizienten und 0,135 für den Gini-Koeffizienten, welches die höchsten Werte für die englische Liga sind. Damit liegen die Werte wieder über denen für die 1. Bundesliga, die in den 1970er und 1980er Jahren leicht höhere Werte als die englische Liga aufwies.

Abbildung 14: Gini-Koeffizienten in Bundesliga und *Premier League* grafisch

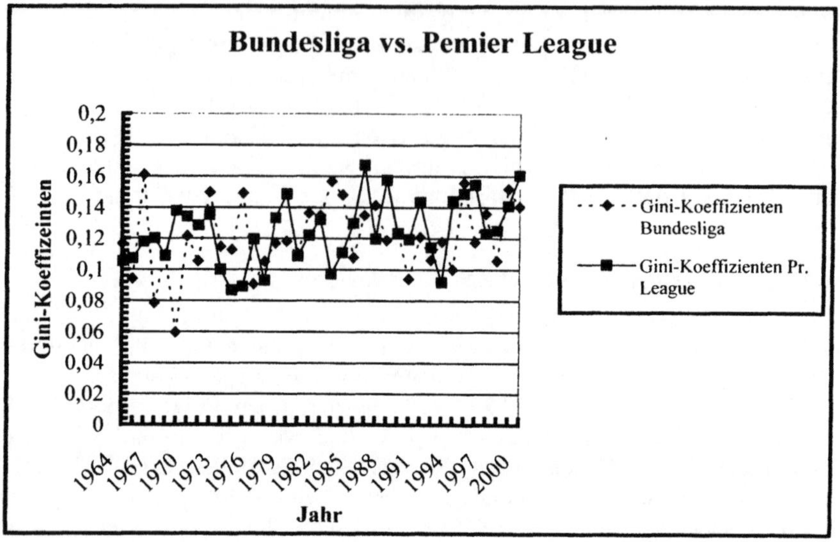

5.2.2.1.3. Bundesliga vs. italienische *Serie A*

Die *Serie A* in Italien weist im Vergleich zu den anderen untersuchten europäischen Fußballligen die höchsten Werte auf, wenn sie auch nicht wesentlich höher liegen als in diesen. Der durchschnittliche Variationskoeffizient liegt bei 0,261 (0,230 für die Bundesliga), der durchschnittliche Gini-Koeffizient bei 0,134 (Bundesliga: 0,121). Dabei weisen die Werte für die beiden Koeffizienten eine im Verhältnis zu den anderen europäischen Fußballligen relative Konstanz auf. Die Werte bewegen sich in einem vergleichsweise engen Korridor um den Wert 0,25 für den Variationskoeffizienten und 0,13 für den Gini-Koeffizienten, den die Werte erst in der letzten betrachteten Dekade verlassen, als sie auf eine zunehmende Unausgeglichenheit in der italienischen Liga hinweisen. In den ersten sieben untersuchten Spielzeiten ist der durchschnittliche Variationskoeffizient 0,258 und der durchschnittliche Gini-Koeffizient 0,130. Die durchschnittlichen Werte für die 1970er und 1980er Jahre liegen im selben Bereich, erst in den 1990er Jahren steigen dann auch die durchschnittlichen Werte an (Variationskoeffizient 0,283 und Gini-Koeffizient 0,149), so dass die italienische *Serie A* in dieser Dekade die so gesehen deutlich unausgeglichenste unter den vier betrachteten Fußballligen ist, nachdem sie durch den „Remis-

Koeffizienten“ noch als ausgeglichener als die anderen Ligen ausgewiesen wurde.

Abbildung 15: Variationskoeffizienten in Bundesliga und *Serie A* grafisch

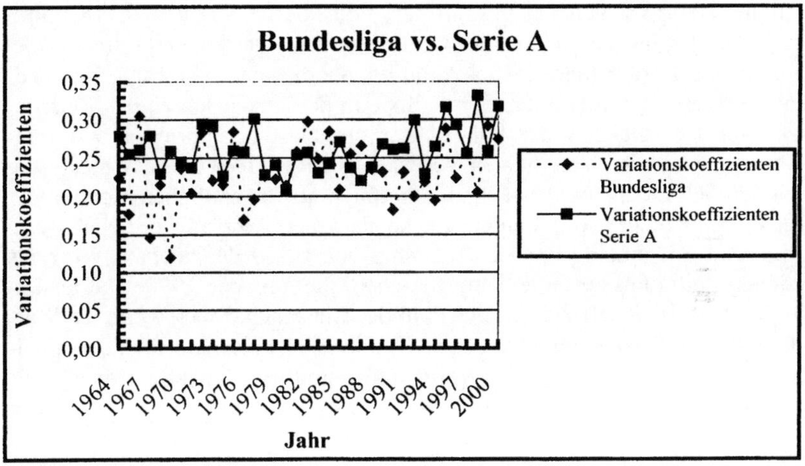

Abbildung16 : Gini-Koeffizienten in Bundesliga und *Serie A* grafisch

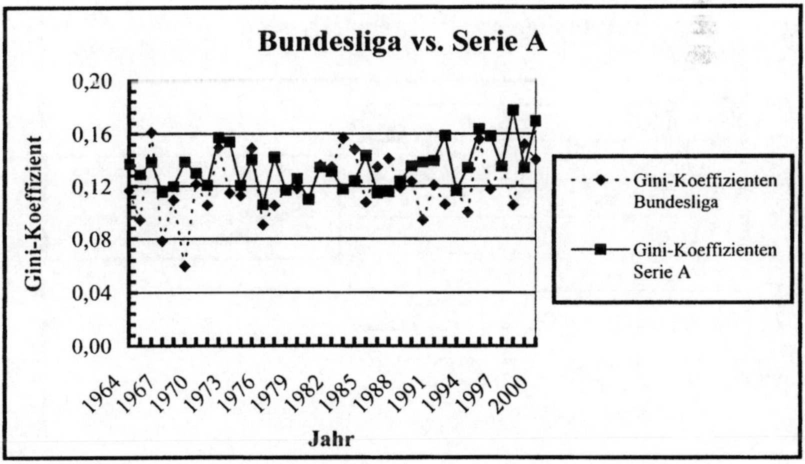

5.2.2.1.4. Bundesliga vs. spanische *Primera Division*

Obwohl die spanische *Primera Division* im Ruf steht, wegen der Dominanz der beiden großen Klubs FC Barcelona und Real Madrid ausgesprochen unausgeglichen zu sein, weist sie anhand des Variations- bzw. Gini-Koeffizienten gemessen eine etwas größere Ausgeglichenheit als die Bundesliga auf. Die durchschnittlichen Werte liegen bei 0,227 (Variationskoeffizient) und 0,118 (Gini-Koeffizient). Die im Vergleich zur Bundesliga niedrigeren Werte sind insbesondere auf die 1970er Jahre zurückzuführen, als die spanische Liga ihre niedrigsten Werte aufweisen konnte, während sie in den ersten Jahren des Betrachtungszeitraums vergleichsweise hohe Werte erreichte. So führte das Kopf-an-Kopf-Rennen von vier Vereinen in der Saison 1970/71 dazu, dass diese vier Vereine deutlich mehr Punkte gewinnen konnten als die restlichen Vereine der Liga, insbesondere des Tabellenletzten, so dass der Abstand vergleichsweise groß war und mit einem Gini-Koeffizienten von 0,159 der höchste Wert des betrachteten Zeitraums zustande kam. In den 1980er und den 1990er Jahren ähnelt der Verlauf der Koeffizienten denen in der Bundesliga, auch wenn die Werte im Durchschnitt etwas darunter liegen. Tendenziell weist also auch die spanische *Primera Division* steigende Werte und damit zunehmende Unausgeglichenheit seit den 1970er Jahren auf.

Abbildung 17: Variationskoeffizient in Bundesliga und *Primera Division* grafisch

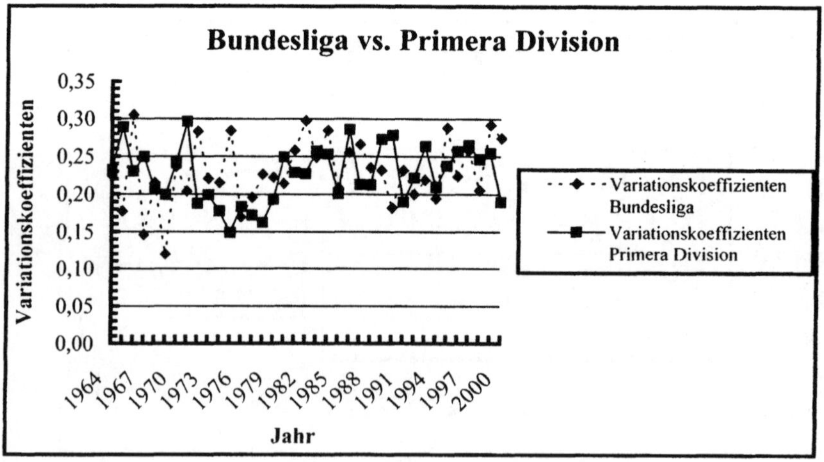

Abbildung 18: Gini-Koeffizient in Bundesliga und *Primera Division* grafisch

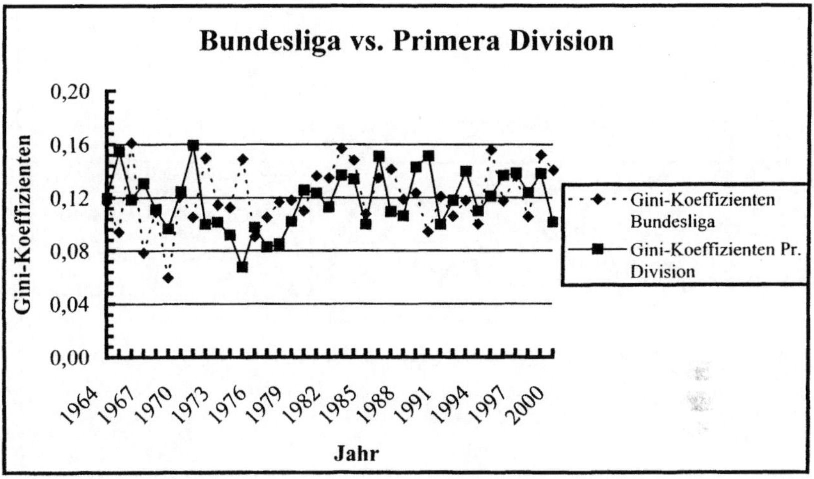

5.2.2.1.5. Bundesliga vs. *Major League Baseball*

Sowohl die *American* als auch die *National League* sind gemessen an den Variations- und Gini-Koeffizienten[205] die ausgeglichensten unter den verglichenen Ligen. Der durchschnittliche Variationskoeffizient beträgt 0,136 für die *National League* dicht gefolgt von der *American League* mit 0,138. Für den Gini-Koeffizient ergibt sich bei *der National League* ein durchschnittlicher Wert von 0,070 und für die *American League* 0,072 . Zudem verlaufen die graphisch dargestellten Werte zeitlich auffallend gleichmäßig. Ausschläge und Spitzen wie sie beispielsweise für die Bundesliga vorzufinden sind, lassen sich hier weit weniger und in geringerem Ausmaß feststellen.

[205] Datengrundlage für die Berechnung der Variations-, Gini- und Rangkorrelationskoeffizienten der MLB: The Sporting News (Hrsg.) (1998), http://baseball1.com/statistics/*Jahr*stand.html sowie eigene Recherchen.

Abbildung 19: Variationskoeffizienten in Bundesliga und MLB grafisch

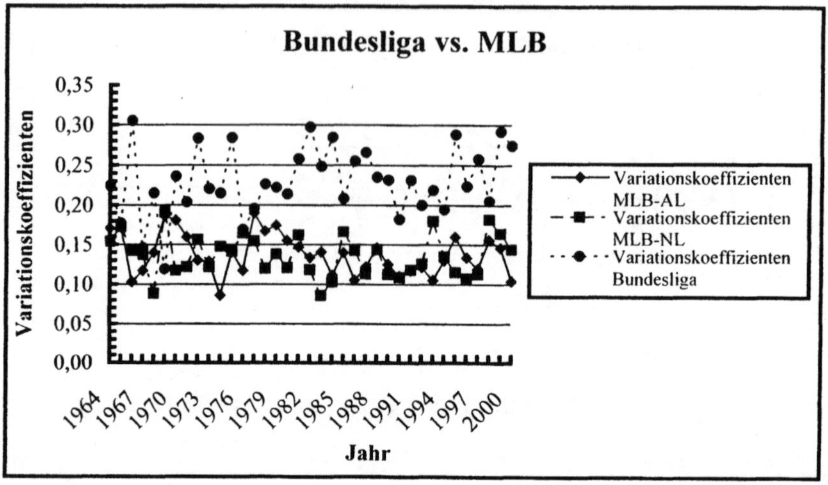

Auffallend ist außerdem, dass die Aufweichung der Reservierungsregel in der MLB ab 1976 nicht zu höheren Werten für die beiden Koeffizienten geführt hatte. Anscheinend greift die theoretische Analyse der Reservierungsregeln, wonach diese keine Auswirkungen auf die Allokation der Spielstärken innerhalb einer Liga haben.

Abbildung 20: Gini-Koeffizienten in Bundesliga und MLB grafisch

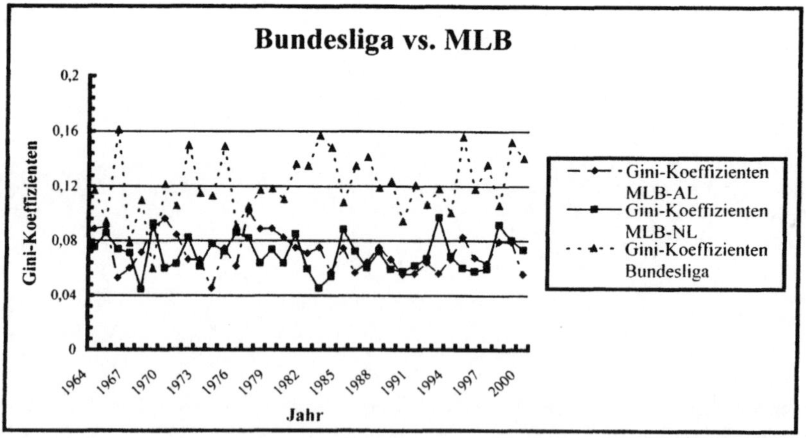

5.2.2.1.6. Bundesliga vs. *National Basketball Association*

Die NBA ist nicht nur im Vergleich zur Bundesliga deutlich unausgeglichener, sondern weist mit einem durchschnittlichen Variationskoeffizienten von 0,297 und einem durchschnittlichen Gini-Koeffizienten[206] von 0,162 deutlich höhere Werte auf als alle anderen Ligen. Besonders fällt auf, dass die Werte seit 1980 eine deutlich ansteigende Tendenz haben. 1984 führte die NBA erstmals den *Salary Cap* ein, gleichzeitig wurden die Reservierungsregeln weitgehend abgeschafft. Während der *Salary Cap* anscheinend zwar dazu geführt hat, die Kosten für die Spieler zu drücken, konnte er nicht die erwünschte Wirkung auf die Allokation der Spielstärken in der NBA ausüben. Ursächlich hierfür könnte sein, dass der *Salary Cap* nur ein Gesamtlohnlimit darstellt. Ein solches Gesamtlohnlimit kann aber dazu führen, dass ein Klub sein zur Verfügung stehendes Budget auf wenige, dafür aber umso herausragendere Spieler verteilt. Dann ist es möglich, dass ein Klub sich in der Spitze tendenziell verstärkt, während andere Klubs keine Spitzen- sondern nur noch Durchschnittsspieler[207] beschäftigen – eine unausgeglichenere Verteilung der Spielstärken wäre denkbar, und offensichtlich ist es dazu durch die Einführung eines *Salary Caps* in der NBA gekommen!

Abbildung 21: Variationskoeffizienten in Bundesliga und NBA grafisch

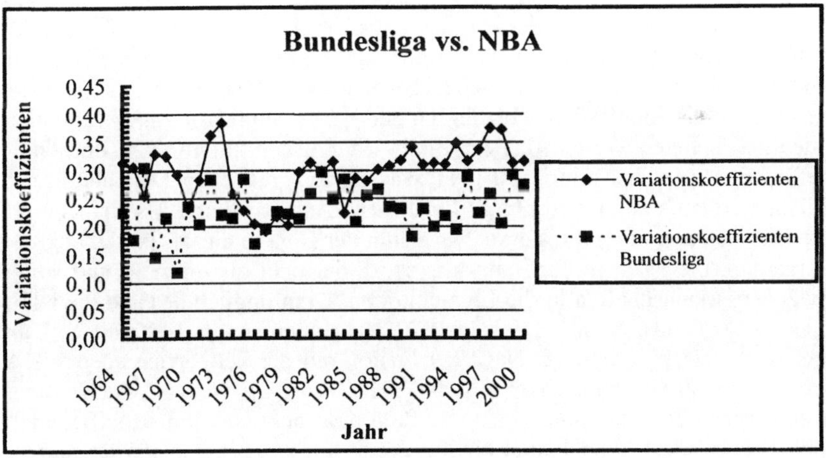

[206] Datengrundlage für die Berechnung der Variations-, Gini- und Rangkorrelationskoeffizienten der NBA: The Sporting News (Hrsg.) (1997), http://www.nba.com/history/stand>*Saison*≈html sowie eigene Recherchen.

[207] Sofern man in einer Liga wie der NBA von „Durchschnittsspielern" sprechen kann.

Abbildung 22: Gini-Koeffizienten in Bundesliga und NBA grafisch

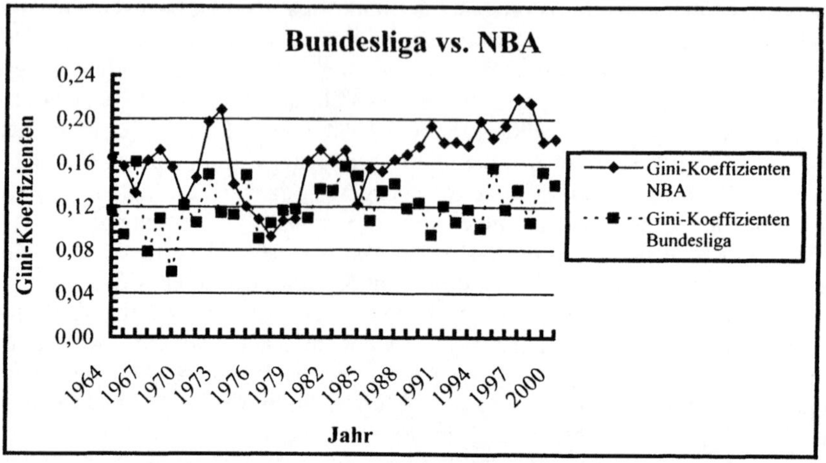

5.2.2.1.7. Bundesliga vs. *National Hockey League*

Die NHL hat den auffälligsten Verlauf der Variations- und Gini-Koeffizienten.[208] Zu Beginn des Betrachtungszeitraumes waren die Werte relativ niedrig und den Werten in der Bundesliga ähnlich. Der durchschnittliche Gini-Koeffizient für die ersten sieben Spielzeiten beträgt 0,106, der gleiche Wert wie für die Bundesliga. Mit Beginn der 1970er Jahre kommt es dann aber zu deutlich höheren Werten für Variations- (durchschnittlich 0,284) und Gini-Koeffizienten (durchschnittlich 0,151), was in der grafischen Darstellung des zeitlichen Ablaufs zu einem „Berg" für diesen Zeitraum führt. Als Ursache für diese Entwicklung muss die starke Expansion der Liga in diesen Jahren angesehen werden, die dazu geführt hat, dass sportlich nicht qualifizierte und somit schwächere Mannschaften in die Liga eintraten. Ursprünglich bestand die NHL nur aus sechs Klubs. An der Spielzeit 1970/71 nahmen bereits 14 Teams teil, an der Saison 1975/76 schon 18. Nach der Fusion mit der konkurrierenden WHA spielten 1979/80 20 Mannschaften in der NHL. Trotz der weiteren Ausweitung auf inzwischen 28 Klubs sind die Werte für Variations- und Gini-Koeffizienten in den 1980er und 1990er Jahren nicht mehr so hoch wie in den 1970er Jahren, mit Ausnahme der Spielzeit 1992/93 (Variationskoeffizient 0,291; Gini-

[208] Datengrundlage für die Berechnung der Variations-, Gini- und Rangkorrelationskoeffizienten der NHL: http://www.eishockey.com/berichte/stand/>*Jahr*≧htm sowie eigene Recherchen.

Koeffizient 0,144), als mit den San Jose Sharks und den Ottawa Senators zwei Mannschaften weit abgeschlagen das Tabellenende belegten.

Abbildung 23: Variationskoeffizienten in Bundesliga und NHL grafisch

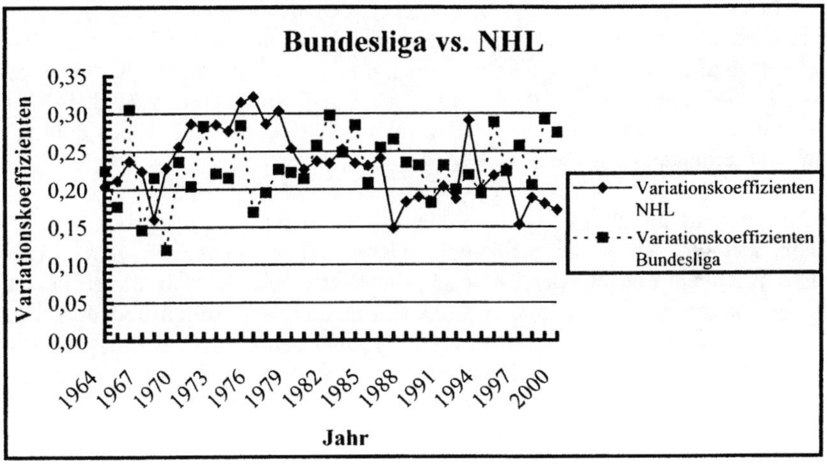

Abbildung 24: Gini-Koeffizienten in Bundesliga und NHL grafisch

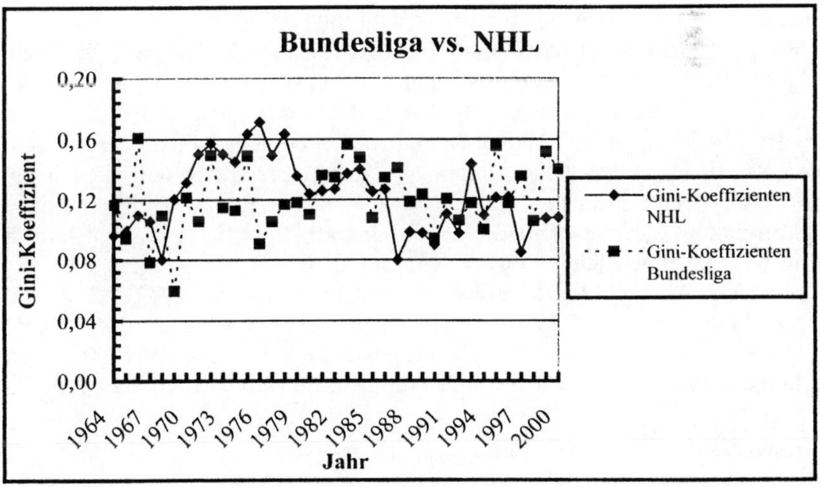

5.2.2.1.8 Gesamtbetrachtung

Variations- und Gini-Koeffizient vermitteln einen Eindruck über das Ausmaß und die zeitliche Entwicklung der Ausgeglichenheit verschiedener Ligen auf Grundlage der in einer Saison erzielten Punkte. Anhand dieses Kriteriums sind beide Ligen der MLB deutlich ausgeglichener als alle anderen Ligen, die NBA ist insbesondere in den letzten beiden Dekaden die unausgeglichenste Liga. Wenn dies an dem ausgeprägten System der Einnahmenteilung in der MLB läge, während die NBA ihre lokalen Einnahmen nicht teilt, widerspräche es der theoretischen Analyse.[209] Dann wäre aber auch der Unterschied in den Koeffizienten zwischen NHL und NBA nicht erklärbar, da beide Ligen ähnliche Einnahmeteilungen vorsehen.

Betrachtet man die europäischen Fußballligen, dann fällt auf, dass für den Gesamtzeitraum keine signifikanten Unterschiede zwischen den Ligen bestehen. Zudem entsteht der Eindruck, die Werte seien in den letzten beiden Dekaden angestiegen, sieht man einmal von den sowieso schon hohen Werten für die spanische *Primera Division* in den 1960er Jahren ab. Da in dieser Zeit die Bedeutung der Europapokalwettbewerbe zugenommen hat, stimmt dies mit den Überlegungen zur Auswirkung von Superwettbewerben überein, wonach zusätzliche Wettbewerbe die Spielstärken von Mannschaften innerhalb einer Liga divergieren lassen.

5.2.2.2. Rangkorrelationskoeffizienten

5.2.2.2.1. Rangkorrelationskoeffizienten in der 1. Bundesliga

Die Rangkorrelationskoeffizienten[210] für die 1. Bundesliga ähneln in ihrem zeitlichen Verlauf den Variations- und Gini-Koeffizienten. Zwar ist kein direkter Synchronismus in einzelnen Jahren ablesbar, jedoch stellen die ersten Jahre der Bundesliga in den 1960er Jahren wie schon gemessen an den anderen beiden Koeffizienten auch hinsichtlich des Rangkorrelationskoeffizienten die Jahre mit der größten Ungewissheit dar. Der durchschnittliche Rangkorrelationskoeffizient für die 1960er Jahre beträgt 0,419. Der historisch niedrigste Wert findet sich in diesem Zeitraum: 0,262 für 1969, zudem 0,307 für das Jahr 1967. Ähnliche Werte finden sich sonst nur noch für 1972 (0,302) und für die Jahre von 1995-1997. Diese Werte sind für die 1990er Jahre ungewöhnlich, da in dieser Dekade ansonsten relativ hohe Werte für den Rangkorrelationskoeffizienten zustande kommen. Im Durchschnitt beträgt er

---

[209] Später soll dafür eine andere Erklärung gegeben werden.

[210] Vgl. für die numerische Darstellung der Rangkorrelationskoeffizienten den Anhang Nr. 6 dieser Arbeit.

0,582 in den 1990er Jahren, womit er zwar noch über dem Durchschnitt für die 1970er Jahre (0,567), jedoch unter den Werten für die 1980er Jahre liegt. Wie Variations- und Gini-Koeffizient hier auf eine relativ große Unausgeglichenheit hinweisen, so weist auch der durchschnittliche Rangkorrelationskoeffizient (0,661) hier auf eine vergleichsweise hohe Verfestigung der erreichten Ergebnisse aus dem Vorjahr hin. Ob das zeitweilige Absinken der Rangkorrelationskoeffizienten in der Mitte der 1990er Jahre eine Ausnahme war, so dass von einer Tendenz zur Verfestigung der belegten Tabellenplätze[211] ausgegangen werden kann, muss sich in den kommenden Jahren zeigen. Insgesamt entsteht aber eher der Eindruck, als sei der Zusammenhang zwischen dem erreichten Tabellenplatz in einer Saison und der nachfolgenden Spielzeit seit Beginn der Bundesligajahre größer geworden,[212] insbesondere seit Ende der 1970er Jahre.

5.2.2.2.2. Bundesliga vs. englische *Premier League*

Über den gesamten Zeitraum betrachtet sind zwischen den Rangkorrelationskoeffizienten für die deutsche Bundesliga und die (jeweiligen) englischen Ligen keine wesentlichen Unterschiede zu erkennen. Die Werte für die Bundesliga waren in den 1980er Jahren höher als die der damaligen *First Division*, dagegen hatte diese zu Beginn des Betrachtungszeitraumes höhere Zusammenhänge zwischen den Tabellenplätzen in aufeinanderfolgenden Spielzeiten vorzuweisen.

Die Rangkorrelationskoeffizienten für die englischen Ligen waren in den 1960er Jahren mit einem durchschnittlichen Wert von 0,594 am höchsten. Danach weisen die Werte für diesen Koeffizienten zunächst eine fallende Tendenz auf, mit für England besonders niedrigen Werten im Jahre 1975 (0,311) und dann wieder 1989 (0,391) und 1990 (0,387). Dadurch sind die 1980er Jahre die mit dem niedrigsten durchschnittlichen Wert für den Rangkorrelationskoeffizienten (0,544). Vor Einführung der *Premier League* wird in England 1992 mit 0,383 noch einmal ein vergleichsweise niedriger Wert erreicht. Danach sind die Werte jedoch rapide und kontinuierlich ansteigend mit den höchsten Korrelationen zwischen den letzten der betrachteten Spielzeiten: für 1997 ein Wert von 0,719, 0,725 für 1998 und 0,742 für 1999.

---

[211] Der Ausdruck „Tabellenregion“ wäre hier eigentlich passender.

[212] Klodt, H. (1998) kommt in seiner Untersuchung der Rangstabilität der Bundesligatabellen zu leicht abweichenden Ergebnissen (was im wesentlichen auf die unterschiedliche Behandlung auf- und abgestiegener Vereine zurückzuführen sein dürfte) und interpretiert die niedrigen Werte des Rangkorrelationskoeffizienten Mitte der 1990er Jahre als Wettbewerbsdruck auf die Vereine.

Abbildung 25: Rangkorrelationskoeffizienten in Bundesliga und *Premier League* grafisch

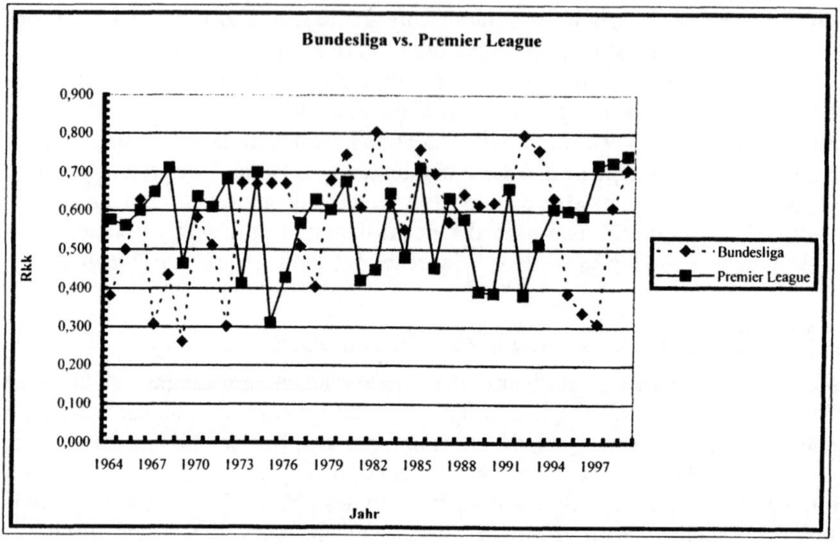

Damit wird fast der durchschnittliche Wert aus den 1960er Jahren erreicht. Und obwohl die durchschnittlichen Werte der Rangkorrelationskoeffizienten in den 1960er Jahren die höchsten Werte aufweisen, muss die Tendenz dieser Kennzahl in England grundsätzlich als ansteigend bezeichnet werden.

5.2.2.2.3. Bundesliga vs. italienische *Serie A*

Der durchschnittliche Rangkorrelationskoeffizient (0,587) zwischen den Abschlussplätzen der italienischen *Serie A* liegt nur leicht über den durchschnittlichen Werten für die Bundesliga oder die jeweiligen ersten englischen Ligen. Auffällig an den für die *Serie A* ermittelten Korrelationskoeffizienten ist aber, dass sie eine ansteigende Tendenz aufweisen. Der durchschnittliche Rangkorrelationskoeffizient lag in den 1960er Jahren bei 0,540, stieg dann auf 0,590 in den 1970er bzw. auf 0,587 in den 1980er Jahren an und erreichte in den 1990er Jahren mit 0,612 seinen höchsten durchschnittlichen Wert. Die höchsten Einzelwerte für den Rangkorrelationskoeffizienten liegen in den Jahren 1973 und 1974 vor, allerdings in den Folgejahren durch niedrige Werte wieder relativiert. Ab 1983 bewegt sich der Rangkorrelationskoeffizient (mit Ausnahme des Jahres 1990) auf durchweg hohem Niveau. Diese Feststellung geht mit der theoretischen Analyse der Spielstärkenverteilung in Ligen konform, denn spätestens mit dem Ausschluss britischer Fußballklubs von den Europapokalwettbewerben 1985 als Folge der Katastrophe im Heyselstadion von Brüssel waren die italienischen Klubs in Europa dominierend. Bereits seit 1978 bahnte sich eine bedeutendere Rolle der italienischen Klubs im Europapokal an, denn ab diesem Jahr war der Einsatz ausländischer Spieler in den italienischen Mannschaften wieder erlaubt.

Abbildung 26: Rangkorrelationskoeffizienten in Bundesliga und *Serie A* grafisch

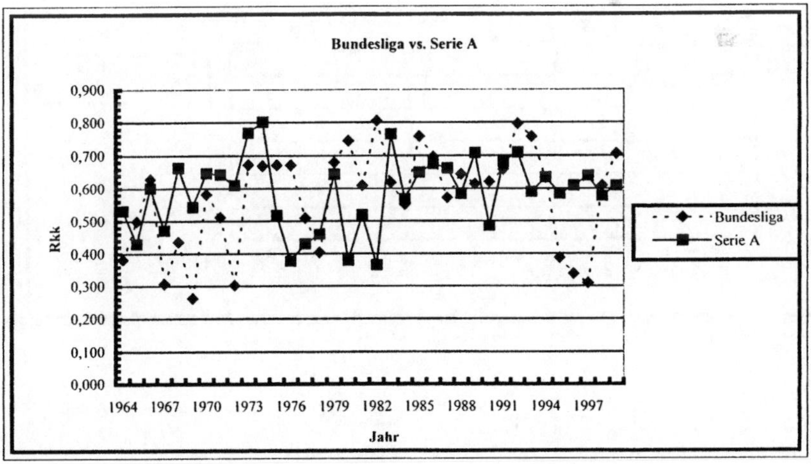

5.2.2.2.4. **Bundesliga vs. spanische *Primera Division***

Gemessen am Rangkorrelationskoeffizienten macht die spanische erste Liga ihrem Ruf, weniger ausgeglichen zu sein als andere europäische Fußballligen, alle Ehre. Der durchschnittliche Koeffizient für den Betrachtungszeitraum[213] beträgt 0,631 gegenüber 0,572 für die Bundesliga. Dabei liegen die Werte von Beginn des betrachteten Zeitraumes an auf vergleichsweise hohem Niveau mit immer wieder auftretenden Ausreißern nach unten. Der durchschnittliche Koeffizient für die 1960er Jahre liegt bei 0,634, gleichzeitig jeder Einzelwert über den entsprechenden Werten für die deutsche Bundesliga. In den nachfolgenden Dekaden betragen die durchschnittlichen Werte 0,610 (1970er), 0,632 in den 1980er Jahren und für die 1990er Jahre 0,647. Der Wert für 1987 weist mit 0,275 den historisch niedrigsten Zusammenhang zwischen zwei Spielzeiten auf. Seitdem kommt es durchweg zu relativ hohen Rangkorrelationskoeffizienten für die Spielzeiten in Spanien. So lässt sich insgesamt auch in Hinblick auf die spanische *Primera Division* eine Tendenz zu einer stärkeren Verfestigung einmal erreichter Rangplätze feststellen.

Abbildung 27: Rangkorrelationskoeffizienten in Bundesliga und *Primera Division* grafisch

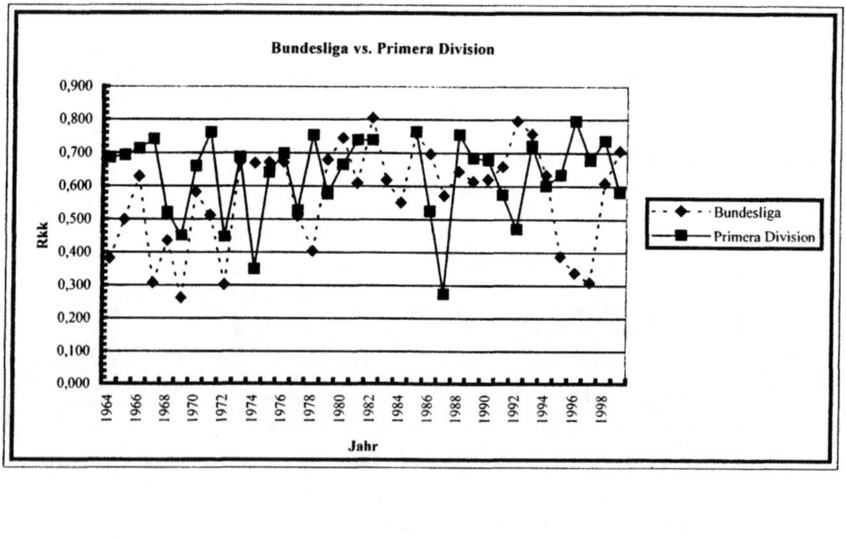

213 Wegen unzureichendem Datenmaterial ist für die Jahre 1983 und 1984 ein Rangkorrelationskoeffizient in der spanischen Liga nicht suffizient zu berechnen.

5.2.2.2.5. Bundesliga vs. *Major League Baseball*

Wie schon bezüglich der zuvor untersuchten Koeffizienten weisen die beiden Ligen der MLB auch hinsichtlich der Rangkorrelation die im Durchschnitt niedrigsten Werte auf. Anhand dieses Kriteriums ist erneut die *National League* die ausgeglichenste aller Ligen mit einem durchschnittlichen Rangkorrelationskoeffizienten von 0,415, gefolgt von der *American League* mit einem durchschnittlichen Koeffizienten von 0,492.

Abbildung 28: Rangkorrelationskoeffizienten in Bundesliga und MLB grafisch

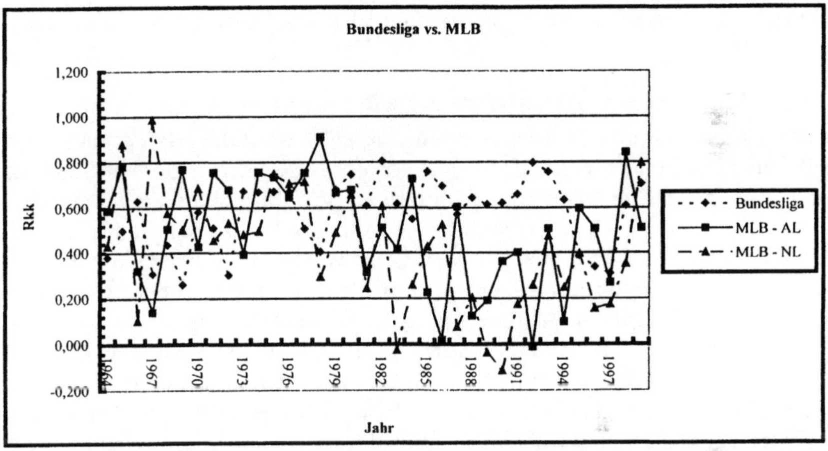

Betrachtet man den zeitlichen Verlauf der Rangkorrelationskoeffizienten seit 1964, dann ist aber erstaunlich, dass beide Ligen der MLB sehr starke Ausschläge in ihren Werten für die Rangstabilität aufweisen, während die Werte der MLB für Variations- und Gini-Koeffizienten noch durch eine relative Konstanz auffielen. So beträgt der ermittelte Rangkorrelationskoeffizient in der *National League* zwischen den Spielzeiten 1967 und 1968 0,986, in der *American League* zwischen 1978 und 1979 0,908. Andererseits erreichen beide Ligen der MLB in einzelnen Jahren negative Werte für die Rangkorrelation, so die *National League* dreimal (1983-1984: -0,025; 1989-1990: -0,035; 1990-1991: -0,112) und die *American League* zwischen den Spielzeiten 1992 und 1993 mit –0,011. Es liegt also der Fall vor, dass man in einzelnen Jahren von einem sehr hohen Zusammenhang zwischen den erzielten Ergebnissen in zwei aufeinanderfolgenden Spielzeiten sprechen kann, während man in anderen Jahren von keinem Zusammenhang zwischen den erreichten Rangplätzen ausgehen darf. In den übrigen betrachteten Ligen sind derartige Schwankungen nicht zu beobachten.

Tendenziell hat die Rangstabilität im Betrachtungszeitraum in beiden Ligen abgenommen. In der *National League* betrug der durchschnittliche Rangkorrelationskoeffizient in den 1990er Jahren nur 0,292 und in den 1980er Jahren 0,294, während er in den 1970er Jahren noch durchschnittlich 0,560 und in den 1960er Jahren 0,580 betrug. In der *American League* sind die Werte in den 1980er Jahren (Durchschnitt: 0,382) am niedrigsten, während sie in den 1970er Jahren mit einem durchschnittlichen Wert von 0,672 am höchsten waren. In der *American League* ist es aber seit 1993 wieder zu einer stärkeren Rangverfestigung gekommen, nachdem zuvor noch sehr niedrige Werte erzielt wurden.

5.2.2.2.6. Bundesliga vs. *National Basketball Association*

Mit einem Rangkorrelationskoeffizienten von 0,647 weist die NBA erneut einen vergleichsweise hohen Wert auf, der nur von der NHL übertroffen wird und auf eine relativ hohe Rangverfestigung hinweist. Auffällig ist im Fall der NBA wiederum, dass die 1970er Jahre mit einem durchschnittlichen Rangkorrelationskoeffizienten von 0,551 deutlich niedrigere Werte aufweisen als die übrigen Zeiträume im Betrachtungszeitraum. Den niedrigsten Wert erreicht der Rangkorrelationskoeffizient im Jahr 1976 mit 0,206. Danach steigen die Werte an, mit dem Jahr 1985 (0,876) als höchstem Wert. Die Werte verlaufen ab 1980 durchgehend auf relativ hohen Niveau. Die durchschnittlichen Werte für die 1980er Jahre liegen bei 0,684 und für die 1990er Jahre bei 0,702, also insgesamt mit ansteigender Tendenz, wobei zum Ende des letzten Jahrzehnts wieder etwas niedrigere Werte auftreten. Dennoch sind die Rangpositionen seit Beginn der 1980er Jahre verfestigt.

Abbildung 29: Rangkorrelationskoeffizienten in Bundesliga und NBA grafisch

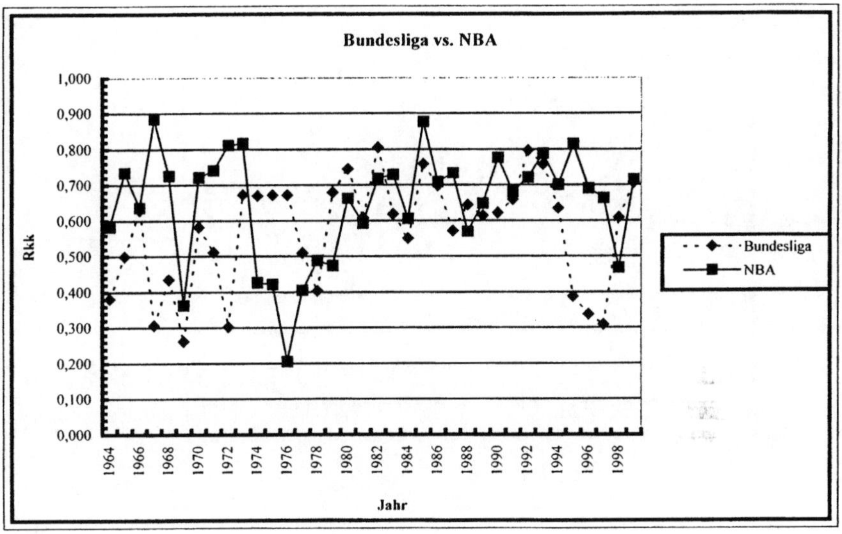

5.2.2.2.7. Bundesliga vs. *National Hockey League*

Die NHL weist mit 0,652 einen höheren durchschnittlichen Rangkorrelationskoeffizienten auf als die übrigen professionellen Sportligen auf. Im Gegensatz zu den europäischen Fußballligen hat die NHL jedoch seit den 1970er Jahren eine fallende Tendenz hinsichtlich der Koeffizienten. Genauso wie schon Variations- und Gini-Koeffizient auf eine relativ unausgeglichene Phase in den 1970er Jahren hinwiesen, deutet der Rangkorrelationskoeffizient auf eine Verfestigung der erreichten Platzierungen in der NHL für diesen Zeitraum hin. In dieser Dekade betrug er durchschnittlich 0,766 – offensichtlich hatte die NHL die Expansion und die Rivalität der WHA im Hinblick auf die Ausgeglichenheit und Ungewissheit des Ausgangs nicht besonders gut verarbeitet. Die durchschnittlichen Werte für den Rangkorrelationskoeffizienten betragen 0,628 für die 1980er Jahre und 0,552 für die 1990er Jahre.

Abbildung 30: Rangkorrelationskoeffizienten in Bundesliga und NHL grafisch

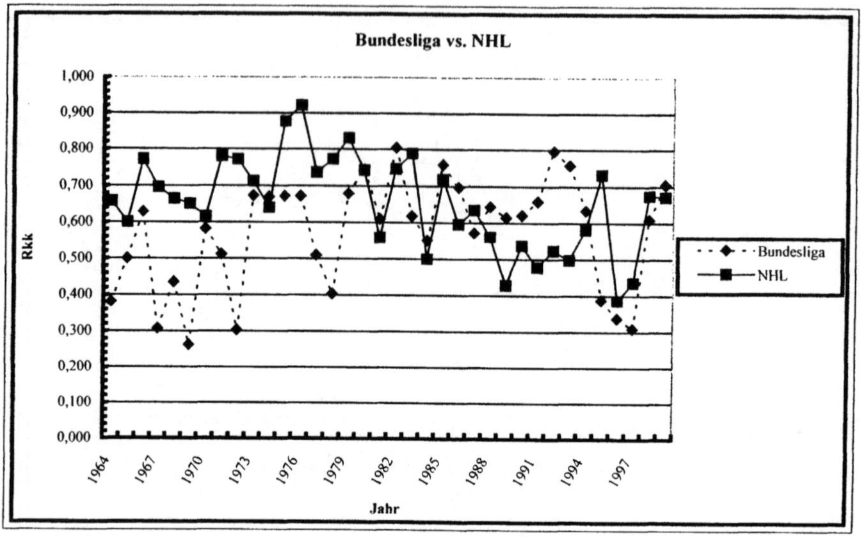

5.2.2.2.8. Gesamtbetrachtung

Die berechneten Rangkorrelationskoeffizienten weisen wie auch schon die Variations- und Gini-Koeffizienten die MLB als die Liga aus, die die Ungewissheit des Abschneidens einzelner Teams am besten erreicht. Dagegen scheint zwischen den erzielten Rangplätzen in zwei aufeinanderfolgenden Spielzeiten in der NBA und der NHL ein relativ hoher Zusammenhang zu bestehen. Unter den europäischen Fußballligen fällt die spanische *Primera Division* mit einem relativ hohen Rangkorrelationskoeffizienten auf. In den anderen europäischen Ligen besteht ein mittelstarker Zusammenhang zwischen den Rängen aufeinanderfolgender Spielzeiten. Während die MLB und die NHL eine eher fallende Tendenz der Werte für die Rangkorrelationskoeffizienten aufweisen, sind diese in den anderen als eher ansteigend zu bezeichnen, sofern man die niedrigen Werte der deutschen Bundesliga in der Mitte der 1990er Jahre als Ausreißer nach unten betrachtet.

5.3. Dominanz von Mannschaften

Ob Mannschaften einer Liga diese dominieren, kann anhand der Anzahl der von verschiedenen Mannschaften gewonnenen Meisterschaften beurteilt werden. Aber auch schon die Rangkorrelationskoeffizienten, wie sie im vorhergehenden Kapitel behandelt wurden, können einen ersten Hinweis auf die Dominanz von Mannschaften geben. Wenn Mannschaften eine Liga über einen gewissen Zeitraum hinweg dominieren, dann wird die Korrelation zwischen aufeinanderfolgenden Spielzeiten tendenziell höher sein.

Will man die Dominanz von Mannschaften anhand der gewonnenen Meistertitel beurteilen, dann kann man zunächst die Anzahl der Mannschaften, die überhaupt Meisterschaften gewonnen haben, vergleichen. Aussagefähiger wird ein solcher Vergleich noch, wenn man die Gini-Koeffizienten bezüglich der Meisterschaften ermittelt. Die Ermittlung der Gini-Koeffizienten erfolgte hier dermaßen, dass die Gleichverteilung auf 15 Klubs berechnet wurde, weil 15 verschiedene Klubs der MLB die World *Series* seit 1964 gewonnen haben, mehr als in allen anderen Ligen.

5.3.1. Verteilung der Meisterschaftsgewinne in der Bundesliga

Seitdem der FC Bayern München 1965 in die Bundesliga aufgestiegen ist, gehört er zu den den Saisonverlauf prägenden Klubs. 1969 konnten die Bayern erstmals eine Bundesligasaison als Meister abschließen, und es folgten 13 weitere Titel bis zum Jahr 2000. Die Dominanz des FC Bayern München in der Bundesliga ist auch unter dem Aspekt interessant, dass es immer wieder neue Herausforderer für die Rolle als Branchenprimus gegeben hatte, keiner dieser Herausforderer aber langfristig den FC Bayern als Branchenprimus ablösen konnte. So waren die Bayern 1965 zusammen mit dem VfL Borussia Mönchengladbach in die Bundesliga aufgestiegen. Die 1970er Jahre waren durch diese beiden Klubs geprägt: Die Gladbacher wurden fünf Mal Deutscher Meister, zwei Mal UEFA-Pokalsieger und einmal DFB-Pokalsieger, der FC Bayern konnte sich in den 1970er Jahren drei Meisterschaften, drei Titel als Europapokalsieger der Landesmeister und einen DFB-Pokalsieg sichern. Am Ende des Jahrzehnts schien der VfL Borussia Mönchengladbach eigentlich der erfolgreichere Klub zu sein, doch die nächsten Jahre sahen den Hamburger SV als erfolgreichsten Bundesligaklub – in Konkurrenz mit dem FC Bayern München! Und als der Hamburger SV in der Mitte der 1980er Jahre nicht mehr an seine sportlichen Erfolge anknüpfen konnte, erwuchs den Bayern ein neuer Konkurrent aus dem Norden: der SV Werder Bremen. Zu Beginn der 1990er Jahre waren es die Bremer, die die größten Erfolge unter den Bundesligisten erzielen konnten, und als beim

FC Bayern München die Erfolgsserie zu reißen schien, entwickelte sich ein Duell zwischen dem SV Werder und dem BV Borussia Dortmund. Doch mit dem Weggang von Trainer OTTO REHHAGEL vom SV Werder schied dieser aus der Konkurrenz aus, und in Konkurrenz zu den Dortmundern trat erneut der FC Bayern München! Inzwischen sind auch die Erfolge des BV Borussia Dortmund verblasst, und wer der neue Konkurrent der Bayern wird, ist noch nicht abzusehen – vielleicht die Tochter des Bayer-Konzerns aus Leverkusen. Woran der langanhaltende Erfolg des FC Bayern München liegt und warum kein anderer Verein trotz guter Voraussetzungen diesem über einen längeren Zeitraum Paroli bieten kann, ist hier nicht abschließend zu klären. Es spricht aber vieles dafür, dass München mit seinem großen Stadion und dem weitem Umfeld in Verbindung mit einem erfolgreichen Management sowie der sich daraus entwickelnden Reputation beste Voraussetzungen schafft, um langfristig erfolgreich zu sein. Eine genauere Untersuchung der Erfolgsgründe des FC Bayern München dürfte für die Manager von Profiklubs jeder Sportart interessant und aufschlussreich sein.

Zurück zur Verteilung der Meistertitel in der Bundesliga: Insgesamt konnten seit dem Start der Bundesliga elf verschiedene Klubs sich als Deutscher Fußballmeister feiern lassen. Auffallend ist dabei, dass von diesen elf Vereinen sich sieben verschiedene Vereine bereits in den ersten sieben Jahren nach Bundesligabeginn in die Siegerlisten eintragen konnten! München stellt darunter zwei Meister: den FC Bayern München und den TSV 1860 München. Der sich aus der Meisterschaftsverteilung ergebende Gini-Koeffizient beträgt 0,565[214].

5.3.2. Verteilung der Meisterschaftsgewinne in der ersten englischen Liga

Erfolgreichster Klub Englands ist der FC Liverpool mit insgesamt 18 Meistertiteln, 13 davon seit 1964, und fünf FA-Cup-Siegen. Zwischen 1977 und 1984 wurden die Liverpooler zudem viermal Europapokalsieger der Landesmeister und konnten in den Jahren davor zweimal den UEFA-Cup gewinnen. Derzeit hat sich jedoch Manchester United die Dominanz im englischen Fußball gesichert. Im betrachteten Zeitraum wurde der derzeit sportlich wie finanziell erfolgreichste Klub achtmal Fußballmeister Englands, sechsmal seit der Gründung der *Premier League* 1992. 1999 konnte Manchester United im Finale der *Champions League* Bayern München besiegen und in einem Jahr insgesamt vier Titel gewinnen!

---

[214] Der Gini-Koeffizient weicht leicht von dem ab, der im Vergleich zu den Pokalsiegen ermittelt wurde, weil die Gleichverteilung auf eine andere Anzahl von Klubs berechnet wurde.

Seit 1964 haben neben dem FC Liverpool und Manchester United noch acht weitere Klubs die englische Fußballmeisterschaft erringen können, darunter mit dem FC Everton (Liverpool) und Manchester City zwei Mannschaften aus der gleichen Stadt wie die beiden erfolgreichsten Klubs. Aus der Meisterschaftsverteilung ergibt sich ein Gini-Koeffizient von 0,613 für die englische Meisterschaft, also etwas unausgeglichener als die Meisterschaftsverteilung in der Bundesliga. Das, obwohl weder der FC Liverpool als auch Manchester United eine Dominanz wie Bayern München erreichen konnten.

5.3.3. Verteilung der Meisterschaftsgewinne in der italienischen *Serie A*

Die „alte Dame Juve" (Juventus Turin) errang 13 ihrer 25 italienischen Meistertitel seit 1964. Hinzu kommen neun italienische Pokalsiege sowie zwei Erfolge im Europapokal der Landesmeister, einer im Europapokal der Pokalsieger und drei im UEFA-Pokal. Als Konkurrenz für Juventus Turin treten insbesondere die beiden Mailänder Klubs auf: AC Mailand konnte seit 1964 achtmal den *Scudetto* erringen (fünfmal Europapokalsieger der Landesmeister), Inter fünfmal (zweimal Europapokalsieger der Landesmeister).

Zwölf verschiedene Klubs haben seit 1964 die italienische Meisterschaft gewinnen können. In Italien fällt dabei besonders auf, dass die Städte Mailand, Rom und Turin mit jeweils zwei Vereinen insgesamt 30 der 37 Meisterschaften in ihre Heimatstädte holen konnten. Ein natürliches lokales Monopol scheint keiner dieser sechs Vereine darzustellen! Der Gini-Koeffizient, der sich aus der Meisterschaftsverteilung seit 1964 ergibt, beträgt für die *Serie A* 0,576, ist also vergleichbar mit dem für die Bundesliga ermittelten Wert und liegt leicht unter dem für England.

5.3.4. Verteilung der Meisterschaftsgewinne in der spanischen *Primera Division*

Die spanische *Primera Division* gilt als sehr stark durch die beiden Großvereine FC Barcelona und Real Madrid dominiert. Real Madrid ist der erfolgreichste Fußballklub Europas. Neben seinen acht Triumphen im Europapokal der Landesmeister und zweimaligem Gewinn des UEFA-Pokals konnte Real 27 spanische Meistertitel gewinnen, davon 18 während der Zeit nach 1963. Der FC Barcelona gilt genauso als einer der ganz großen Klubs in Europa. Neun von 16 spanischen Meistertiteln gewannen die Katalanen im hier betrachteten Zeitraum. Ein dritter Verein aus Spanien hat auch im europäischen Fußball eine bedeutende Rolle gespielt, nämlich die Lokalrivalen von Real Madrid, Atlético Madrid, die insgesamt neunmal spanischer Meister wurden, davon fünfmal in den vergangenen 37 Jahren. Schon an dieser Auflistung ist zu erkennen, dass andere Vereine kaum eine Rolle im spanischen Fußball spielten. Nur acht unterschiedliche Klubs konnten überhaupt die spanische Meisterschaft gewinnen, seit 1964 nur sechs. Aus dieser Sachlage ergibt sich ein Gini-Koeffizient bezüglich der Verteilung der Meisterschaften in Spanien von 0,745, der mit Abstand höchste Wert unter allen betrachteten Ligen.

5.3.5. Verteilung der Meisterschaftsgewinne in der *Major League Baseball*

Der Eindruck, der sich aus der Untersuchung der Variations- und Gini-Koeffizienten bezüglich der Punkteverteilung während einer Saison sowie der Rangkorrelationskoeffizienten bezüglich der Rangplätze in zwei Spielzeiten ergibt, nämlich dass die MLB die ausgeglichenste unter den betrachteten Ligen ist, bestätigt sich bei der Untersuchung der Gini-Koeffizienten bezüglich der Verteilung von Meisterschaften. 15 verschiedene Klubs konnten während der vergangenen 37 Jahre die *World Series* gewinnen. Daraus resultiert ein auf die Meisterschaftsgewinne bezogener Gini-Koeffizient von 0,258, deutlich niedriger als in den übrigen betrachteten Ligen.

Erfolgreichstes Team in der *World Series* sind die New York Yankees, die seit 1964 sechs Titel gewinnen konnten. Zwei weitere MLB-Meisterschaften holten die Mets nach New York. Beide Teams standen sich in der *World Series* des Jahres 2000, als die Yankees das drittemal in Folge gewannen, gegenüber (sogenannte „*Subway Series*“), um den Meister im amerikanischen Baseball zu ermitteln. Weitere mehrfache Titelträger der MLB sind die Oakland Athletics (vier Titel seit 1964), die Baltimore Orioles, St. Louis Cardinals, Los Angeles Dodgers, Cincinnati Reds (je drei Meisterschaften seit 1964), Detroit Tigers, Pittsburgh Pirates Minnesota Twins und Toronto Blue Jays (als einziger kanadischer Titelträger) mit je zwei Siegen in der *World Series* seit 1964.

5.3.6. Verteilung der Meisterschaftsgewinne in der *National Basketball Association*

Die NBA hat seit ihrer Gründung drei Mannschaften gesehen, die erfolgreicher waren als die übrigen Klubs der NBA: Boston Celtics, Los Angeles Lakers und Chicago Bulls. Im Vergleich zu den europäischen Fußballligen ist ihre Dominanz aber ungleich schwächer ausgeprägt. Die Boston Celtics haben in den vergangenen 37 Jahren zehnmal den Titel in der NBA gewonnen, die LA Lakers siebenmal und die Chicago Bulls sechsmal. Insgesamt konnten 13 Klubs seit 1964 die Meisterschaft für sich entscheiden, genauso viele wie in der NHL. Nur die MLB kann mehr verschiedene Sieger aufweisen. Durch die breite Streuung der Meisterschaften liegt der Gini-Koeffizient diesbezüglich bei 0,494, also unter den Werten für die europäischen Fußballligen. Mannschaften, die zweimal die Meisterschaft in der NBA gewinnen konnten, waren die Houston Rockets, Detroit Pistons, New York Knicks sowie die Philadelphia 76ers.

5.3.7. Verteilung der Meisterschaftsgewinne in der *National Hockey League*

Erfolgreichster Klub in der Geschichte der NHL sind die Montreal Canadiens. Zwölf ihrer insgesamt 23 *Stanley Cup*-Titel haben sie in der Zeit seit 1964 gewonnen. Wie in der NBA konnten 13 Klubs den *Stanley Cup* seit 1964 gewinnen. Der Gini-Koeffizient liegt mit einem Wert von 0,451 unter dem für die NBA. Zudem fällt auf, dass (anders als in der NBA) seit dem letzten von fünf Titelgewinnen der Edmonton Oilers im Jahre 1990 kein Klub mehr eine sogenannte „Dynastie", eine Dominanz einer einzelnen Mannschaft über mehrere Jahre hinweg, errichten konnte. Neben den Montreal Canadiens und den Edmonton Oilers konnten auch die New York Islanders (vier), die Toronto Maple Leafs, die Pittsburgh Penguins, die Philadelphia Flyers sowie die Detroit Red Wings (je zwei) den *Stanley Cup* seit 1964 gewinnen.

5.3.8. Gesamtbetrachtung

Die Verteilung der Meisterschaftstitel gibt über den Gini-Koeffizienten und die Lorenz-Kurven einen Hinweis auf die Ungewissheit des Meisterschaftsausgangs in den verschiedenen Ligen. Dabei fällt insbesondere der Verlauf zweier Lorenz-Kurven auf,[215] nämlich der für die MLB sowie der für die spanische *Primera Division*. Die MLB „verteilt" ihre Titel deutlich gleichmäßiger als die anderen Ligen, die *Primera Division* deutlich ungleichmäßiger. Insgesamt scheinen die nordamerikanischen Profiligen eine gleichmäßigere Verteilung der Meisterschaften zu gewährleisten als die europäischen Fußballligen. Eine Ursache dafür liegt in der Durchführung der *Playoffs* in einem (abgeschwächten) K.-o.-System in den nordamerikanischen Ligen, die wegen des größeren Einflusses von Glück oder Zufall zu einer stärkeren Verteilung der Meisterschaftstitel führen.

[215] Vgl. Anhang Nr. 7 dieser Arbeit.

Tabelle 6: Vergleich der Gini-Koeffizienten bezüglich Meisterschaften

Liga	Gini-Koeffizient
Bundesliga	0,565
Premier League	0,613
Serie A	0,576
Primera Division	0,745
Major League Baseball	0,258
National Basketball Association	0,494
National Hockey League	0,451

5.4. Interpretation der Ergebnisse

5.4.1. Gesamturteil

In den vorangegangenen Abschnitten wurde anhand von Kennzahlen und Koeffizienten versucht, die Ungewissheit des sportlichen Ergebnisses in verschiedenen Ligen greifbar zu machen. Die Ergebnisse der verschiedenen Berechnungen sind nicht immer konsistent. Daher sollen alle Einzelergebnisse zusammengeführt werden und in ein Gesamturteil einfließen.

In Tabelle 7 sind die Ergebnisse der empirischen Untersuchungen in Matrixform dargestellt und daraus ein Gesamturteil für jede Liga abgeleitet. Für die deutsche 1. Bundesliga wird die Ungewissheit des sportlichen Ausgangs aufgrund des „Remis-Koeffizienten" als „niedrig" eingestuft, alle anderen Koeffizienten führen zu einer Einschätzung als „mittel" für die Ungewissheit des sportlichen Ausgangs. Da dem „Remis-Koeffizienten" hier die geringste Aussagekraft zugestanden wird, führt das zu einer Gesamteinschätzung mit mittlerer Ungewissheit für die Bundesliga.

Tabelle 7: Vergleich der empirischen Ergebnisse

	Relative Ungewissheit							
	Bundesliga	*Premier League*	*Serie A*	*Primera Division*	MLB - NL	MLB - AL	NBA	NHL
„Remis-Koeffizienten"	niedrig	mittel	hoch	mittel-niedrig	N/A	N/A	N/A	N/A
Variationskoeffizienten (Pkte)	mittel	mittel	mittel-niedrig	mittel	hoch	hoch	niedrig	mittel
Gini-Koeffizienten (Pkte)	mittel	mittel	mittel-niedrig	mittel	hoch	hoch	niedrig	mittel
Rangkorrelationskoeffizienten	mittel	mittel	mittel	niedrig	mittel-hoch	mittel-hoch	niedrig	niedrig
Gini-Koeffizienten (Meisterschaften)	mittel	mittel-niedrig	mittel	niedrig	hoch	(wie NL)	mittel-hoch	mittel-hoch
Gesamturteil	**mittel**	**mittel**	**mittel**	**niedrig**	**hoch**	**hoch**	**niedrig**	**mittel**

Die Einschätzung der englischen Liga als „mittel-ungewiss" erscheint unproblematisch, genauso wie die für die *Serie A*. Dass die spanische *Primera Division* als wenig ungewiss eingestuft wird, beruht insbesondere auf der starken Dominanz weniger Klubs bei der Vergabe der Meisterschaften. Verstärkt wird diese Einschätzung durch den relativ hohen Rangkorrelationskoeffizienten, während die Punkteverteilung sich nicht signifikant von denen in den anderen Fußballligen unterscheidet. Insgesamt muss die spanische Liga aber als die unausgeglichenste unter allen betrachteten Ligen bezeichnet werden. Im Gegensatz dazu ist die MLB in jeder Hinsicht ausgeglichener als alle anderen Ligen. Am schwierigsten einzuschätzen ist die Ungewissheit in der NBA. Dort verteilen sich die Meisterschaftsgewinne relativ gleichmäßig, andererseits sind die Punkte – insbesondere seit etwa 1980 – sehr ungleichmäßig in einer Saison verteilt und der Zusammenhang zwischen den erreichten Rangplätzen in zwei aufeinanderfolgenden Spielzeiten vergleichsweise hoch. Daraus wäre auch eine Gesamteinschätzung der sportlichen Ungewissheit als „mittel" zu rechtfertigen, hier soll jedoch – auch unter Berücksichtigung der tendenziellen Zunahme der Variations- und Gini-Koeffizienten – die Ungewissheit des Ausgangs des sportlichen Wettbewerbs als niedrig eingestuft werden. Die Einschätzung der Ungewissheit in der NHL als mittel ist dagegen wieder unproblematisch.

5.4.2. Einzelfeststellungen

Welche Folgerungen können nun aus den empirischen Ergebnissen gezogen werden? Eine Reihe von Einzelaussagen lassen sich aus der Gesamtbeurteilung bzw. aus den Entwicklungen einzelner Kennzahlen herleiten:

- Die spanische *Primera Division* weist insgesamt die geringste Ungewissheit bezüglich des Ausgangs von sportlichen Wettbewerben auf.
- Daneben lassen sich wenig Unterschiede in den europäischen Fußballligen feststellen.
- In allen europäischen Fußballligen deuten die Kennzahlen tendenziell auf eine zunehmende Unausgeglichenheit des sportlichen Wettbewerbs in den zurückliegenden Jahren hin.
- Teamsportunternehmen (die Klubs) sind keine lokalen natürlichen Monopole.
- MLB ist in jeder Hinsicht ausgeglichener bzw. hat eine größere Ungewissheit des sportlichen Ausgangs als alle anderen Ligen.
- In den nordamerikanischen Ligen werden die Meisterschaftsgewinne gleichmäßiger verteilt als in den europäischen Fußballligen.
- Die weitgehende Aufweichung der Reservierungsregeln hat nicht zu unausgeglicheneren Punkteverteilungen oder zu einer größeren Rangstabilität in den nordamerikanischen Profiligen geführt; eher ist das Gegenteil der Fall.
- Die Einführung des *Salary Caps* in der NBA geht mit einer größeren Unausgeglichenheit der Liga einher, wobei zu bedenken ist, dass die Einführung des *Salsary Caps* mit der Aufhebung der *reserve clause* einherging.
- Ligaeintritt ohne sportliche Qualifikation kann zu unausgeglicheneren Saisonverläufen führen.

5.4.3. Ursachen

Major League Baseball hat es offensichtlich besser verstanden als die anderen Ligen, den Ausgang der sportlichen Wettbewerbe ungewiss und in diesem Sinne spannend zu halten. Worauf kann dies ursächlich zurückgeführt werden? Welche Bedingungen oder institutionellen und organisatorischen Voraussetzungen führen zu den unterschiedlich ausgeglichenen Punkte- bzw. Meisterschaftsverteilungen und der geringeren Konstanz der erreichten Rangplätze? Die Erklärung die dafür hier gegeben werden soll, bezieht sich auf verschiedene, sich ergänzende Ursachen, die dafür sorgen, dass die Baseballklubs weder in wirtschaftlicher noch in sportlicher Hinsicht zu weit auseinander liegen. Die MLB ist die älteste professionelle Sportliga, Baseball ist in Amerika schon lange seinen Kinderschuhen entwachsen. Die letzte rivalisierende Baseballliga musste bereits 1915 ihre Konkurrenz zur MLB beenden. Dies hat Auswirkungen auf die Ertragspotentiale der Klubs der MLB, also auch auf deren Ertrags- und Grenzertragskurven. Die Liga konnte bereits viel früher als andere Ligen ihre Franchiseplätze an die großen Städte in den USA und Kanada vergeben, so dass die Ertragspotentiale der Klubs nur wenig divergieren. Der letzte Umzug eines MLB-Franchises war 1972 der Wechsel der Washington Senators (II) nach Texas. Insgesamt gab es nur fünf Wechsel in der MLB seit 1964. Die anderen nordamerikanischen Ligen sind dagegen noch auf der Suche nach der optimalen Allokation von Franchiseplätzen, wie nicht nur durch den häufigen Ortswechsel von Franchiseplätzen,[216] sondern auch durch die fortwährende Expansion der Ligen deutlich wird. MLB ist heutzutage nicht mehr in kleinen Städten mit wenig Ertragspotential vertreten, dafür aber in den großen Ballungszentren wie New York, Los Angeles oder Chicago mit je zwei Klubs.[217] Weitere Implikationen folgen aus der früh einsetzenden Stabilität der Liga: Zusammen mit der frühen Kommerzialisierung des Sports in Nordamerika führt sie dazu, dass die Klubs schon lange von professionellen Managern wie kommerzielle Unternehmen geführt werden. Dadurch haben die Mannschaften nicht nur annähernd gleiche Ertragspotentiale, sondern sie schaffen es auch, diese Ertragspotentiale in gleicher Weise auszunutzen.

Die europäischen Fußballverbände dagegen waren lange durch dem Amateurgedanken verpflichtete Funktionäre und das Prinzip der Gemeinnützigkeit geprägt, und die Klubs werden durch ehrenamtliche Führungspersonen geleitet. Das bedeutet, dass selbst bei großem Ertragspotential dieses nicht unbedingt ausgeschöpft wurde. Ein Beispiel dafür war lange Zeit Berlin, wo trotz des Olympiastadions und großer Fan- sowie Vermarktungspotentiale zeitweilig kein Bundesligist vertreten war. Tendenziell muss dies zu einer stärkeren Ungleichverteilung der Spielstärken führen. Wenn Vereine mit großem Ertragspotential und gutem Management in einer Liga mit Vereinen mit geringer Ertragskraft und eher mäßiger Führung spielen, wird die Schere automatisch weiter auseinander klaffen.

Die ab 1976 einsetzende Aufweichung der Reservierungsregeln im nordamerikanischen Sport hat zumindest im Baseball und in der NHL nicht zu einer größeren Ungleichverteilung oder zu verfestigten Rangplätzen geführt. Dies stimmt mit der theoretischen Analyse der Reservierungsregeln überein. Lediglich in der NBA deuten die Kennzahlen auf eine stärkere Ungleichverteilung der Spielstärken mit größerer Rangstabilität hin. Hier soll jedoch die Auffassung vertreten werden, dass die höheren Werte für Variations-, Gini- und Rangkorrelationskoeffizienten seit Beginn der 1980er Jahre auf die Einführung des *Salary Caps*

[216] Vgl. dazu Quirk, J./ Fort, R. (1999), S. 214 f.
[217] Vgl. auch Quirk, J./ Fort, R. (1999), S. 216 f.

zurückzuführen sind. Ein solches Gesamtlohnlimit könnte die Klubs veranlassen, den Spielerkader sorgfältiger und gezielter zusammenzustellen. Folge wäre eine Konzentration von Spitzenspielern in wenigen Mannschaften, während in anderen Mannschaften nur noch Spieler der zweiten Reihe unter Vertrag stünden.

Mit der theoretischen Analyse stimmt auch überein, dass seitdem die europäischen Wettbewerbe eine zunehmende finanzielle Bedeutung für die Klubs haben, die Ausgeglichenheit in den großen europäischen Fußballligen abnimmt. Den verstärkten Gewinnanreizen für die am Europapokal teilnehmenden Klubs stehen zwar auch gegenläufige Effekte entgegen. So hat die Ausweitung der Wettbewerbe seit 1992 mehreren Vereinen die Möglichkeit gegeben, am „großen Geschäft" Europapokal teilzunehmen. Außerdem sind die Spieler der am Europapokal teilnehmenden Klubs einer größeren Belastung ausgesetzt, so dass dies zu schwächeren Leistungen in der nationalen Liga führen kann. Dennoch reichen diese gegenläufigen Effekte anscheinend nicht aus, die aus der Europapokalteilnahme resultierende stärkere Ungleichverteilung wieder auszugleichen.

Vergleichbar mit der Rolle der Europapokalwettbewerbe im europäischen Vereinsfußball sind die *Playoffs* in den nordamerikanischen Ligen, denn auch sie stellen einen „Superwettbewerb" dar, der für die qualifizierten Mannschaften mit nicht unerheblichen Zusatzeinnahmen verbunden ist. Und den Einnahmen aus diesen „Superwettbewerben" stehen in der Regel Ausgaben in deutlich geringerem Umfang gegenüber. Auch hierin mag eine Ursache für die Ausgeglichenheit und Ungewissheit in der MLB liegen, denn die *Playoffs* in der MLB sind vergleichsweise kurz und finden mit weniger qualifizierten Mannschaften statt. Zudem unterliegen die Einnahmen aus den *Playoffs* in der MLB einem Teilungsschema. Ihre finanzielle Bedeutung ist also relativ gering, verglichen mit den *Playoffs* in der NBA und der NHL oder den Europapokalwettbewerben im europäischen Vereinsfußball.

Ansonsten weisen die europäischen Fußballligen wenig gravierende Unterschiede auf, mit Ausnahme der *Primera Division*, deren Meisterschaften überwiegend in die beiden großen Städte des Landes gehen. Über die wirtschaftlichen Rahmenbedingungen im italienischen und spanischen Fußball ist wenig bekannt. Zudem befinden sich die europäischen Ligen gerade in einem Umstrukturierungsprozess, dessen Folgen erst im Zeitablauf besser beurteilt werden können. Festzuhalten bleibt aber, dass sich trotz organisatorischer Unterschiede keine großen Unterschiede zwischen den Ligen hinsichtlich Punkte- und Meisterschaftsverteilung sowie Rangstabilität ergeben.

Die gleichmäßigere Verteilung der Meisterschaftsgewinne in den nordamerikanischen Ligen dürfte ebenso auf die ausgeglicheneren Ertragspotentiale zurückzuführen sein. Calgary und Edmonton, Städte mit jeweils über 800.000 Einwohnern, sind die kleinsten Städte, die seit 1964 einen Sieger in den nordamerikanischen Ligen stellen konnten.[218] Dies garantiert relativ ausgeglichene Ertragspotentiale. Die Klubs der MLB haben dabei ausschließlich Märkte in den großen Ballungszentren besetzt, während die NBA und die NHL in an europäischen Maßstäben gemessen zwar immer noch große, für Nordamerika aber vergleichsweise kleine Märkte bedient. In den europäischen Fußballligen sind dagegen eine Reihe von Klubs vertreten, die aus relativ kleinen Städten kommen: Kaiserslautern hat beispielsweise lediglich rund 100.000, Leverkusen 160.000 und Freiburg 200.000 Einwohner. Die italienische Fußballmeisterschaft wurde seit 1964 in 32 Fällen in die vier größten Städte des Landes vergeben. Genauso häufig ging die spanische Meisterschaft nach Madrid oder Barcelona. Aber auch in diesen Ligen spielen immer wieder Mannschaften aus kleinen Städten, deren Ertragspotential nicht mit denen aus den großen Städten vergleichbar ist. Die homogenere Zusammensetzung der nordamerikanischen Ligen hinsichtlich der Heimmärkte der teilnehmenden Klubs führt also dort zu einer gleichmäßigeren Verteilung der Titelgewinne.

Durch eine andere Argumentationslinie könnte die ausgeglichenere Verteilung der Meisterschaftsgewinne in den nordamerikanischen Ligen zudem erklärt werden. Wenn die Durchführung eines *Drafting*-Systems zunächst eine gleichmäßige Verteilung der Spielstärken verursacht, dann würde gemäß der theoretischen Analyse die Möglichkeit des Verkaufs der Vertragsrechte die ursprüngliche Allokation wieder herstellen. Dem gemäß wäre ein *Draft* allokationsneutral. Voraussetzung ist aber, dass sich die Klubs gewinnmaximierend verhalten. Sind Klubs keine (reinen) Gewinnmaximierer, dann wäre es denkbar, dass sich die durch den *Draft* hergestellte Allokation der Spielstärken nicht durch einen Handel mit Spielerrechten wieder zur ursprünglichen hin entwickelt. Anreize für die Klubs, sich nicht wie reine Gewinnmaximierer zu verhalten, könnten z. B. im Prestigegewinn eines Meisterschaftstitels gesehen werden. Aber auch die Einbindung der Klubs in einen Konzern kann dazu führen, dass Auswirkungen auf andere Teile des Konzerns rein gewinnmaximierendes Verhalten der Klubs verhindern. Das Engagement von Medienunternehmen und –unternehmern im Profisport wie dem Disney-Konzern, SILVIO BERLUSCONI, TED TURNER oder RUPERT MURDOCH weisen in diese Richtung. Der sportliche Erfolg einer Mannschaft kann dann Vorteile für das Gesamtunternehmen haben, so dass Verluste

[218] Vgl. Quirk, J./ Fort, R. (1999), S. 216 f.

im Bereich des Sports in Kauf genommen würden.[219] Genauso sind die Werbeeffekte, die die Mannschaft von Bayer Leverkusen für den Bayer-Konzern entwickelt, zu beurteilen. Unter solchen Umständen kann ein *Drafting*-System für eine Angleichung der Spielstärken bzw. eine größere Ungewissheit des Ausgangs des sportlichen Wettbewerbs sorgen.[220]

Wie schon mehrfach angedeutet, kann nicht davon die Rede sein, dass sich Klubs zu lokalen natürlichen Monopolen entwickeln. Die Nachfragebedingungen in großen Städten gewähren in der Regel mehreren Klubs die Möglichkeit, auf den lokalen Märkten zu agieren. Mailand stellt zwei der erfolgreichsten Mannschaften Europas, genauso wie Madrid[221], wo mit Rayo Vallecano ein dritter Verein Nachfrage auf sich zieht. In München ist mit der Spielvereinigung Unterhaching derzeit ebenso ein dritter Verein auf dem lokalen Markt tätig. Noch deutlicher wird die Lage, wenn man die MLB-, NBA- und NHL-Titel, die seit 1964 Klubs aus New York gewonnen haben, betrachtet: Die Yankees konnten fünfmal, die Mets zweimal die *World Series* gewinnen. Die Islanders wurden viermal NHL-Meister, die Rangers einmal und dazu die New Jersey Devils auch noch zweimal. Hinzu kommen zwei Titel der New York Knicks in der NBA.[222] Außerdem ist die Position der Klubs angreifbar, da insbesondere für europäische Fußballklubs die Möglichkeit eines Markteintritts besteht.

Schlussendlich ist festzustellen, dass Ligen bei einer Ausweitung ihrer Mitgliederzahl auch auf sportliche Qualität der neuen Mitglieder wert legen sollten. Die Erfahrungen aus der NHL in den 1970er Jahren, aber auch aus der Bundesligasaison 1965/66 belegen, dass eine nicht auf sportlichen Kriterien beruhende Qualifikation von Mannschaften zu einer größeren Unausgeglichenheit innerhalb der Liga führen kann. Außerdem kann eine Diskriminierung von neu in die Liga eintretenden Klubs – wie sie etwa die NBA betreibt – ebenfalls zu einer größeren Unausgeglichenheit innerhalb der Liga führen. Hierin liegt ein weiterer Grund für die relativ große Unausgeglichenheit in der NBA in bezug auf Punkteverteilung und Rangstabilität.

---

[219] Derartige Sachverhalte können aber auch als Veränderung der Ertragskurven interpretiert werden. Das Engagement eines Unternehmens in einem Sportklub führt dann zu einem höheren Verlauf der Ertragskurve des Vereins.

[220] Unter der Annahme, dass erhaltene *Drafting*-Rechte noch nicht nach einem, sondern vielleicht erst nach drei oder vier Jahren eine Wirkung auf die Spielstärke einer Mannschaft ausüben, könnte die Untersuchung der Rangstabilität (Rangkorrelation) bezogen auf Spielzeiten, die drei oder vier Jahre auseinanderliegen, weitere Aufschlüsse ergeben.

[221] Ähnlich ist die Situation in München und Manchester: beide Städte stellen Klubs, die sowohl nationale als auch internationale Titel gewinnen konnten.

[222] In der NFL spielen zwei weitere Klubs aus New York.

6. LÖSUNGSVORSCHLAG

In den vorangegangenen Kapiteln wurde festgestellt, dass die Ausgeglichenheit einer Liga weniger von den eingesetzten Mitteln als von den grundsätzlichen Voraussetzungen und Bedingungen für die Klubs abhängt. Demnach ist eine Liga umso ausgeglichener, je mehr sich die Ertragskurven der an der Liga teilnehmenden Klubs ähneln. Wenn die Ertragskurven der Klubs in etwa gleicher Höhe verlaufen und sich die Steigungen der Kurven ebenso ungefähr gleichen, dann haben die Klubs folglich auch Grenzertragskurven, deren Verlauf entsprechend ist. Unter diesen Voraussetzungen werden die Klubs in vergleichbarem Ausmaß in Spielstärke investieren und auf diese Weise unter sonst gleichen Voraussetzungen ungefähr gleiche Leistungen auf dem Spielfeld erbringen. Berücksichtigt man dann noch, dass Einflussfaktoren wie Zufall, Tagesform, Motivation oder taktischen Einstellungen mal die eine und mal die andere Mannschaft mehr begünstigen, dürfte daraus eine hinreichend große Unsicherheit des sportlichen Ausgangs resultieren, selbst wenn die Ertragskurven der teilnehmenden Teams sich nicht genau entsprechen. Diese Unsicherheit in bezug auf den sportlichen Ausgang dürfte sowohl den Ausgang einzelner Spiele, das Abschneiden einzelner Mannschaften als auch eine länger anhaltende Dominanz von Mannschaften betreffen. Dies gilt aber immer nur unter der Voraussetzung, dass die Ertragskurven zwischen den einzelnen Mannschaften nicht zu stark divergieren.

Aus dieser Einsicht wurde in dieser Arbeit außerdem abgeleitet, dass „Superwettbewerbe" in der Regel zu einer größeren Unausgeglichenheit in einer Liga führen. Solche „Superwettbewerbe" sind mit zusätzlichen Einnahmen für die dafür qualifizierten Klubs verbunden, während den nicht qualifizierten Mannschaften derartige Quellen nicht zur Verfügung stehen. Dadurch ergeben sich natürlich Auswirkungen auf den Verlauf der Ertrags- und Grenzertragskurven der Klubs. Diese Problematik wird dadurch verschärft, dass der Zutritt zu den europäischen Wettbewerben für zunächst mindestens eine Spielzeit verwehrt ist. Zwar könnten die „Superwettbewerbe" unter bestimmten Voraussetzungen auch zu einer größeren Ausgeglichenheit innerhalb der Liga führen, wenn es nämlich Mannschaften mit relativ geringem Ertragspotential gelingt, sich für diese Wettbewerbe zu qualifizieren und dadurch den aus der niedriger verlaufenden Ertragskurve resultierenden Nachteil gegenüber anderen Klubs zu kompensieren. Geht man aber davon aus, dass es Mannschaften mit sowieso schon großem Ertragspotential häufiger gelingt, sich für solche Superwettbewerbe zu qualifizieren, dann führen sie tendenziell und auf mittlere Sicht zu einer größeren Unausgeglichenheit. Dieser Effekt wird umso stärker sein, je größer die finanzielle Bedeutung der jeweiligen „Superwettbewerbe" ist. Und er wird noch einmal verstärkt, wenn die Mannschaften, die sich sowieso schon für einen „Superwettbewerb" qualifiziert haben, noch für weitere, kleinere „Superwettbewerbe" qualifizieren. In diesem Sinne fördert der DFB beispielsweise die Unausgeglichenheit in der Fußball-Bundesliga, indem er für die Mannschaften, die in den lukrativen europäischen Wettbewerben vertreten sind, zusätzlich weitere Wettbewerbe mit noch mehr Einnahmemöglichkeiten schafft. Der DFB erreicht diesen ungewollten Effekt dadurch, dass die Europapokalteilnehmer für den Ligapokal am Beginn der Saison und ein Teil dieser Mannschaften auch noch für den DFB-Hallen-Pokal in der Winterpause automatisch qualifiziert sind. Mit beiden Wettbewerben sind zusätzliche und garantierte Einnahmen für die teilnahmeberechtigten Klubs verbunden.

Die von den Ligen benutzten Ausgleichsinstrumente wie Reservierungsregeln, Gehaltsbeschränkungen und Einnahmenteilung sind gemäß der theoretischen und empirischen Analyse ungeeignet, um einen Ausgleich der Spielstärken herzustellen. Lediglich durch ein *Drafting*-System, wie es in den nordamerikanischen Ligen üblich ist, könnten unter bestimmten Annahmen und Voraussetzungen ausgleichende Effekte im Hinblick auf die Meisterschaftsverteilung ausgehen.[223] In den europäischen Fußballligen, die durch die konkurrierenden nationalen Ligen nicht eine derartige Monopolstellung haben wie die nordamerikanischen, dürfte die Einführung eines *Drafts* nach nordamerikanischem Vorbild aber kaum durchführbar sein. Außerdem verbleiben große Bedenken bezüglich der Freizügigkeit für Arbeitnehmer sowie aus kartellrechtlicher Sicht. Wenn die Ausgleichsinstrumente in der Regel auch keine allokativen Wirkungen haben, so sind sie doch in den wenigsten Fällen neutral in bezug auf die Distribution von Finanzmitteln. Sie senken in allen Fällen die (Spieler-)Kosten für die Klubs und transferieren auf diese Weise Gelder von den Spielern zu den Klubs. Außerdem bewirken sie eine Subventionierung der finanzschwächeren durch die reicheren Klubs. Eine solche Subventionierung lässt sich aber nicht rechtfertigen, wenn sie nicht zu einer allokativen Verbesserung hinsichtlich der Spielstärkenverteilung führt.[224] Im Gegenteil kann sie allokative Verschlechterungen bewirken, weil sie den Markteintritt von Außenseitern erschwert, wenn die erfolglosen Vereine durch die Subventionierung unterstützt werden. Sportliche Verzerrungen sind zudem durch die zum Teil komplexen Regelungen im nordamerikanischen Sport zu erwarten. Auf die eventuell anreizverzerrenden Wirkungen des *Drafting*-Systems wurde an anderer Stelle bereits hingewiesen.[225] Die Regelungen bezüglich der Reservierung von Spielern können weitere ungewollte Einflüsse auf den sportlichen Wettbewerb haben. Wenn die Reservierung eines Spielers beispielsweise von der Anzahl der

[223] Vgl. dazu die Ausführungen in Kapitel 4.

[224] So wird als explizites Ziel eines Finanzausgleiches die Sicherung der „sportlichen Ausgeglichenheit und damit die Attraktivität der Bundesliga" (Schellhaaß, H. M./ Enderle, G. (1998b), S. 294) genannt.

[225] Vgl. Kapitel 4.

bestrittenen Spiele abhängt (wie z. B. in der NHL), dann kann es durchaus rational von einem Klub sein, die Spieler seltener einzusetzen, als dies unter sportlichen Gesichtspunkten optimal wäre. Dass dadurch der sportliche Wettbewerb verzerrt werden kann, liegt auf der Hand. Unter dem Aspekt der Wirkung von Einnahmenteilungen erscheint auch die Frage der Kartellierung der Klubs bei der Vergabe der Fernsehrechte in einem neuen Licht: Ließe sich eine solche Kartellierung mit Hinweis auf die notwendigen gemeinsamen Regelungen und der gemeinsamen Erstellung eines Produkts (der Meisterschaft) noch rechtfertigen, ist sie doch ungeeignet und somit überflüssig, wenn sie nicht zu einer ausgeglicheneren Verteilung der Spielstärken führt.

Es stellt sich also die Frage, wie das Ziel einer größeren Ausgeglichenheit mit nachfragesteigender Spannung in einer Liga erreicht werden kann, wenn die bisher eingesetzten Mittel dazu weitestgehend ungeeignet sind und im wesentlichen der Verlauf der Ertragskurven für das Ausmaß der sportlichen Ungewissheit verantwortlich ist. Dabei sind zwei Aspekte eines allokativ sinnvollen Umverteilungssystems zu berücksichtigen. Erstens die Einnahmenseite: Woher sollen die zu transferierenden Gelder kommen und in welcher Höhe sollen sie von den Klubs genommen werden? Analog zur Terminologie der Steuerlehre stellt sich hier die Frage nach dem Steuerobjekt, der Steuerbemessungsgrundlage und dem darauf anzuwendenden (Steuer-)Satz. Zweiter Aspekt ist die Ausgabenseite: Wie soll das auf diese Weise erzielte Aufkommen, also die Verteilungsmasse, unter den Klubs verteilt werden? Nachfolgend wird zunächst die Ausgabenseite untersucht, um anschließend zu klären, auf welche Weise die verteilten Gelder überhaupt eingenommen werden sollen.

6.1. Verteilung der Gelder

6.1.1. Infrastrukturfonds

Eine Verteilung der Gelder muss, soll sie wirksam sein, an der Ursache des Problems ansetzen. Eine wesentliche Ursache für die Ungleichverteilung der Spielstärken in den verschiedenen Ligen ist der unterschiedliche Verlauf der Ertragskurven der in der Liga spielenden Klubs. Folglich muss ein Umverteilungssystem das Ziel verfolgen, die Unterschiede in den Ertrags- und Grenzertragskurven abzumildern. Wird dieses Ziel erreicht, kann von einer gewissen Startchancengleichheit der Klubs gesprochen werden. Die Frage ist nun, was eine Umverteilung von Geldern im Hinblick auf eine angestrebte Angleichung der Ertragspotentiale für Mannschaften beitragen kann. Die Ertragspotentiale spiegeln die Nachfragebedingungen wider, denen sich jeder einzelne Klub gegenübersieht. Die Nachfragebedingungen wiederum hängen vom Marktpotential eines jeden Klubs ab. Folglich wird das Marktumfeld im wesentlichen durch die Größe der Heimatstadt, der Größe und Qualität der Stadien sowie der damit verbundenen Infrastruktur bestimmt. Insofern ähnelt die Problematik dem Verteilungsziel einer flächendeckenden Versorgung zu sozial erwünschten Tarifen, auch wenn der Sachverhalt sicherlich nicht eins zu eins übertragen werden kann. Aber das Angebot von Spitzenmannschaftssport bleibt theoretisch auf die großen Ballungsräume beschränkt, genauso wie in unregulierten Versorgungsbereichen eine Konzentration des Angebots auf städtische Gebiete befürchtet wird. Zur Lösung des Versorgungsproblems in ländlichen und strukturschwachen Gebieten wird die Errichtung eines Infrastrukturfonds angeregt.[226] Dieser Lösungsansatz soll hier auch für den Ausgleich von Spielstärken in professionellen Sportligen übernommen werden.

Mit einem Infrastrukturfonds soll das Ziel verfolgt werden, die Ertragskurven von Klubs in kleinen Märkten nach oben zu verschieben, um sie auf diese Weise den Kurven der Teams in großen Märkten anzugleichen. Die Ertragspotentiale verschiedener Mannschaften sollen so auf ein vergleichbares Niveau angehoben werden. Seine Verwendung findet der Infrastrukturfonds dann vorwiegend im Ausbau der Stadien. Der Ausbau soll dabei sowohl zu einer erweiterten Kapazität als auch zu einer verbesserten Qualität der Stadien führen.[227] Die Qualität lässt sich dabei durch eine moderne Ausstattung, mehr Sitzplätze sowie die Errichtung von Logen bzw. Boxen und anderen hochwertigen Zuschauerplätzen erhöhen. Da die Veräußerung der Fernsehrechte für die Vereine außerdem von zunehmender Bedeutung ist, kann eine qualitative Verbesserung der Stadien auch insofern erfolgen, als sie der verbesserten Übertragbarkeit von Spielen im Fernsehen dient, indem beim Bau oder der Erneuerung auf die Bedürfnisse der Sendeanstalten Rücksicht genommen wird.

Eine Qualitätsanhebung kann aber auch in Form des Aus- bzw. Umbaus der Stadien zu Multifunktionsarenen erfolgen. Der Phantasie der Architekten und Stadioneigentümer sollten hier keine Grenzen gesetzt sein. An Beispielen, welche Nutzungen neben den sportbezogenen möglich sind, mangelt es inzwischen nicht mehr. In Leverkusen ist die „BayArena" gleichzeitig Hotel und Konferenzzentrum. Das Bremer Weserstadion dient unter anderem als Rehabilitationszentrum und Restaurant. In Gelsenkirchen ist ein Multifunktionsstadion („Auf Schalke") im Bau, das sich an der Konzeption in Amsterdam orientiert. Dort ist an die „Amsterdam ArenA" ein Sport- und Freizeitkomplex angegliedert. Ziel in Gelsenkirchen ist eine möglichst effektive Auslastung durch eine

[226] Vgl. Knieps, G. (1995), S. 617 ff.

[227] Laut WGZ-Bank (Hrsg.) (1999), S. 21 wird bei einigen Klubs mit einem geringem Anteil hochwertiger Zuschauerplätze bis zu 50% des Gesamtumsatzes erzielt.

Vielfalt von Veranstaltungen.[228] Für die Klubs können diese Qualitätsanhebungen aber nur zu zusätzlichen Einnahmen führen, wenn sie als (Mit-)Eigentümer der Stadien auftreten.

Auf diese Weise könnten sich die Sportklubs von dem unsicheren sportlichen Erfolg zumindest teilweise unabhängig machen und so die vielfach geäußerte Forderung von Investitionen nicht nur in „Beine“ (Spieler), sondern auch in „Steine“[229] erfüllen. Eine Diversifikation des Angebots der Sportunternehmen stellt eine Risikostreuung dar.[230] Zudem erhielten die Sportklubs durch die Infrastrukturmaßnahmen Eigentum an werthaltigem Anlagevermögen, womit darüber hinaus eine vielfach geboten erscheinende[231] Eigenkapitalstärkung[232] erreicht würde.[233]

Eine verbesserte Infrastruktur könnte aber verpuffen, wenn der Markt insgesamt zu klein für die betreffenden Klubs bleibt. Die Verbesserung der Infrastruktur sollte daher durch flankierende Maßnahmen ergänzt werden. So würde eine günstigere Anbindung an das Verkehrsnetz den Besuch der Stadien erleichtern, genauso wie ein Ausbau der Parkmöglichkeiten. Derartige Maßnahmen erscheinen insbesondere für Klubs in kleineren Städten, die auf Zuschauer aus dem näheren und ferneren Umland eher angewiesen sind als Klubs in großen Städten, wichtig, da auf diese Weise ihr Einzugsgebiet vergrößert würde. Insofern würden auch derartige Investitionen tendenziell zu einer Angleichung der Ertragspotentiale führen. Sie sind in diesem Sinne mit dem regionalpolitischem Instrumentarium der Verteilungspolitik zu vergleichen,[234] die hier nur nicht vom Staat, sondern vom die Liga organisierenden Verband durchgeführt wird.

---

228 In diesem Zusammenhang könnte auch über die Nutzung eines Stadions durch mehrere Klubs, z. .B. im Ruhrgebiet oder im Rheinland, nachgedacht werden, um eine effiziente Ausnutzung der Stadien zu gewährleisten und den Bau von Investitionsruinen zu verhindern.

229 Z. B. WGZ-Bank (Hrsg.) (1999), S. 62.

230 Unreflektierte Diversifikationen sind aber abzulehnen, da sie von den „Kernkompetenzen“ der Sportunternehmen wegführen könnte (vgl. auch Galli, A./ Wagner, M. (1999), S. 1966).

231 Littkemann, J./ Sunderdiek, B. (1998) kommen in einer bilanzanalytischen Untersuchung von drei Vereinen der Fußball-Bundesliga zu dem Ergebnis, dass die Eigenkapitalsituation einiger Bundesligisten vielfach unbefriedigend ist.

232 Bilanziell besteht für empfangene steuerbare Zuschüsse ein Wahlrecht, wonach diese erfolgswirksam vereinnahmt oder erfolgsneutral von den Anschaffungs- oder Herstellungskosten abgezogen werden können. Dies stellt jedoch lediglich ein buchhalterisches Problem dar, weil im Falle der Kürzung von Anschaffungs- bzw. Herstellungskosten stille Reserven in der Bilanz gelegt werden.

233 Dabei ist allerdings zu bedenken, dass sich eine hohe Kapitalbindung aus betriebswirtschaftlicher Sicht auch negativ auswirken kann, z. B. auf die Liquidität.

234 Vgl. Külp, B. (1994), S. 384.

Weil der Arbeitsmarkt für die Sportunternehmen von besonders großer Bedeutung ist, stellt die Entdeckung, Ausbildung und Förderung von talentierten Spielern eine der zentralen Aufgaben für das Management der Klubs dar. Auch diesbezüglich kann ein Infrastrukturfonds genutzt werden, indem man ihn dazu verwendet, Sportschulen oder Fußballinternate aufzubauen. Diese Institute dienen dann sowohl der Ausbildung und Bindung junger Spieler in einem Verein als auch dem Aufbau neuer Geschäftsfelder, denn Sportschulen können bei entsprechender Führung in Verbindung mit Fitnesszentren und anderen kommerziellen Einrichtungen eine Erlösquelle für die Klubs werden.

Insgesamt kann durch die Infrastrukturinvestitionen ein positiver Einfluss auf den gesamten betreffenden Sport eines Landes erwartet werden. Dies gilt nicht nur in bezug auf die Ausbildung von jungen Talenten, die unzweifelhaft profitieren dürfte und dem Sport insgesamt zu Gute kommt. Aber auch wenn die Stadien ausgebaut werden, ist mit einem erhöhten Mittelzufluss für die Klubs zu rechnen, durch den alle beteiligten Klubs genauso wie deren Spieler Vorteile haben.

6.1.2. Verteilung der Fondsmittel

Die Errichtung eines Fonds ist eine Sache, seine Verteilung eine andere und kompliziertere. Sie ist deshalb so kompliziert, weil keine ungewollten Anreize gesetzt werden sollen, die zu Verzerrungen des wirtschaftlichen oder sportlichen Wettbewerbs führen könnten. Daher ist darauf zu achten, dass durch die Verteilung der Gelder das (sportliche) Verhalten der Klubs nicht verändert und gleichzeitig die angestrebte allokative Verbesserung der Spielstärkenverteilung erreicht wird.

Da die Mannschaften, die für einen Superwettbewerb qualifiziert sind, sowieso schon Zugang zu lukrativen Einnahmequellen haben, sollten sie für die Jahre, in denen sie qualifiziert sind, von der Verteilung der Fondsgelder ausgeschlossen werden. Außerdem haben diese Vereine ja schon mit der Qualifikation für den Superwettbewerb unter Beweis gestellt, dass sie leistungsfähiger sind als die übrigen Klubs und eine leistungsstärkere Mannschaft besitzen. Eine solche Maßnahme hat natürlich Konsequenzen für die Höhe des Fonds, denn sie impliziert, dass die Klubs, die an der Verteilung der Fondsgelder partizipieren, im Ergebnis nicht mehr Geld erhalten dürfen als die Teilnehmer an den Superwettbewerben. Andernfalls würden sich sofort negative Leistungsanreize für die Teams einstellen.

Damit die Verteilung der Fondsmittel im Gegenteil zu positiven Leistungsanreizen führt, sollte die Zahlungen an die Klubs vom Abschlusstabellenstand abhängig gemacht werden.[235] Folglich würde die beste nicht für einen der lukrativen Superwettbewerbe qualifizierte Mannschaft den größten Anteil an den nach einer Saison zu verteilenden Fondsmitteln erhalten. Der Tabellenletzte erhielte den geringsten Anteil. Dadurch würden Anreize geschaffen, sich selbst dann noch um einen besseren Tabellenplatz zu bemühen, wenn die Qualifikation für einen Superwettbewerb schon genauso ausgeschlossen werden kann wie eine mögliche Relegation. Solche Anreize erscheinen dann noch wichtiger, wenn Mannschaften nicht dem Druck einer drohenden Relegation ausgesetzt sind, wie es im nordamerikanischen Profisport mit dem Franchisesystem der Fall ist. Dort sind im gegenwärtigen System mit der Verteilung der *Drafting*-Rechte im Gegenteil eher Anreize verbunden, die dazu führen, dass schlechte Teams noch schlechter abschneiden und zumindest für eine Zeit schlechte Teams bleiben.[236] Tendenziell kann daraus eine größere Spreizung der in einer Saison verteilten Punkte resultieren, also die Ungleichheit der Leistungen zunehmen. Ein Anreiz auch für schlechte Mannschaften kann somit zu einem ausgeglicheneren Saisonverlauf und so zu mehr Spannung in der Liga führen. In gleicher Weise können Klubs aus unterklassigen Ligen an dem Fonds beteiligt werden.

Aufsteiger in eine Liga werden mit einer Sonderzahlung aus dem Infrastrukturfonds bedacht. Ihre Begründung finden derartige Sonderzahlung mit der tendenziell schlechteren Infrastruktur, die Klubs aus den unteren Ligen haben. Damit fehlt es diesen Klubs in der Regel am vergleichbaren Ertragspotential gegenüber den etablierten Klubs in der höchsten Spielklasse. Die notwendigen Investitionen brauchen einen gewissen Zeitraum, so dass die Klubs Zeit brauchen, um im Vergleich zu den anderen Klubs aufzuholen. Verstärkt wird dieser Zeitnachteil noch, wenn die Entscheidung über den Aufstieg in die nächsthöhere Spielklasse sehr spät in der Vorsaison gefallen ist, zu einem Zeitpunkt also, in dem andere Vereine in ihren Planungen für die neue Saison schon vorangeschritten sind, sie also einen Planungsvorsprung haben. Ein Bonus für Aufsteiger kann außerdem den Vorteil haben, dass die Durchlässigkeit zwischen den Ligen erhöht wird, weil für Außenseiter ein weiterer Anreiz besteht, in die oberste Liga eines Landes aufzusteigen. Dadurch könnte der Wettbewerbsdruck auf die Mannschaften der höchsten Spielklasse erhöht werden. Zu beachten ist jedoch auch hierbei wiederum, dass die Anreize nicht so gesetzt werden dürfen, dass es für Mannschaften sinnvoll wird, z. B. zu einer sogenannten „Fahrstuhlmannschaft" zu werden, also immer wieder auf- und abzusteigen. Die Sonderzahlungen dürfen folglich nur eine bestimmte Höhe erreichen und zudem nur den Erfolg, nicht aber den Misserfolg einer Mannschaft belohnen.

---

[235] Insofern zielt die vom DFB durchgeführte Regelung der Verteilung der Rundfunkeinnahmen, die sich am aktuellen Tabellenstand sowie dem Abschneiden eines Klubs in den vorangegangenen Spielzeiten orientiert, durchaus in die richtige Richtung.

[236] In diesem Sinne auch: G. S. Becker/ G. N. Becker (1994), S. 193.

Dem Verband, der die Verteilung der Fondsgelder organisiert, obliegt die Kontrolle über die sachgerechte Verwendung der Gelder, d. h. der tatsächlichen Verwendung in Infrastrukturinvestitionen. Die Kontrolle kann der Verband in der Form vornehmen, dass er die Gelder, die einem Klub aus dem Fonds zustehen, nur auf Antrag freigibt. Bis dahin übernimmt der Verband die Verwaltung und Anlage der Mittel. Den Klubs wiederum wird die Möglichkeit gegeben, die Gelder erst dann in Anspruch zu nehmen, wenn der Ausbau der Infrastruktur vorgenommen werden soll. Der Klub stellt dann einen Antrag auf Freigabe der ihm zustehenden Fondsmittel beim Verband, der von diesem sorgfältig auf Sachgerechtheit zu prüfen ist.

Die „großen", einnahmenstarken Vereine einer Liga könnten sich häufig mit einer solchen Regelung nicht einverstanden erklären. Dennoch sollten die daraus resultierenden positiven externen Effekte, insbesondere die gesteigerte Gesamtnachfrage und die größeren Gesamteinnahmen, auch diese Klubs von einer Teilnahme am Infrastrukturfonds überzeugen.

6.2. Die Einnahmenseite

Nachdem hier die Verteilung der Gelder geklärt ist, muss die Frage der Einnahmen behandelt werden. Es verbleibt also die Einnahmenseite, d. h. die Frage, wie sich ein einzurichtender Infrastrukturfonds überhaupt speisen soll. Obwohl eine Teilung der Einnahmen nicht zu einer Angleichung der Spielstärken führt, wird doch zuweilen eine zentrale Vermarktung der Fernsehrechte gefordert, da nur auf diese Weise ein ausreichender finanzieller Ausgleich zwischen reicheren und ärmeren Klubs sichergestellt werden kann.[237] Ein finanzieller Ausgleich zwischen den Klubs ist aber nicht das Primärziel einer Umverteilung von Geldern, sondern vielmehr der Ausgleich der Spielstärken. Ein finanzieller Ausgleich ist ohne allokative Verbesserung hinsichtlich der Verteilung der Spielstärken nicht zu rechtfertigen, da er in das Marktgeschehen eingreift und das Marktgleichgewicht zwischen Spielern und Klubs stört, und das in der Regel auf Kosten der Spieler.

Da die Teilnahme eines Teils der Ligamitglieder an finanziell immer bedeutender werdenden Superwettbewerben eine der wesentlichen Ursachen für die zunehmende Unausgeglichenheit der Ligen ist, muss dies bei der Festlegung sowohl der Bemessungsgrundlage als auch eines anzuwendenden Steuersatzes berücksichtigt werden. Es erscheint also sinnvoll, den für einen Superwettbewerb qualifizierten Klubs einen größeren Anteil an der Finanzierung der Infrastrukturfonds aufzuerlegen. Um die für den Fonds notwendigen Einnahmen zu erzielen, ist eine Steuerlösung anzustreben, an der alle Klubs beteiligt werden,

[237] Vgl. z. B. Schellhaaß, H. M./ Enderle, G. (1998a) und (1998b).

die später auch von den Fondsmitteln profitieren sowie die Teilnehmer an den „Superwettbewerben“. Für die Teilnehmer an den „Superwettbewerben“ wird ein höherer Steuersatz festgelegt als für die übrigen Klubs. Die für einen zusätzlichen Wettbewerb qualifizierten Klubs sind also doppelt belastet: zum einen dadurch, dass sie in dem jeweiligen Jahr nicht von der Ausschüttung des Fonds profitieren, und zum anderen dadurch, dass sie sich durch einen höheren Steuersatz an der Finanzierung des Fonds beteiligen. Mehr als zwei verschiedene Steuersätze sollten aus Transparenzgründen nicht festgelegt werden.

Bei der Festlegung der Höhe des Steuersatzes ist wieder darauf zu achten, dass keine ungewollten Anreize für die Klubs resultieren. Für die qualifizierten Klubs sollte es immer noch eine Belohnung darstellen, am Superwettbewerb teilnehmen zu dürfen, auch in finanzieller Hinsicht. Erfolg – wirtschaftlich oder sportlich - soll nicht bestraft werden! Außerdem können Klubs, die sich z. B. für einen Europapokalwettbewerb qualifiziert haben, keineswegs „sicherstellen, sich nahezu jedes Jahr für einen der europäischen Wettbewerbe zu qualifizieren.“[238] Der Wettbewerbsdruck der anderen Teilnehmer an den nationalen Ligen bewirkt immer wieder, dass Klubs nach jahrelanger Präsenz im Europapokal und trotz finanzieller Potenz dennoch die erneute Qualifikation für diese Wettbewerbe verpassen.[239] Wichtig ist es in diesem Sinne vielmehr, den Zugang zu den Superwettbewerben so offen wie möglich zu halten, d. h. immer wieder eine neue sportliche und wirtschaftliche Qualifikation für diese Wettbewerbe vorzuschreiben. Dann würde Missmanagement oder unzureichende sportliche Leistung auch bei den Klubs durch Nicht-Qualifikation bestraft werden, die eigentlich zu den finanzstärksten Klubs zu zählen sind.

Für die Bemessungsgrundlage kommen eine Vielzahl von Größen in Frage. Naheliegend wäre es, die Einnahmen der Klubs für die Besteuerung heranzuziehen, eventuell unterteilt nach Einnahmen aus dem normalen Spielbetrieb, den Superwettbewerben und sonstigen Geschäftsbereichen. Die Einnahmen als Bemessungsgrundlage sind jedoch mit einer Reihe von Nachteilen verbunden. So wird eine Besteuerung auf Grundlage aller Einnahmen dazu führen, dass die Klubs ihre Anstrengungen in einem Teil dieser Aktivitäten, z. B. dem Merchandising, reduzieren. Würde man dagegen nur bestimmte Einnahmen, z. B. alle Einnahmen aus Europapokalspielen, besteuern, wären Ausweichreaktionen der beteiligten Klubs zu erwarten.[240] Diese Problematiken rechtfertigen nach der hier vertretenen Auffassung aber noch nicht, auf eine Steuerlösung komplett zu verzichten und dafür die zentrale Vermarktung von Fernsehrechten beizubehalten. Stattdessen kann als Bemessungsgrundlage für die Besteuerung von Klubs

---

238 Diese Ansicht vertreten aber Schellhaaß, H. M/ Enderle, G. (1998a), S. 300.

239 Der BV Borussia Dortmund ist hierfür das beste Beispiel.

240 In diesem Sinne auch: Schellhaaß, H. M./ Enderle, G. (1998a), S. 305.

deren Ausgabensumme herangezogen werden. Wenn die Ausgaben die Bemessungsgrundlage für die Besteuerung sind, gibt es für die Klubs keine Gründe, die Anstrengungen zur Erzielung bestimmter Einnahmen einzuschränken. Zudem kann bei einer Besteuerung der Ausgaben davon ausgegangen werden, dass die Ausweichreaktionen der beteiligten Klubs deutlich geringer ausfallen, als wenn man Einnahmen als Grundlage einer Besteuerung heranziehen würde. Grundsätzlich handelt es sich beim Problem der Ausweichreaktionen um ein Prinzipal-Agenten-Problem[241] der Agency-Theorie. Der Prinzipal in diesem Sinne ist der Ligaveranstalter, wobei das Wohlergehen der gesamten Liga durch die einzelnen Agenten, das sind hier die Klubs, abhängt. Den Klubs verbleiben gewisse Handlungsspielräume und Informationsvorteile gegenüber dem Ligaveranstalter, die in ihren Ausweichreaktionen zum Ausdruck kommen, und die von ihnen zu Ungunsten der übrigen Klubs genutzt werden können. Derartige Beziehungen treten im Wirtschaftsleben häufig auf und werden z. B. durch entsprechende Vertragsgestaltung oder auch die Errichtung von Überwachungs- und Kontrollinstanzen geregelt. Eine vergleichbare Problematik liegt beispielsweise in der Auftragserteilung von Jahresabschlussprüfungen vor. In Deutschland ist darauf durch das Gesetz zur Kontrolle und Transparenz im Unternehmensbereich reagiert worden, wonach die Auftragserteilung zukünftig nicht mehr durch das zu kontrollierende Organ, d. h. die Geschäftsführung, sondern durch ein anderes Kontrollorgan des Prinzipals, nämlich dem Aufsichtsrat, erfolgt. Dieser Ansatz kann von den Ligaveranstaltern übernommen werden, denn sie verpflichten auch bisher schon die Klubs, einen von einem Wirtschaftsprüfer zu testierenden Jahresabschluss aufzustellen. Im deutschen Fußball wird der Wirtschaftsprüfer der Klubs jedoch bisher von der Klubführung beauftragt, also vom zu kontrollierenden Agenten. Eine Auftragserteilung durch den Ligaveranstalter selbst kann das hier vorliegende Prinzipal-Agenten-Problem wenn nicht lösen, so doch reduzieren. Insofern hat die ligaveranstaltende Organisation einen Ansatzpunkt, Ausweichreaktionen und opportunistisches Verhalten zu kontrollieren und reduzieren, indem sie sich über die wirtschaftliche Prüfung der Finanzzahlen der Klubs objektivierte Informationen einholt, ohne dabei wesentliche zusätzliche Kosten für die Klubs zu verursachen.[242] Um Ausweichreaktionen der beteiligten Klubs noch stärker zu beschränken, sind die Gesamtausgaben des Klubs als Bemessungsgrundlage heranzuziehen. Zwar lassen sich auch opportunistische Verhaltensweisen bezüglich der Ausgaben eines Klubs denken, beispielsweise die Bezahlung von Spielern durch befreundete Unternehmen. Hier lassen sich aber genauso vertragliche Regelungen finden, die eine korrekte Ermittlung der Bemessungsgrundlage ermöglichen. Zudem verbleibt

---

241 Vgl. auch Atkinson, S. E. e. a. (1988), S. 28.

242 Die CBA der nordamerikanischen Profiligen können als Versuch betrachtet werden, durch eine umfangreiche Vertragsgestaltung inklusive der Installation von Kontroll- und Überwachungsinstanzen ein Prinzipal-Agenten-Problem zu lösen.

die Möglichkeit, gegebenenfalls den Steuersatz zu erhöhen. Eine Anpassung des Steuersatzes in die eine oder andere Richtung stellt eine weitere Option für den Ligaveranstalter dar, so dass ein für alle beteiligten Klubs akzeptabler Steuersatz in Form eines *Trial-and-Error*-Verfahrens gefunden werden kann.[243]

Abbildung 31: Umverteilung von Finanzmitteln durch einen Infrastrukturfonds

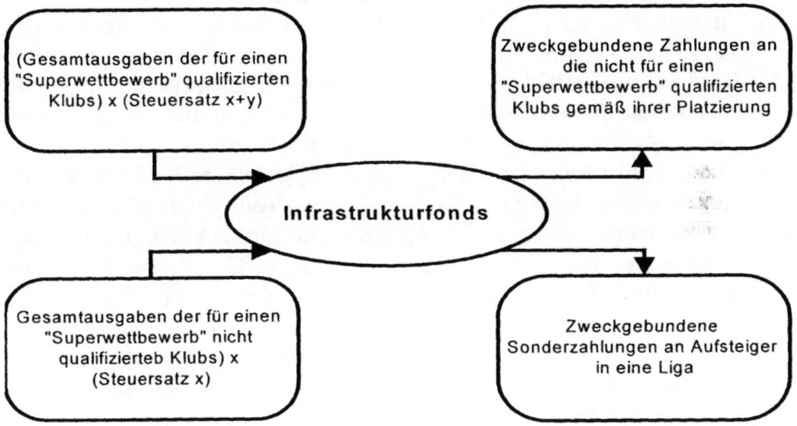

Würden die Ausgaben als Bemessungsgrundlage einer Besteuerung herangezogen werden, würde sich damit ein weiteres Problem, mit dem die Klubs konfrontiert sind, reduzieren. Da Meisterschaften in einer Liga ausgespielt werden, ist für die Klubs nicht (nur) das absolute, sondern nur das relative Ergebnis im Vergleich zu den anderen Klubs relevant, es existiert eine „Rangexternalität“[244]. Diese bewirkt, dass es zu einem „Rattenrennen“[245] und damit verknüpft zu Überinvestitionen in Spielstärke der beteiligten Klubs kommen kann. Derartige Anreize für Überinvestitionen würden durch eine Abgabe auf die Ausgaben eines Vereins gemildert.[246] Die Klubs könnten sich unter diesen Voraussetzungen weiter um die Mehrung ihrer Einnahmen bemühen, gleichzeitig würden sie einem Anreiz ausgesetzt, ihre Ausgabenhöhe zu senken bzw. zu kontrollieren.

[243] Eine solche Vorgehensweise ähnelt dem sogenannten Standard-Preis-Ansatz in der Umweltökonomie zur Findung eines „guten“ Pigou-Steuersatzes; vgl. Baumol. W. J./ Wallace E. O. (1971).
[244] Franck, E. (1995), S. 150.
[245] Z. B. Büch, M.-P./ Frick, B. (1999), S. 115.
[246] In diesem Sinne auch: Becker, G. S./ Becker, G. N. (1994), S. 192.

6.3. QUALIFIKATION FÜR „SUPERWETTBEWERBE“

Einen weiteren Beitrag zu einer stärkeren Ausgeglichenheit innerhalb der nationalen europäischen Fußballligen könnte die UEFA als Veranstalter der „Superwettbewerbe“ *Champions League* und UEFA-Pokal beitragen. Bislang können sich die besten Mannschaften des abgelaufenen Meisterschaftswettbewerbs für die *Champions League* qualifizieren, während die nächstbesseren Teams sowie der Pokalsieger für den UEFA-Pokal qualifiziert sind. Gerade der Titel eines Pokalsiegers ist aber durch die Ausrichtung im K.-o.-System sowie die damit verbundene höhere Zufallswahrscheinlichkeit eines Sieges auch für kleinere Klubs durchaus zu erringen. Die Anzahl der DFB-Pokalsiege verteilt sich im Vergleich zu den Gewinnen der Deutschen Fußballmeisterschaft auf mehr Klubs.[247] Wenn nun im nationalen Pokalwettbewerb die Chancen für die Qualifikation zu einem europäischen Superwettbewerb größer sind als im nationalen Meisterschaftswettbewerb, dann könnte man diesen Klubs die Teilnahme an der finanziell lukrativeren *Champions League* statt wie bisher am UEFA-Pokal gewähren. Dadurch hätten auch einmal kleinere oder zweitklassige Klubs, denen im Pokalwettbewerb eine Überraschung gelingt, die Möglichkeit, größere Einnahmen zu verbuchen und so den Nachteil gegenüber den reichen Klubs tendenziell auszugleichen. Für die *Champions League* wäre diese Lösung zum einen mit dem Vorteil verbunden, dass sie ihren Namen ein bisschen mehr rechtfertigt, denn ein Pokalsieger ist eher als *„Champion“* im Sinne eines Titelträgers zu betrachten als ein Tabellenvierter, zum anderen könnte sie einen zusätzlichen Reiz aus Spielen mit David-gegen-Goliath-Charakter ziehen.[248]

---

[247] Vgl. Kapitel 4.2.5.2.1. , in dem Gini-Koeffizient und Lorenz-Kurve für beide Wettbewerbe ermittelt wurden.

[248] Allerdings muss andererseits davon ausgegangen werden, dass die Qualifikation schwächerer Mannschaften über die nationalen Pokalwettbewerbe tendenziell zu einer größeren Unausgeglichenheit in dem „Superwettbewerb“, in diesem Fall der *Champions League*, führen würde.

6.4. Weitere Problembereiche

Die Teilung von Einnahmen, die Durchführung eines *Drafts* oder andere Formen der Spielerreservierung, die Deckelung der Gesamtlöhne eines Klubs oder Begrenzungen des Spielerkaders werden zuweilen auch mit dem Argument gerechtfertigt, dass sie zu einer Dämpfung der Investitionen der Klubs führen, und somit die Überinvestition aufgrund des „Rattenrennens" gewinnmaximierender Klubs abmildern.[249] Meines Erachtens kann darin aber kein Argument für die Beibehaltung dieser Institutionen gesehen werden, denn sie lösen ein Problem der Klubs, nämlich deren Investitionsfehler, auf Kosten der Spieler. Nur wenn die Eingriffe in den Markt zu einer allokativen Verbesserung führen, können sie unter Berücksichtigung der Auswirkungen auf Klubs und Spieler gerechtfertigt werden. Ineffiziente Investitionsentscheidungen dürfen nicht als Rechtfertigung für Markteingriffe herhalten, insbesondere wenn dies auf Kosten der Spieler geschieht.

Angesprochen wurde schon das Problem der Durchsetzbarkeit einer auf einer Steuererhebung basierenden Fondslösung. Als Lösung dieses Problems bietet sich eine Verbesserung der Kontrollrechte des Fondsverwalters gegenüber den zur Zahlung verpflichteten Klubs an. Neben der bereits angedeuteten Möglichkeit der Beauftragung von Wirtschaftsprüfern steht es den Ligabetreibern frei, weitere Anreiz- und Kontrollmechanismen in Gang zu setzen bzw. zu entwickeln, um das Informationsdefizit gegenüber den Klubs zu verringern. Außerdem kann eine Anpassung der Fondseinnahmen über eine Variation der Steuersätze erreicht werden.

Diese Arbeit hat sich bis hierhin im wesentlichen mit der Frage beschäftigt, wie ein Ausgleich der Spielstärken durch Eingriffe in das Verhältnis Spieler – Klubs – Ligabetreiber hergestellt werden kann. In der relevanten Literatur entsteht bisweilen der Eindruck, ein wie auch immer aussehendes Ausgleichsinstrumentarium würde alleine schon zu einer ausreichenden Ausgeglichenheit zwischen den Klubs in einer Liga führen. Dieser Einschätzung soll hier jedoch – trotz des vorgestellten Vorschlags für einen Ausgleichsfonds – widersprochen werden, denn vieles spricht dafür, dass die einzelnen Klubs selbst den größten Teil zu einer ausgeglichenen Liga beitragen können, indem sie nämlich ein effizientes Management installieren, das in der Lage ist, das Marktpotential eines Klubs weitestgehend auszuschöpfen und die richtigen Entscheidungen zu treffen. Sport ist ein Wirtschaftszweig, der mit großen Unwägbarkeiten verbunden ist, mehr noch als andere Branchen. Das bedeutet aber, dass selbst die Klubs mit den günstigsten Voraussetzungen Spielerqualitäten oder Marktchancen falsch einschätzen können. Darin liegt für Teams mit kleinem Markt dann die Chance,

[249] Vgl. Franck, E. (1995), S. 155 ff.

zeitweise an den „Großen“ der Branche vorbeizuziehen. Natürlich hat ein Verein wie der FC Bayern München jahrelang gegenüber anderen Klubs der Bundesliga den Vorteil gehabt, ein größeres und modernes Stadion zur Verfügung zu haben.[250] Und natürlich hatte der FC Bayern jahrelang den Vorteil, in einer der größten und reichsten Städte des Landes mit einem relativ großen Umland beheimatet zu sein. Diese Bedingungen haben dem FC Bayern in Verbindung mit dem daraus resultierenden sportlichen Erfolg eine Bekanntheit weit über die Grenzen Deutschlands hinaus beschert. Aber natürlich hätte der FC Bayern seine Position nicht über eine so lange Zeit halten können, wenn er nicht durch ein gutes und innovatives Management immer wieder den anderen Klubs einen Schritt voraus gewesen wäre. Andere Klubs konnten dagegen nur zeitweise dem FC Bayern Paroli bieten, und immer waren es erfolgreiche Gespanne aus Manager und Trainer, die diesen Erfolg bescherten: NETZER und HAPPEL beim Hamburger SV der frühen 1980er Jahre, LEMKE und REHHAGEL in Bremen, MEIER und HITZFELD in Dortmund oder CALMUND und DAUM in Leverkusen.

Dass zwei (REHHAGEL und HITZFELD) der vier genannten Trainer später doch zum FC Bayern München wechselten, zeigt einen Aspekt an, der meines Erachtens von zentraler Bedeutung für das Management eines Klubs ist: Für die Trainer war sicherlich der Ruf des FC Bayern München als einer der erfolgreichsten Fußballklubs Europas sehr bedeutend bei der Wechselentscheidung. Der Aufbau von Reputation und die Schaffung einer eigenen Marke ist gerade im europäischen Sport von besonderer Bedeutung.[251] Hat ein Klub eine derartige Reputation erlangt, resultieren für ihn daraus eine Reihe sich gegenseitig unterstützender Vorteile. Spieler, Trainer und Manager sind eher bereit, für einen Klub mit großer Tradition (also guter Reputation) zu arbeiten. Ein erfolgreicher Traditionsverein zieht mehr Zuschauer ins eigene und in fremde Stadien, er kann mehr Geld für Fernsehübertragungen oder Freundschaftsspiele verlangen, sein Fanartikelverkauf wird besser laufen als der anderer Vereine, und Sponsoren ist die Werbung mit einem solchen Klub mehr wert als mit anderen. Die Mehreinnahmen sind dann wiederum hilfreich bei der Verpflichtung der besten verfügbaren Spieler und die Reputation kann durch sportlichen Erfolg weiter ausgebaut werden, weil zwischen sportlichem Erfolg und Reputation eine Wechselbeziehung besteht.[252] Der Aufbau des Vereinsnamens zu einem Markennamen

---

[250] So weisen z. B. auch Lehmann, E./ Weigand, J. (1997), S. 401 darauf hin, dass der FC Bayern München gerade in der Zeit des öffentlich-rechtlichen Sendemonopols vor 1987 in Deutschland von seiner großen Stadionkapazität und geringer regionaler Konkurrenz profitierte und auf diese Weise die Grundlagen für seine spätere Finanzkraft legen konnte.

[251] In diesem Sinne auch Galli, A./ Wagner, M. (1999), S. 1966 ff.

[252] Auf den sogenannten *Scale-of-Operations*-Effekt wurde schon an anderer Stelle hingewiesen.

stellt folglich eine der wichtigsten Aufgaben des Managements der Klubs dar,[253] auch weil Reputation helfen kann, nach sportlich unbefriedigenden Spielzeiten erneut wirtschaftlichen und sportlichen Erfolg zu erlangen. Sie kann außerdem die Abhängigkeit eines Klubs vom sportlichen Erfolg reduzieren, indem andere Geschäftsfelder des Sportunternehmens wie z. B. das Merchandising auch dann noch Erlöse beitragen, wenn der sportliche Erfolg einmal ausbleibt.

Wie alle anderen Aufgaben des Managements lässt sich ein Markenname nicht durch die Teilung von Einnahmen, die Deckelung der Gehälter oder Reservierungsregeln aufbauen. Hier muss am Management selbst angesetzt werden. Die Führung der Klubs durch ehrenamtliche Funktionäre oder Mäzene wie sie im europäischen Sport häufig noch üblich ist, erweist sich auch im Hinblick auf den Ausgleich der Spielstärken als überholt. Vereine, deren in Fragen des Sportmanagements schlecht ausgebildete Führung über Jahresgehälter professioneller Spieler in Millionenhöhe entscheiden, müssen fast zwangsläufig im Vergleich zu den besser geführten Klubs zurückfallen. Wenn die europäischen Fußballklubs vermehrt ein professionelles Management zur Führung ihrer wirtschaftlichen und sportlichen Geschicke installieren, werden viele Klubs zu den heute führenden Mannschaften aufschließen können.[254] Ausgeglichenere Spielzeiten und Meister aus verschiedenen Städten werden die Folge sein, wie an der MLB in Nordamerika zu sehen ist. Erste Ansätze und Anzeichen dafür gibt es in der Bundesliga schon: Der Hamburger SV ist auf dem Weg, mit neuem Stadion und professionelleren Strukturen seine alte Stärke wiederzugewinnen. Hertha BSC Berlin nutzt nach Jahren als schlafender Riese jetzt das Potential der deutschen Hauptstadt und ist auf europäischer Ebene vertreten. Der BV Borussia Dortmund, über Jahre bestenfalls ein Mitläufer in der Bundesliga, hat schon bewiesen, dass man mit einer professionellen Vereinsführung Titel auf nationaler und internationaler Ebene gewinnen kann. Ähnlich liegen die Dinge für deren Revierrivalen vom FC Schalke 04, bei denen nach jahrelangem Chaos in der Vereinsführung die Grundlagen für anhaltenden Erfolg durch konsequente Managementtätigkeit gelegt wurden. In diesem Sinne kann eine Unterstützung der Investitionstätigkeit finanzschwacher Klubs nur ein Stück Startchancengleichheit bedeuten. Was die Klubs aus den Möglichkeiten machen, wird im Management und natürlich auch auf dem Spielfeld entschieden. Startchancengerechtigkeit kann nicht bedeuten, dass Managementleistungen keine

---

[253] Vgl. z. B. auch WGZ-Bank (1999), S. 38, die ebenso dem Aufbau eines Markennamens aus dem Vereinsnamen und –logo eine wichtige Bedeutung zukommen lassen.
Scully, G. (1995), S. 100 ff. bringt die Reputation eines Franchises in den nordamerikanischen Ligen mit dessen Verkaufswert in Verbindung.

[254] Auch Lehmann, E./ Weigand, J. (1997), S. 402 (f.) vertreten die Auffassung, dass die Finanzkraft führender Vereine der Bundesliga „insbesondere auch Ergebnis eines professionellen und nach wirtschaftlichen Gesichtspunkten operierenden Managements“ ist.

Berücksichtigung bei einem finanziellen Ausgleich zwischen Klubs finden! Dass das Management des FC Bayern München vor Fehlern gefeit ist, kann weitestgehend ausgeschlossen werden. Es verbleibt also begründete Hoffnung, dass weder der FC Bayern München noch Manchester United oder Real Madrid zu „ewigen Meistern“ ihres Landes werden.

Im Zusammenhang mit den Managementleistungen eines Klubs kann der Ligaveranstalter unterstützend tätig werden, indem er sein durch den Betrieb der Liga gewonnenes Fachwissen den Klubs zur Verfügung stellt. Er würde dann quasi als Unternehmensberatung für die Klubs tätig.[255] Insgesamt würde ein leistungsfähiges Management bei allen Klubs dazu führen, dass sie sich sowohl in wirtschaftlicher als auch in sportlicher Hinsicht einander annähern. Der sportliche Wettbewerb in einer Liga würde davon profitieren, die Ungewissheit seines Ausgangs zunehmen.

[255] Auch hierin kommt eine Parallele zum regionalpolitischen Instrumentarium der Verteilungspolitik zum Ausdruck; vgl. erneut Külp, B. (1992), S. 384.

7. SCHLUSSTEIL

7.1. ZUSAMMENFASSUNG

Die hier vorliegende Arbeit beschäftigt sich mit einem speziellen Verteilungskampf innerhalb der Sportbranche, genauer gesagt innerhalb von professionellen Mannschaftssportligen. Es geht um die Frage, wie die Einnahmen, die innerhalb einer Liga von den Ligamitgliedern erwirtschaftet wurden, auf diese verteilt werden sollen. Stehen die Einnahmen nur dem Klub zu, der ihn erwirtschaftet hat, oder gibt es Gründe, die eine Umverteilung der Einnahmen zwischen den verschiedenen Klubs rechtfertigen? Diese Fragen haben mit dem Wachstum der Verteilungsmasse in den vergangenen Jahren in den Ligen eine immer größere Bedeutung erhalten. Insofern sind in Zukunft noch weitere Auseinandersetzung über die Finanzverfassung, die Organisation und die Strukturierung von Sportligen zu erwarten. Die Diskussion um die Gründung einer Europaliga, die zentrale Vermarktung von Medienrechten oder die Gestaltung des Transfersystems[256] verdeutlicht, dass die Ligen insbesondere in Europa ihre Gestaltungsfragen noch nicht abschließend geklärt haben. In geringem Umfang stehen auch die nordamerikanischen Ligen unter einem Veränderungszwang. Dort wird bisweilen der Vorwurf der Monopolmacht und ihrer Ausnutzung erhoben.[257] Rivalisierende Ligen, kartellrechtliche Fragestellungen, Arbeitskämpfe oder nachfrageschädigende Dominanz einzelner Mannschaften sind weitere Herausforderungen, die auf nordamerikanische genauso wie auf europäische Sportunternehmen zukünftig zukommen könnten.

Um ein möglichst umfassendes Marktverständnis zu gewinnen und Unterschiede und Gemeinsamkeiten zwischen verschiedenen Ligen, insbesondere zwischen denen in Nordamerika auf der einen und denen in Europa auf der anderen Seite, herausarbeiten zu können, wurde zunächst der Versuch unternommen, die organisatorischen und institutionellen Regelungen in den Ligen einer Bestandsaufnahme zu unterziehen. Zudem wurde auf die historische Herkunft der heutigen Strukturen eingegangen. Auch wenn eine Vielzahl von Informationen hier zusammengetragen werden konnte, zeigt sich doch häufig das Problem, dass Auskünfte die finanziellen und wirtschaftlichen Regelungen betreffend häufig schwer zu erhalten sind. Hier verbleibt Klärungsbedarf, besonders im Hinblick auf die Regelungen in der italienischen und spanischen Fußballliga. Von großem Nutzen dürfte auch die Untersuchung der amerikanischen Foot-

[256] Erst im Herbst 2000 kam es zu Diskussionen zwischen UEFA, FIFA und Europäischer Kommission zu Diskussionen um die Neugestaltung des Transfersystems im europäischen Fußball, weil die Kommission auch in der Vertragsgestaltung eine Einschränkung der Freizügigkeit von Arbeitnehmern sah; vgl. Zorn, R. (2000b) oder aus juristischer Sicht Kelber, M. (2000).

[257] Vgl. z. B. Quirk, J./ Fort, R. (1999), S. 171.

ballliga, der NFL, die hier nicht miteinbezogen wurde, sein, denn sie führt eine sehr strenge Einnahmenteilung durch und gilt im allgemeinen als die ausgeglichenste unter den nordamerikanischen Ligen.[258] Dies wäre dann auch insofern bemerkenswert, als dann mit MLB und NFL die beiden nordamerikanischen Ligen die größte Ausgeglichenheit aufweisen würden, die ihre Einnahmen am gleichmäßigsten aufteilen, was der theoretischen Analyse zunächst einmal zu widersprechen scheint. Würde sich die NFL tatsächlich als ausgeglichener und spannender als andere Ligen erweisen, müsste das die Wirkung von Maßnahmen der Einnahmenteilung in einer Liga beschreibende Modell dahingehend überdacht werden, ob es diese Wirkung ausreichend erklärt oder gegebenenfalls erweitert werden muss.[259] Ein weiteres Ergebnis dieser Arbeit, für das zunächst keine Ursache gefunden werden konnte, ist die unterschiedliche Ausgeglichenheit in NBA und NHL, obwohl beide Ligen vergleichbare institutionelle und organisatorische Voraussetzungen haben.

Insgesamt sollte aber ein Eindruck von den unterschiedlichen Voraussetzungen in den verschiedenen Ländern bzw. Ligen vermittelt worden sein, wobei dem amerikanischen Franchisesystem der Ligen der hierarchische Ligenaufbau mit Anlehnung an Verband und/oder Staat in Europa gegenübergestellt wurde. Entwicklung und Kommerzialisierung haben in den Ländern zum Teil vergleichbare, zum Teil aber auch unterschiedliche Formen der Regulierung hervorgerufen.

Im theoretischen Teil der Arbeit wurde zunächst auf die Eigenschaften des in den Sportligen hergestellten Produktes eingegangen. Die gegenseitigen Abhängigkeiten der an einer Liga teilnehmenden Klubs in Verbindung mit der Relativität ihrer Ergebnisse stellen eine Externalität zwischen den Klubs dar („assoziative Konkurrenz"[260]). Zudem wurde die Unsicherheitshypothese als ein zentrales Charakteristikum des im Sport hergestellten Produkts dargestellt. Dass unsichere sportliche Ausgänge konstitutiv für den Sport und eine zentrale Determinante der Nachfrage sind, ist nicht zu bestreiten. Welches Ausmaß an Ungewissheit von sportlichen Veranstaltungen aber für eine befriedigende Nachfrage tatsächlich notwendig ist und welche anderen Einflüsse wirksam werden, wurde in dieser Arbeit nicht untersucht. Dieser Zusammenhang erscheint nicht abschließend geklärt zu sein, so dass Raum für weitere Untersuchungen gegeben ist. Des weiteren wurden die Bedingungen der Märkte, auf denen sich die Sportunternehmen professioneller Mannschaftssportligen bewegen, untersucht.

---

[258] Vgl. z. B. Fort, R./ Quirk, J. (1995), S. 1267. (Eine erste nicht-repräsentative Untersuchung der Saison 2000/2001 unterstützt diese These aber nicht.)

[259] Ein Ansatz könnte die Unterscheidung bei Vrooman, J. (1995), S. 978 zwischen gewinnelastischen und gewinnunelastischen Einnahmen sein.

[260] Heinemann, K. (1987), S. 246.

Neben betriebswirtschaftlichen Gesichtspunkten standen Kartell- und Monopolproblematiken im Vordergrund. Während in der Regel von Marktmacht eines quasi-natürlichen Monopols Sportliga ausgegangen wird, hat diese Arbeit den Versuch unternommen, Aspekte, die die Marktmacht dieser Monopole einschränken könnte, herauszuarbeiten. Die Überlegungen zur Marktmacht von Ligen und Vereinen stehen dabei noch am Anfang einer ausführlichen Diskussion, so dass die hier dargestellten Ansätze als Anregung zu weiteren Überlegungen zu verstehen sind. Ziel sollten aber Maßnahmen sein, die zu einer möglichst weitgehenden Öffnung der Märkte sowohl für einzelne Klubs als auch für die Liga als Ganzes führen und dabei gleichzeitig auf die Besonderheiten der Produkterstellung im Sport ausreichend Rücksicht nehmen.

Um eine ausreichende Ausgeglichenheit innerhalb einer Liga und damit ungewisse Spiel- und Meisterschaftsausgänge zu gewährleisten, haben die professionellen Sportligen Instrumente entwickelt, die unter anderem eine Angleichung der Spielstärken gewährleisten sollen. Die Analyse und Diskussion dieser Instrumente zeigt jedoch, dass dieses Ziel mit den vorhandenen Mitteln nicht immer erreicht wird, und die empirischen Ergebnisse scheinen diese These zu bestätigen. Gleichwohl sind mit den Instrumenten Umverteilungswirkungen verbunden, allerdings nur im Hinblick auf die Aufteilung von Geldern zwischen Klubs und Spielern auf der einen und einer Subventionierung unter Klubs auf der anderen Seite. Im Hinblick auf die Spielstärkenverteilung innerhalb einer Liga führen „Superwettbewerbe", die einem Teil der Ligateilnehmer zusätzliche Einnahmen gewährleisten, während die übrigen Mannschaften davon ausgeschlossen bleiben, in der Regel zu einer Verfestigung und einem Ausbau von sportlichen Vorteilspositionen. Derartige „Superwettbewerbe" werden die Ausgeglichenheit innerhalb einer Liga um so stärker beeinträchtigen, je größer ihre finanzielle Bedeutung ist. Daher sind sie bei Versuchen, einen Ausgleich zwischen finanzstarken und finanzschwachen Klubs herbeizuführen, besonders zu berücksichtigen. Wenn es zu einer Umverteilung von Geldern in einer Liga mit allokativen Verbesserungen kommen soll, dann ist bei den Einnahmen aus diesen „Superwettbewerben" anzusetzen.

Für die ökonomische Analyse wie für die (sport-)politische Diskussion ist es wichtig, dass die Ziele, die mit verschiedenen Mitteln erreicht werden sollen, explizit benannt werden. Es erscheint bisweilen so, als ob die angestrebten Ziele den beteiligten Akteuren selbst nicht deutlich sind: Ist es das Wohlergehen eines einzelnen Klubs, oder steht das Interesse der gesamten Liga im Zusammenhang mit den gegenseitigen Abhängigkeiten zwischen den einzelnen Klubs im Vordergrund, wie es in dieser Arbeit der Fall war? Davon abzugrenzen sind außerdem gesamtwirtschaftliche Zielbereiche. Dass zwischen diesen verschiedenen Zielebenen komplementäre Beziehungen bestehen können, steht außer Frage.

Grundsätzlich resultiert die Unausgeglichenheit zwischen Mannschaften einer Liga aus den unterschiedlichen Ertragspotentialen der Klubs. In Verbindung mit der Wirkung, die „Superwettbewerbe“ auf die Ausgeglichenheit innerhalb einer Liga haben, sind damit zwei Ansatzpunkte gegeben, um das Ziel einer Spielstärkenangleichung zu erreichen. Die Begründung findet ein finanzieller Ausgleich in den externen Effekten, die Teilnehmer einer Liga aufeinander ausüben: ohne die übrigen Mannschaften kann eine Mannschaft wie der FC Bayern München nicht Deutscher Fußballmeister werden und sich nicht für übergeordnete „Superwettbewerbe“ qualifizieren. Er ist auf die anderen Klubs angewiesen, weil ohne Gegner sportlicher Wettkampf nicht möglich wäre. Gleichzeitig ist nicht das absolute, sondern nur das relative Ergebnis in einer Liga von Bedeutung, so dass etwa gleich starke Mannschaften an einer Liga teilnehmen sollten, um durch Spannung stärkere Nachfrage zu generieren. Die Spielstärken der Mannschaften innerhalb einer Liga dürfen nicht so weit auseinander liegen, dass das Interesse der Zuschauer an der Liga insgesamt und in der Folge auch an den Leistungen einzelner Klubs abnimmt. Für diese Externalität muss folglich ein finanzieller Ausgleich geschaffen werden, damit die Funktionsfähigkeit des sportlichen Wettbewerbs erhalten bleibt. Die reichen Klubs könnten dem entgegenhalten, dass sich in einer europäischen Superliga ausreichend Mannschaften fänden, die einen ausgeglichenen, spannenden und attraktiven Wettbewerb ermöglichen. Dagegen sprechen aber Marktmachtprobleme auf Klubbasis, die Qualifikations- und Relegationswettbewerbe geboten erscheinen lassen, um die Klubs so einem Wettbewerbsdruck auszusetzen.

Wegen der Bedeutung der unterschiedlichen Ertragspotentiale und der „Superwettbewerbe“ hat diese Arbeit einen Vorschlag unterbreitet, der beide Aspekte über Einnahme und Verwendung der Gelder berücksichtigen soll. Durch die Errichtung eines Infrastrukturfonds, an dessen Finanzierung vornehmlich die Teilnehmer von „Superwettbewerben“ beteiligt werden, soll das Ziel angestrebt werden, zu einer Angleichung der unterschiedlichen Ertragspotentiale verschiedener Klubs zu gelangen. In diesem Sinne könnte ein Beitrag zu einer gewissen Startchancengerechtigkeit für die Klubs geleistet werden. Vieles spricht jedoch dafür, dass die Klubs selbst den größten Beitrag zu einer größeren Ausgeglichenheit innerhalb einer Liga leisten müssen und sollen, indem sie nämlich durch ein effizientes und leistungsstarkes Management ihre Ertragspotentiale ausschöpfen und ausbauen. Auf diese Weise sollte es auch kleineren Klubs immer wieder einmal gelingen, die bisherigen Titelträger zu besiegen und selbst zu Meisterschaftsgewinnern zu werden. Gleichzeitig werden die Klubs mit großem Ertragspotential dann die Meisterschaftsgewinne gleichmäßiger untereinander aufteilen.

7.2. SCHLUSSBEMERKUNGEN

Der Sport ist ein an Bedeutung gewinnender Teil des Wirtschaftslebens und Sportökonomie ist ein noch junges Gebiet innerhalb der ökonomischen (und auch der sportwissenschaftlichen) Forschung. Diese Arbeit soll in diesem Sinne einen Beitrag leisten, sportökonomische Thematiken anzureißen, zu bearbeiten und fortzuentwickeln. In vielen Bereichen sind erst Denkanstöße gegeben, denen weitergehende Überlegungen folgen sollten. Zwei Themen, die hier beispielsweise nicht weiter verfolgt wurden, waren zum einen die Frage, warum die Spielergewerkschaften im Vergleich zum europäischen Sport in Amerika einen deutlich größeren Einfluss gewonnen haben. Zum anderen wurde nicht weiterverfolgt, welche Rolle die nationalen Grenzen bei der Festlegung des Geltungsbereichs einer Liga spielen sollten. Wie bereits in Nordamerika üblich, könnten auch in Europa in Zukunft sich die Ligen über nationale Grenzen hinaus ausweiten (z. B. eine „Beneluxliga").[261]

Da der Sport an sich normativ ist, weil er sich durch das Ethos der Fairness konstituiert[262], können im Sport persönliche Wertvorstellungen der beteiligten Akteure Einfluss auf die Diskussion, insbesondere auf das Zielsystem der Beteiligten, haben. Daher sollte die Diskussion interdisziplinär und ganzheitlich geführt werden, um Aspekte der Soziologie und Geschichte des Sports genauso wie volks- und betriebswirtschaftliche oder gesellschaftspolitische und auch philosophische Gesichtspunkte zu berücksichtigen, um auf diese weite fundierte Hilfestellung für sportpolitische Entscheidungen zur Verfügung zu stellen.

Neben dem normativen Gehalt des Sports durch die Berücksichtigung der Fairness finden sich im Sport weitere Eigentümlichkeiten der Produkterstellung. Diese Eigentümlichkeiten lassen sich aber anhand des ökonomischen Instrumentariums wie der Kartell- und Monopoltheorie, der Theorie der Externalitäten oder der Institutionenökonomie analysieren. Dennoch ist zu erwarten, dass sich in Zukunft noch weitere Forschungsfelder für eine Sportökonomie aus neuen theoretischen und empirischen Erkenntnissen sowie der Entwicklung der Märkte für professionellen Sport ergeben, während noch längst nicht alle Fragen beantwortet sind. Insofern ist noch kein Abschluss einer in sich geschlossenen theoretischen Darstellung einer Sportökonomie in Sicht. Es verbleibt also für Volkswirte, Betriebswirte und Soziologen noch ein weites Betätigungsfeld im Sport für die Zukunft – denn der Sport ist Teil des Wirtschaftslebens.

---

261 Daraus könnten dann wieder Auswirkungen auf die Ausgeglichenheit unter den Klubs auf europäischer Ebene resultieren, z. B. weil Klubs aus kleineren Ländern dadurch ihr Marktpotential vergrößern können.

262 Vgl. Elias, N. (1975), S. 92.

Anhang

Anhang Nr. 1: Free Agents in der NBA

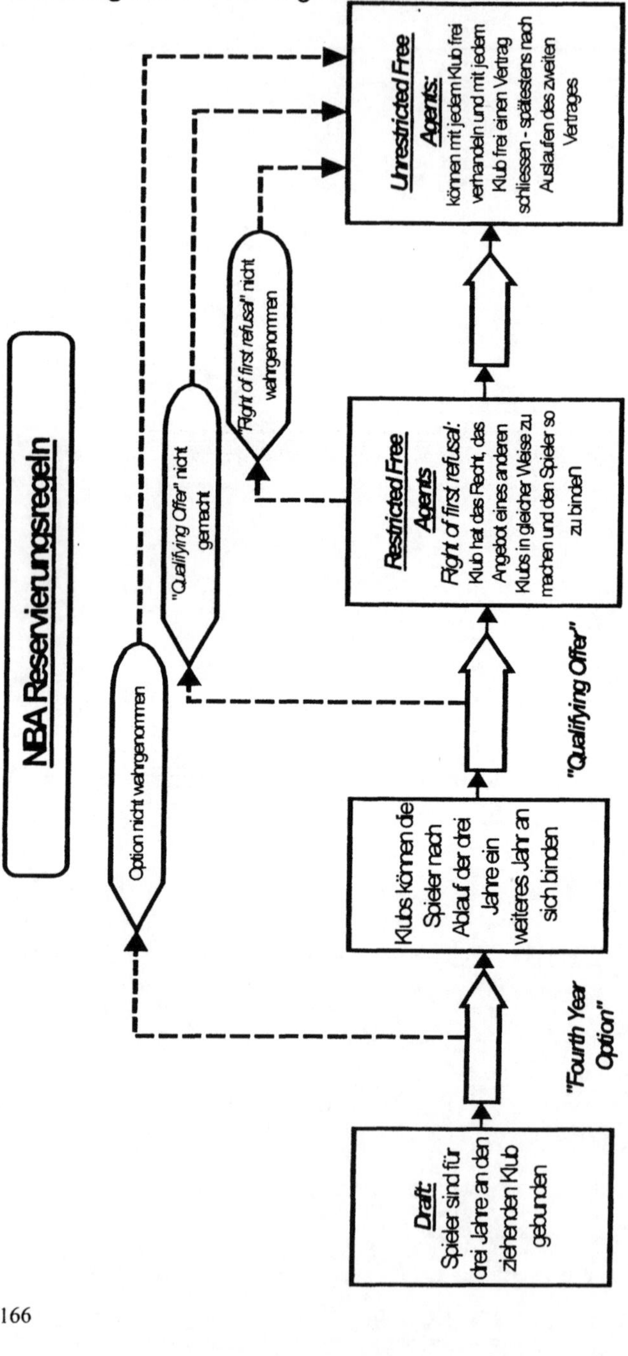

Anhang Nr. 2: Free Agents in der NHL

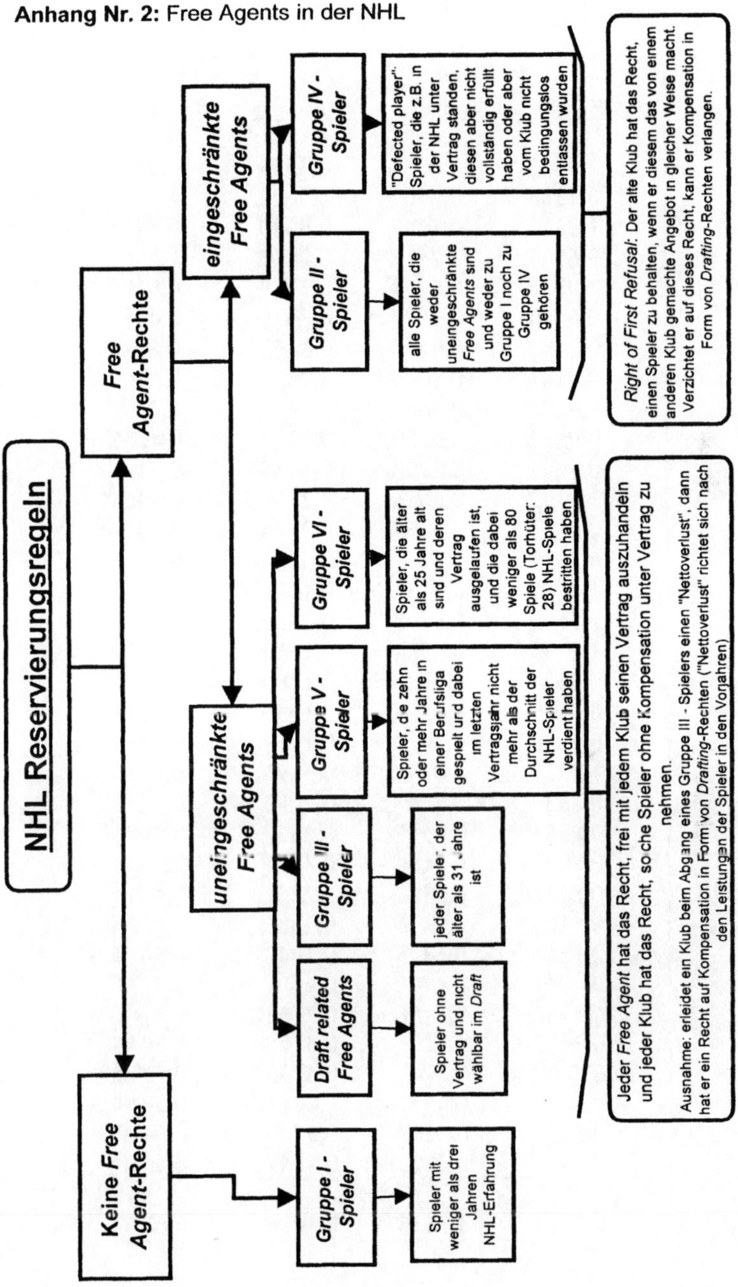

Anhang Nr. 3: „Remis-Koeffizienten" numerisch

Saison	Bundesliga	*Premier League*	*Serie A*	*Primera Division*
1963/64	1,0526	0,8942	0,3558	0,9778
1964/65	0,7368	0,8667	0,4022	1,2500
1965/66	1,2353	0,8447	0,4020	0,7925
1966/67	0,6667	0,7818	0,2857	1,0364
1967/68	1,0137	0,6757	0,3380	0,8302
1968/69	0,6456	0,5072	0,3636	0,4595
1969/70	0,8182	0,4406	0,3462	0,5179
1970/71	0,8182	0,4000	0,2019	0,5500
1971/72	1,0274	0,4688	0,1786	0,4691
1972/73	0,9851	0,3359	0,2262	0,4205
1973/74	0,8608	0,3706	0,1685	0,5797
1974/75	1,2222	0,5656	0,2151	0,5366
1975/76	0,8554	0,5854	0,2346	0,6667
1976/77	0,7037	0,3731	0,3086	0,7632
1977/78	1,0667	0,5152	0,1474	0,8286
1978/79	0,7176	0,4718	0,1869	0,5541
1979/80	1,2787	0,5564	0,1667	0,5513
1980/81	0,8625	0,5339	0,1889	0,7121
1981/82	0,9559	0,4333	0,1556	0,9818
1982/83	0,9600	0,8411	0,1919	0,6364
1983/84	1,2727	0,6752	0,3176	0,6076
1984/85	0,8734	0,7143	0,2151	0,3832
1985/86	0,8553	0,6577	0,2857	0,5195
1986/87	0,8025	0,5164	0,3457	0,3529
1987/88	0,8333	0,5317	0,2857	0,4646
1988/89	0,5106	0,4476	0,2783	0,5000
1989/90	0,5556	0,5455	0,3043	0,5619
1990/91	0,4717	0,4700	0,4091	0,4224
1991/92	0,4758	0,3768	0,2569	0,5161
1992/93	0,7609	0,4173	0,4175	0,5046
1993/94	0,7037	0,3942	0,4135	0,5714
1994/95	0,5465	0,4511	0,6711	0,5714
1995/96	0,3889	0,5263	0,5769	0,5469
1996/97	0,9571	0,3613	0,4242	0,6810
durchschnittlich	**0,8522**	**0,5455**	**0,3019**	**0,6270**

Anhang Nr. 4: Variationskoeffizienten numerisch

Jahr	Bundesliga	*Premier League*	*Serie A*	*Primera Division*	MLB-AL	MLB-NL	NBA	NHL
1964	0,2245	0,1952	0,2789	0,2318	0,1707	0,1538	0,3140	0,2042
1965	0,1772	0,2059	0,2553	0,2889	0,1712	0,1722	0,3066	0,2117
1966	0,3052	0,2278	0,2609	0,2303	0,1029	0,1422	0,2555	0,2372
1967	0,1461	0,2247	0,2789	0,2494	0,1172	0,1367	0,3295	0,2239
1968	0,2152	0,2022	0,2294	0,2082	0,1399	0,0885	0,3256	0,1601
1969	0,1193	0,2620	0,2590	0,1993	0,1864	0,1912	0,2928	0,2282
1970	0,2361	0,2479	0,2452	0,2409	0,1808	0,1174	0,2319	0,2562
1971	0,2038	0,2449	0,2372	0,2965	0,1595	0,1218	0,2828	0,2862
1972	0,2833	0,2471	0,2944	0,1878	0,1299	0,1563	0,3628	0,2817
1973	0,2205	0,1882	0,2912	0,1992	0,1285	0,1219	0,3842	0,2852
1974	0,2150	0,1717	0,2262	0,1776	0,0859	0,1475	0,2584	0,2768
1975	0,2841	0,1631	0,2595	0,1487	0,1406	0,1412	0,2285	0,3149
1976	0,1695	0,2246	0,2579	0,1834	0,1175	0,1647	0,2044	0,3223
1977	0,1956	0,1764	0,3010	0,1721	0,1898	0,1542	0,1920	0,2860
1978	0,2263	0,2474	0,2279	0,1626	0,1670	0,1199	0,2175	0,3031
1979	0,2222	0,2781	0,2404	0,1929	0,1745	0,1377	0,2022	0,2540
1980	0,2139	0,2034	0,2085	0,2491	0,1550	0,1208	0,2972	0,2261
1981	0,2579	0,2296	0,2537	0,2285	0,1467	0,1621	0,3141	0,2370
1982	0,2486	0,2450	0,2569	0,2270	0,1336	0,1184	0,2988	0,2343
1983	0,2974	0,1803	0,2303	0,2570	0,1406	0,0860	0,3155	0,2526
1984	0,2845	0,2110	0,2421	0,2530	0,1117	0,1029	0,2240	0,2345
1985	0,2084	0,2550	0,2705	0,2009	0,1398	0,1661	0,2861	0,2309
1986	0,2551	0,3077	0,2369	0,2857	0,1055	0,1425	0,2810	0,2408
1987	0,2658	0,2213	0,2202	0,2128	0,1217	0,1132	0,3019	0,1485
1988	0,2351	0,2885	0,2379	0,2125	0,1461	0,1437	0,3080	0,1833
1989	0,2316	0,2300	0,2681	0,2727	0,1253	0,1126	0,3179	0,1897
1990	0,1821	0,2266	0,2609	0,2783	0,1101	0,1089	0,3414	0,1839
1991	0,2314	0,2682	0,2625	0,1896	0,1169	0,1183	0,3103	0,2038
1992	0,1999	0,2113	0,2995	0,2216	0,1216	0,1261	0,3131	0,1875
1993	0,2188	0,1775	0,2287	0,2637	0,1054	0,1798	0,3108	0,2908
1994	0,1946	0,2670	0,2649	0,2097	0,1299	0,1350	0,3480	0,2006
1995	0,2882	0,2802	0,3165	0,2376	0,1598	0,1154	0,3165	0,2180
1996	0,2238	0,2836	0,2932	0,2569	0,1338	0,1076	0,3367	0,2266
1997	0,2578	0,2306	0,2554	0,2650	0,1196	0,1132	0,3753	0,1528
1998	0,2054	0,2319	0,3319	0,2462	0,1560	0,1823	0,3723	0,1886
1999	0,2919	0,2662	0,2591	0,2543	0,1460	0,1640	0,3130	0,1807
2000	0,2744	0,2988	0,3174	0,1899	0,1041	0,1439	0,3163	0,1722
durchschnittlich:	**0,2300**	**0,2330**	**0,2610**	**0,2265**	**0,1376**	**0,1359**	**0,2969**	**0,2301**

Anhang Nr. 5: Gini-Koeffizienten numerisch

Jahr	Bundesliga	*Premier League*	*Serie A*	*Primera Division*	MLB-AL	MLB-NL	NBA	NHL
1964	0,1167	0,1054	0,1373	0,1196	0,0887	0,0754	0,1648	0,0959
1965	0,0941	0,1071	0,1288	0,1547	0,0903	0,0857	0,1568	0,0986
1966	0,1610	0,1178	0,1386	0,1186	0,0530	0,0739	0,1324	0,1095
1967	0,0784	0,1200	0,1154	0,1306	0,0601	0,0711	0,1621	0,1054
1968	0,1094	0,1088	0,1196	0,1113	0,0715	0,0448	0,1717	0,0802
1969	0,0597	0,1378	0,1387	0,0966	0,0892	0,0928	0,1557	0,1204
1970	0,1214	0,1339	0,1299	0,1243	0,0962	0,0601	0,1234	0,1314
1971	0,1054	0,1282	0,1206	0,1593	0,0844	0,0634	0,1465	0,1504
1972	0,1496	0,1351	0,1569	0,0999	0,0664	0,0822	0,1972	0,1573
1973	0,1146	0,1001	0,1537	0,1015	0,0662	0,0615	0,2083	0,1503
1974	0,1127	0,0868	0,1205	0,0918	0,0456	0,0779	0,1407	0,1453
1975	0,1490	0,0890	0,1402	0,0678	0,0743	0,0723	0,1202	0,1634
1976	0,0905	0,1194	0,1056	0,0977	0,0616	0,0859	0,1083	0,1712
1977	0,1051	0,0930	0,1421	0,0827	0,1015	0,0821	0,0923	0,1495
1978	0,1168	0,1331	0,1167	0,0851	0,0886	0,0638	0,1072	0,1635
1979	0,1180	0,1485	0,1257	0,1020	0,0890	0,0736	0,1092	0,1358
1980	0,1101	0,1086	0,1100	0,1255	0,0824	0,0637	0,1616	0,1238
1981	0,1362	0,1219	0,1345	0,1232	0,0750	0,0850	0,1722	0,1259
1982	0,1348	0,1321	0,1309	0,1130	0,0709	0,0596	0,1613	0,1271
1983	0,1567	0,0972	0,1176	0,1367	0,0751	0,0455	0,1715	0,1376
1984	0,1481	0,1108	0,1240	0,1338	0,0571	0,0539	0,1220	0,1405
1985	0,1077	0,1296	0,1434	0,0999	0,0744	0,0883	0,1552	0,1253
1986	0,1348	0,1672	0,1147	0,1510	0,0566	0,0723	0,1524	0,1268
1987	0,1412	0,1197	0,1157	0,1096	0,0642	0,0602	0,1630	0,0799
1988	0,1187	0,1576	0,1237	0,1064	0,0751	0,0719	0,1677	0,0983
1989	0,1235	0,1235	0,1355	0,1429	0,0663	0,0593	0,1749	0,0976
1990	0,0941	0,1194	0,1385	0,1512	0,0553	0,0576	0,1936	0,0898
1991	0,1207	0,1434	0,1397	0,0999	0,0560	0,0619	0,1786	0,1104
1992	0,1061	0,1143	0,1584	0,1180	0,0641	0,0670	0,1791	0,0976
1993	0,1178	0,0918	0,1166	0,1398	0,0561	0,0971	0,1758	0,1439
1994	0,1001	0,1441	0,1343	0,1101	0,0665	0,0687	0,1981	0,1096
1995	0,1558	0,1488	0,1633	0,1211	0,0827	0,0601	0,1828	0,1215
1996	0,1176	0,1545	0,1581	0,1365	0,0675	0,0579	0,1942	0,1221
1997	0,1358	0,1231	0,1352	0,1384	0,0635	0,0595	0,2187	0,0850
1998	0,1057	0,1251	0,1775	0,1236	0,0793	0,0917	0,2144	0,1058
1999	0,1519	0,1410	0,1342	0,1379	0,0791	0,0804	0,1794	0,1075
2000	0,1405	0,1607	0,1695	0,1015	0,0556	0,0734	0,1819	0,1081
durchschnittlich	**0,1205**	**0,1243**	**0,1342**	**0,1179**	**0,0716**	**0,0703**	**0,1620**	**0,1220**

Anhang Nr. 6: Rangkorrelationskoeffizienten numerisch

Jahr	Bundesliga	*Premier League*	*Serie A*	*Primera Division*	MLB - AL	MLB - NL	NBA	NHL
1964-1965	0,3808	0,5765	0,5313	0,6863	0,5879	0,4303	0,5833	0,6571
1965-1966	0,4995	0,5617	0,4292	0,6930	0,7818	0,8788	0,7333	0,6000
1966-1067	0,6286	0,6009	0,6008	0,7121	0,3212	0,1030	0,6364	0,7714
1967-1968	0,3068	0,6487	0,4722	0,7404	0,1394	0,9860	0,8846	0,6958
1968-1969	0,4346	0,7113	0,6632	0,5212	0,5070	0,5769	0,7253	0,6643
1969-1970	0,2617	0,4635	0,5430	0,4509	0,7692	0,5035	0,3626	0,6503
1970-1971	0,5820	0,6374	0,6474	0,6596	0,4266	0,6853	0,7206	0,6154
1971-1972	0,5113	0,6096	0,6421	0,7610	0,7552	0,4545	0,7402	0,7802
1972-1973	0,3023	0,6817	0,6105	0,4481	0,6783	0,5315	0,8113	0,7721
1973-1974	0,6722	0,4122	0,7684	0,6870	0,3916	0,4825	0,8162	0,7125
1974-1975	0,6688	0,6996	0,8018	0,3494	0,7552	0,4965	0,4262	0,6398
1975-1976	0,6714	0,3108	0,5175	0,6416	0,7343	0,7483	0,4221	0,8762
1976-1977	0,6714	0,4285	0,3767	0,6987	0,6462	0,7063	0,2061	0,9216
1977-1978	0,5091	0,5681	0,4298	0,5273	0,7538	0,7133	0,4049	0,7358
1978-1979	0,4032	0,6300	0,4596	0,7532	0,9077	0,2937	0,4873	0,7733
1979-1980	0,6786	0,6031	0,6439	0,5766	0,6659	0,4895	0,4737	0,8301
1980-1981	0,7448	0,6762	0,3789	0,6649	0,6791	0,6573	0,6621	0,7429
1981-1982	0,6091	0,4215	0,5184	0,7383	0,3143	0,2448	0,5924	0,5584
1982-1983	0,8045	0,4492	0,3649	0,6506	0,5121	0,6084	0,7174	0,7468
1983-1984	0,6182	0,6454	0,7649	N/A	0,4176	-0,0245	0,7283	0,7883
1984-1985	0,5504	0,4808	0,5675	N/A	0,7275	0,2587	0,6057	0,5000
1985-1986	0,7584	0,7115	0,6491	0,7636	0,2264	0,4266	0,8765	0,7182
1986-1987	0,6962	0,4527	0,6754	0,5256	0,0198	0,5245	0,7085	0,5961
1987-1988	0,5714	0,6339	0,6614	0,2753	0,6044	0,0769	0,7332	0,6351
1988-1989	0,6436	0,5783	0,5838	0,7549	0,1253	0,2028	0,5696	0,5610
1989-1990	0,6143	0,3913	0,7075	0,6852	0,1912	-0,0350	0,6480	0,4286
1990-1991	0,6211	0,3874	0,4850	0,6791	0,3626	-0,1119	0,7766	0,5377
1991-1992	0,6586	0,6578	0,6810	0,5743	0,4022	0,1748	0,6801	0,4771
1992-1993	0,7962	0,3831	0,7086	0,4720	-0,0110	0,2571	0,7210	0,5239
1993-1994	0,7571	0,5154	0,5901	0,7213	0,5077	0,4747	0,7875	0,4978
1994-1995	0,6338	0,6046	0,6341	0,6009	0,0989	0,2484	0,6996	0,5809
1995-1996	0,3870	0,5996	0,5844	0,6344	0,5956	0,3978	0,8145	0,7320
1996-1997	0,3377	0,5870	0,6093	0,7954	0,5077	0,1560	0,6901	0,3867
1997-1998	0,3091	0,7194	0,6386	0,6781	0,2692	0,1750	0,6626	0,4352
1998-1999	0,6091	0,7253	0,5776	0,7367	0,8418	0,3529	0,4680	0,6740
1999-2000	0,7052	0,7421	0,6093	0,5820	0,5121	0,7967	0,7148	0,6708
durchschnittlich:	**0,5724**	**0,5696**	**0,5869**	**0,6306**	**0,4924**	**0,4151**	**0,6470**	**0,6524**

Anhang Nr. 7: Lorenzkurve Meisterschaften

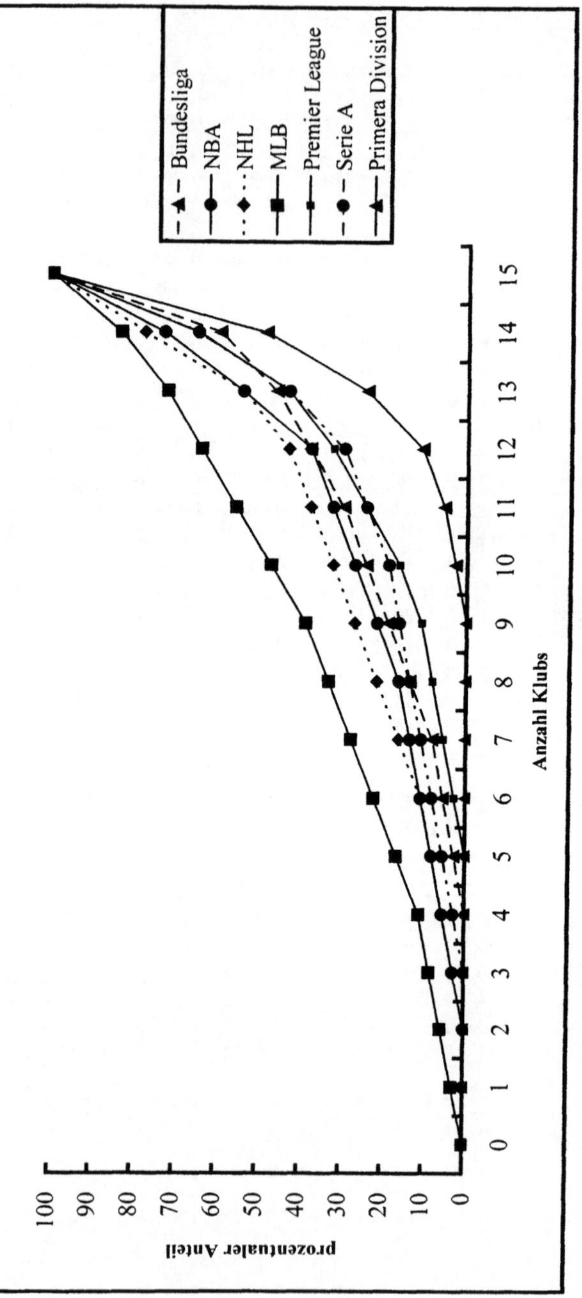

LITERATURVERZEICHNIS:

Monographien, Aufsätze und andere Veröffentlichungen:

Atkinson, S. E./ Stanley, L. R./ Tschirhart, J. (1988): Revenue sharing as an incentive in an agency problem: an example from the National Football League, in: RAND Journal of Economics 1/1988, S. 27-43.

Baumol, W. J./ Wallace, E. O. (1971): The Use of Standards and Prices for Protection of the Environment, in: Swedish Journal of Economics 1971, S. 42-51.

Bausenwein, C. (1995): Geheimnis Fußball: auf den Spuren eines Phänomens, Göttingen: Verlag Die Werksatt 1995.

Becker, G. S./ Becker, G. N. (1994): Baseball: Wie man gleiche Spielregeln schafft, in: Becker, G. S./ Becker, G. N.: Die Ökonomik des Alltags, Tübingen: Mohr Siebeck 1998, S. 190-193.

Blümle, G. (1975): Theorie der Einkommensverteilung, Heidelberg: Springer 1975.

Böcker, F. (1978): Korrelationskoeffizienten, in Wirtschftswissenschaftliches Studium 8/1978, S. 379-383.

Boon, G. (Hrsg.) (1999): Deloitte & Touche Annual Review of Football Finance, o. O., 1999.

Braeutigam, R. (1989): Optimal Policies for Natural Monopolies, in: Schmalensee, R./ Willig, R. (Hrsg.): Handbook of Industrial Organization, Vol. II, Amsterdam: Elsevier 1989.

Büch, M.-P. (1998): Das „Bosmann-Urteil" - Transferentschädigungen, Ablösesummen, Eigentumsrechte, Freizügigkeit, in: Sportwissenschaft 3-4/1998, S. 283-296.

Büch, M.-P./ Frick, B. (1999): Sportökonomie: Erkenntnisinteresse, Fragestellungen und praktische Relevanz, in: Betriebswirtschaftliche Forschung und Praxis 2/99, S. 109-123.

Cairns, J./ Jennett, N./ Sloane, P. J. (1986): The Economics of Professional Team Sports: A Survey of Theory and Evidence; in: Journal of Economic Studies 13,1, S.1-80.

Carlton, D./ Perloff, J. (1994): Modern Industrial Organization, 2nd edition, New York: 1994.

Coase, R. (1960): The Problem of Social Cost, in: The Journal of Law and Economics III/1960, S. 1- 44.

Daly, G./ Moore, W. J. (1981): Externalities, Property Rights and The Allocation of Resources in Major League Baseball, in: Economic Inquiry 19/1981, S. 77-95.

Eisenberg, C. (1997): Deutschland, in: Eisenberg, C. (Hrsg.): Fußball, soccer, calcio - Ein englischer Sport bei seinem Weg um die Welt, München: Deutscher Taschenbuch Verlag 1997, S. 94-129.

El Hodiri, M./ Quirk, J. (1971): An Economic Model of a Professional Sports League; in: Journal of Political Economy 79/1971, S. 1302-1319.

Elias, N. (1975): Die Genese des Sports als soziologisches Problem, in: Hammerich/ Heinemann, (Hrsg.): Texte zur Soziologie des Sports, Schorndorf: 1975, S. 81-109.

Elias, N. (1983): Der Fußballsport im Prozeß der Zivilisation; in: Lindner, R. (Hrsg.): Der Satz „der Ball ist rund" hat eine gewisse philosophische Tiefe, Berlin: 1983, S.12-21.

Ellrott, H./ Galli, A. (2000): Neuregelung der Rechnungslegung und Prüfung im deutschen Berufsfußball, in: Die Wirtschaftsprüfung 6/2000, S. 269-279.

Fort, R./ Quirk, J. (1995): Cross-subzidization, Incentives, and Outcomes in Professional Team Sports Leagues; in: Journal of Economic Literature, Vol. XXXIII, S. 1265-1299.

Franck, E. (1995): Die ökonomischen Institutionen der Teamsportindustrie, Wiesbaden: Gabler 1995.

Franzke, R. (1999a): Spiele, Medien und Moneten, in: DFB (Hrsg.): 100 Jahre DFB, Berlin: Sportverlag 1999, S. 395-432.

Franzke, R. (1999b): Trotz „Solidar-Modell" werden die Reichen noch reicher, in: FAZ Nr. 262 vom 10. November 1999, S. 47.

Franzke, R. (1999c): Böhmert: „Erstklassiger Kompromiss", in: kicker-Sportmagazin 92 vom 15. November 1999, S.32.

Frick, B./ Wagner, G. (1996): Bosman und die Folgen, in: Wirtschaftswissenschaftliches Studium, 12/1996, S. 611-615.

Galli, A. (1998): Rechtsformgestaltung und Lizensierungspraxis im Berufsfußball: Die Situation in England, Italien und Spanien vor dem Hintergrund der Regelungen in Deutschland, in: Sport und Recht 1/1998, S. 18-24.

Galli, A./ Wagner, M. (1999): Balanced Scorecard an der Schnittstelle Profit – Non-Profit?, in: Der Betrieb 39/1999, S. 1965-1969.

Grüne, H. (2000): Enzyklopädie der europäischen Fußballvereine, Kassel: AGON Sportverlag 2000.

Heimann, K.-H. (1999): Ein langer, steiniger Weg, in: DFB (Hrsg.): 100 Jahre DFB, Berlin: Sportverlag 1999, S.387-394.

Heinemann, K. (1987): Elemente einer Ökonomie des Sports, in: Jahrbuch für Sozialwissenschaft 38/1987, S. 232-257.

Jennett, N. (1984): Attendances, Uncertainty of Outcome and Policy in Scottish League Football, in: Scottish Journal of Political Economy, Vol. 31, No. 2, S. 176-197.

Jones, J. C. H. (1969): The Economics of the National Hockey League; in: Canadian Journal of Economics, Vol. 2, Nr. 1, S.1-20.

Kalwa, J. (1998): Stars werden gezogen, Gehälter gedeckelt und Gewinne geteilt, in: FAZ Nr. 48 vom 26. Februar 1998, S.32.

Kalwa, J. (1999): Die Baseball-Liga kann nur ein radikaler Plan retten, in: FAZ Nr. 254 vom 01. November 1999, S. 48.

Kaube, J. (2000): Gebaren der Fußballvereine als ökonomisches Rätsel, in: FAZ Nr. 134 vom 10. Juni 2000, S. 37.

Kelber, M. (2000): Transferregeln im Fußball verstoßen nicht gegen Europarecht, in: FAZ Nr. 269 vom 18. November 2000, S. 23.

Kipker, I./ Parensen, A. (1999): Strukturierungsprobleme europäischer Fußballwettbewerbe am Beispiel der Champions League und der European Super League, in: Betriebswirtschaftliche Forschung und Praxis 2/99, S. 136-150.

Klodt, H. (1998): Bundesliga ohne Wettbewerb?, in: Die Weltwirtschaft 1/1998, S.108-114.

Knieps, G. (1995): Neuere Entwicklungen in der Regulierungsdiskussion, in: Wirtschaftswissenschaftliches Studium 24/1995, S. 617-622.

Külp, B. (1994): Verteilung: Theorie und Politik, 3. Auflage, Stuttgart u. a: G. Fischer 1994.

Langenfeld, H. (1992a): Amateurismus – Professionalismus, in: Eberspächer, H. (Hrsg.): Handlexikon Sportwissenschaft, Reinbek: Rowohlt 1992, S. 21-24.

Langenfeld, H. (1992b): Sport, in: Eberspächer, H. (Hrsg.): Handlexikon Sportwissenschaft, Reinbek: Rowohlt 1992, S. 351-357.

Lehmann, E./ Weigand, J. (1997): Money makes the Ball Go Round - Fußball als ökonomisches Phänomen, in: ifo-Studien 43(3)/1997, S. 381-409.

Lemke, W. (1999): Alle Macht den Spielern, oder: Die Ohnmacht der Vereine, in: Schaffrath, M. (Hrsg.) (1999): Die Zukunft der Bundesliga: Management und Marketing im Profifußball, Göttingen: Verlag Die Werkstatt 1999, S. 111-126.

Linde, R. (1992): Einführung in die Mikroökonomie, 2. Auflage, Stuttgart u. a.: Kohlhammer 1992.

Littkemann, J./ Sunderdiek, B. (1998): Analyse der wirtschaftlichen Lage von Vereinen der Fußball-Bundesliga, in: Buchführung, Bilanz,Kostenrechnung 24/1998, S. 457-470 (Loseblatt).

Manson, T. (1997): Großbritannien, in: Eisenberg, C. (Hrsg.): Fußball, soccer, calcio - Ein englischer Sport bei seinem Weg um die Welt, München: Deutscher Taschenbuch Verlag 1997, S. 22-40.

Müller, A. (1998): Die Nöte eines deutschen Meisters: „Wir haben uns zu Tode gesiegt“, in: FAZ Nr. 48 vom 26. Februar 1998, Seite 32.

Müller, D. C. (1997): First-mover advantages and path dependence, in: International Journal of Industrial Organization 15/1997, S. 827-850.

Neale, W. (1964): The Peculiar Economics of Professional Sports, in: Quarterly Journal of Economics 78/1964, S. 1-14.

Quirk, J./ Fort, R. (1992): Pay Dirt: The Business of Professional Team Sports, Princeton u. a.: Princeton University Press 1992.

Quirk, J./ Fort, R. (1999): Hard Ball - The Abuse of Power in Pro Team Sports, Princeton u. a.: Princeton University Press 1999.

Rigauer, B. (1992): Kommerzialisierung, in: Eberspächer, H. (Hrsg.): Handlexikon Sportwissenschaft, Reinbek bei Hamburg: Rowohlt 1992, S. 167-177.

Rottenberg, S. (1956): The Baseball Players Labour Market, in: Journal of Political Economy, Vol. 64,2, S. 242-258.

Schellhaaß, H. M. (1984): Die Funktion der Transferentschädigung im Fußballsport, in: Recht der Arbeit 4/1984, S. 218-223.

Schellhaaß, H. M./ Enderle, G. (1998a): Sportlicher versus ökonomischer Wettbewerb. Zum Verbot der zentralen Vermarktung von Europapokal-Spielen im Fußball, in: Sportwissenschaft 3-4, 1998.

Schellhaaß, H. M./ Enderle, G. (1998b): Die zentrale Vermarktung von Europapokalspielen aus ökonomischer Sicht, in: Wirtschaftsdienst (78) 1998, S. 294-300.

Schnupp, R. (1999): Alles Geld den Reichen, in: Welt am Sonntag Nr. 13 vom 28. März 1999, S. 20.

Scully, G. (1995): The market structure of sports, Chicago u. a.: The University of Chicago Press 1995.

Sir Norman Chester Centre For Football Research (Hrsg.) (1998): Fact Sheet 11: Football, Marketing and Sponsorship, o. O., 1998.

Sloane, P. J. (1971): The Economics of Professional Football: The Football Club as an Utility Maximiser, in: Scottish Journal of Political Economy 17/1971, S.

Stopper, M. (1997): Wettbewerbsgesetz und dieser Wettbewerb passen nicht zueinander, in: FAZ Nr. 268 vom 18. November 1997, S. 40.

Vrooman, J. (1995): A General Theory of Professional Sports Leagues; in: Southern Economic Journal (61)/1995, S. 971-989.

Wadsack, R./ Wallerath, U. (1994): Wettbewerb im Sport – Sport im Wettbewerb, in: Trosien, G. (Hrsg.): Die Sportbranche: Wachstum, Wettbewerb, Wirtschaftlichkeit, Frankfurt/Main u. a: Campus Verlag 1994, S. 48 – 62.

Wagner, G. (1996): Olympische Spiele, in: Wirtschaftswissenschaftliches Studium 7/1996, S. 333.

Weimann, J. (1997): Quo vadis Bundesliga?; in: Wirtschaftsdienst 1997/X, S. 586-592.

Weizsäcker, C. C. von (1998): Keine Medienmacht für den Fußballbund, in FAZ Nr. 41 vom 18. Februar 1998, S.17.

WGZ-Bank (Hrsg.) (1999): Erfahrungen aus Börsengängen europäischer Fußballunternehmen und Chancen für den deutschen Bundesligafußball, Düsseldorf 1999.

Zorn, R. (2000a): Die umworbene G 14 bietet der UEFA ein engeres Miteinander an, in: FAZ Nr. 197 vom 25. August 2000, S. 40.

Zorn, R. (2000b): Blatter sieht das Ende des Transfersystems kommen, in: FAZ Nr. 203 vom 01. September 2000, S. 40.

Sonstiges:

Basic Agreement (1996): Basic Agreement between The American League of Professional Baseball Clubs and The National League of Professional Baseball Clubs and Major League Baseball Players Association, o. O.: 1996.

Borussia Dortmund (2000): Verkaufsprospekt/Zulassungsprospekt der Borussia Dortmund GmbH & Co. KGaA, o. O.

Boston Celtics (1996): Boston Celtics Limited Liability Partnership and Subsidiaries – Annual Report 1996, o. O.

Collective Bargaining Agreement (1997): Collective Bargaining Agreement NHLPA/NHL, o. O.: 1997.

DFB (1998): Entscheidung des DFB Bundestages am 24.10.1998 – Sicherstellung der "Eckwerte" des DFB bei der Ausgliederung von Kapitalgesellschaften aus Fußballvereinen der Bundesligen, o. O.

kicker Sportmagazin spezial: 35 Jahre Bundesliga, Beilage zum Sonderheft 1998/99.

kicker Sportmagazin: Sonderheft Bundesliga 1999/2000.

Lizenzspielerstatut (2000): DFB-Statuten. Lizenzspielerstatut (http://www.dfb.de/dfb-info/interna/statuten/lizenzspielerstatut.html).

NBA Collective Bargaining Agreement (1999): NBA Collective Bargaining Agreement, o. O.: January 1999.

Nuttelmann, U. (Hrsg.) (1997): Das Fußballbuch Europa, Band 1: Die Ligen – Ergebnisse und Abschlusstabellen, Jade: Verlag Uwe Nuttelmann 1997.

The Sporting News (Hrsg.) (1997): Official NBA Guide 1997-98 Edition, St. Louis 1997.

The Sporting News (Hrsg.) (1998): Official Major League Baseball Fact Book, St. Louis 1998.

o. V.: Unternehmen bleiben draußen, in: Frankfurter Allgemeine Sonntagszeitung, Nr. 15 vom 18. April 1999, S. 22.

o. V.: Höhere Abstellgebühr für Nationalspieler - Besserer Versicherungsschutz als bisher, in: Frankfurter Allgemeine Zeitung Nr. 46 vom 24. Februar 2000, S. 46.

o. V.: Die zentrale Fernsehvermarktung bleibt erhalten, in: FAZ Nr. 264 vom 13. November 1999, S.39.

o. V.: Wrestling-Liga will American Football zur großen Schau machen, in: FAZ Nr. 282 vom 04. Dezember 2000, S. 24.

FSC
www.fsc.org
MIX
Papier | Fördert
gute Waldnutzung
FSC® C083411

Kolibri 360 GmbH
Ferdinand-Jühlke-Straße 7
99095 Erfurt, Deutschland
produktsicherheit@kolibri360.de

Druck:
CPI Druckdienstleistungen GmbH
im Auftrag der
Kolibri 360 GmbH
Ferdinand-Jühlke-Str. 7
99095 Erfurt